金融理财史

The History of Financial Planning

金融服务转型40年

The Transformation of Financial Services

［美］小E.登比·布兰登　　［美］H.奥利弗·韦尔奇　著
（E. Denby Brandon Jr.）　　（H. Oliver Welch）

现代国际金融理财标准（上海）有限公司　译

中信出版集团 | 北京

图书在版编目（CIP）数据

金融理财史：金融服务转型 40 年 /（美）小 E. 登比
· 布兰登，（美）H. 奥利弗 · 韦尔奇著；现代国际金融理
财标准（上海）有限公司译 . -- 北京：中信出版社，
2021.12
书名原文：The History of Financial Planning:
The Transformation of Financial Services
ISBN 978-7-5217-3842-1

Ⅰ. ①金… Ⅱ. ①小… ②H… ③现… Ⅲ. ①金融投
资－经济史 Ⅳ. ① F830.59

中国版本图书馆 CIP 数据核字（2021）第 252360 号

金融理财史——金融服务转型 40 年

著者： [美] 小 E. 登比 · 布兰登　 [美] H. 奥利弗 · 韦尔奇
译者： 现代国际金融理财标准（上海）有限公司
出版发行： 中信出版集团股份有限公司
（北京市朝阳区惠新东街甲 4 号富盛大厦 2 座　邮编　100029）
承印者： 宝蕾元仁浩（天津）印刷有限公司

开本：787mm×1092mm　1/16　　印张：25　　　　字数：280 千字
版次：2021 年 12 月第 1 版　　　印次：2021 年 12 月第 1 次印刷
京权图字：01-2010-1737　　　　　书号：ISBN 978-7-5217-3842-1
定价：70.00 元

版权所有 · 侵权必究
如有印刷、装订问题，本公司负责调换。
服务热线：400-600-8099
投稿邮箱：author@citicpub.com

译者导读

人类进步的历史也是不断创造财富的历史。当少数财富聚集者出现时，像罗斯柴尔德（Rothschild）这样专门为特定人群管理财富的人士就产生了；当发达国家的财富积累加快，出现明显的富裕阶层时，提供资产管理服务的金融理财行业就应运而生了；当中国进入高速发展时代，为巨量财富服务的金融理财行业和专业人士的产生成为必然。

今天，中国居民的财产性收入快速增长，金融理财已经深入人心。让我们透过本书，感受那些最早将金融理财价值传递给市场的先驱者的精神，回顾他们走过的曲折又艰辛的历程。不忘历史，方得初心！

——宋健

谨以此书，献给激励我们写作的

CFP 标准委员会、金融理财协会和美国金融教育基金会，以及在 20 个国家和地区范围内致力于将金融理财价值带给消费者的 120 000 多名 CFP 持证人。

目 录

01 第一章
新行业的萌芽 _ 001

02 第二章
行业的打造 _ 023

03 第三章
初期的挫折 _ 055

04 第四章
同一个行业、同一个称号 _ 083

05 第五章
应对新挑战 _ 115

06 第六章
全球扩张 _ 141

07 第七章
理论应用、科技助力和行业进程 _ 177

08 第八章
对行业地位的追求 _ 213

09 第九章
今后 40 年 _ 259

序言一

一个行业的诞生并非一日之功。

捧起这本书的你，很可能从事金融服务业。这个行业包括学者、产品供应商、金融理财师以及专业学科（比如税务筹划、会计、投资管理等学科）的从业者，还有为行业成员提供监督、教育和服务的组织。本书的重点在于金融理财，以及推动这一服务概念转变为服务行业的人物和事件，旨在介绍金融理财行业的历史。

可以说，这段历史始于一个名为洛伦·邓顿（Loren Dunton）的人——一名雄心勃勃的共同基金销售员。他想做的不只是产品推销，更是向顾客提供有帮助的服务和建议。但他深知自己无法仅凭一己之力为这个梦想注入生机。于是，这个团队由 1 个人变成了 2 个人，后来有了 13 个人，最后于 1969 年 12 月 12 日初具规模。团队成员成立了金融理财学院（College for Financial Planning）（后文简称"学院"）和 IAFP（国际金融理财协会）。然而，当时的金融理财行业仍处于萌芽阶段。随着越来越多怀揣相同崇高使命并且有志耕耘这项事业的人士的加入，它才最终站稳脚跟。

这本书追溯了金融理财变革前 40 年（1969—2009 年）的"奥德赛之旅"，叙述了这个行业一路走来所历经的坎坷与成就：启发与改变、初期的挫败、误入歧途、挣扎求生、失败碰壁、分崩与联合、改革创新、不断尝试以及取得成果。在叙述金融理财历史中的一些关键贡献者时，这本书通过讲述内外事件的方式来呈现这个行业发展的年轮，其中交织着实质性的人文线索。实际上，这本书只提及了部分重要事件与人物，因为要在有限的篇幅里将所涉及的每一个人、每一件事都记录下来是不可能的。虽然在各个领域扮演着引领者和探索者的每一个人都值得我们钦佩，但是比起名望，他们所创造和发现的事物更加值得被传颂下去。

能够为这本书的面世贡献自己的力量，FPA（金融理财协会）董事会及全体员工备感荣幸。这项重大著书工作的领衔者包括 CFP（国际金融理财师）持证人小 E. 登比·布兰登（E. Denby Brandon Jr.），CFA（特许金融分析师）、CFP 持证人 H. 奥利弗·韦尔奇（H. Oliver Welch）以及金融理财变革的早期成员和领导者。他们每个人都付出了多到难以想象的努力、时间和经济资源，收集了大量文献、数据和从业者的故事，为这段历史的还原奠定了基础。毫无疑问，这是一支充满爱的团队，所有人都抱着坚定不移的奉献精神，力求讲述好一个从未被完整记录过的动人故事。我对他们的感激之情无以言表。

回顾金融理财行业的发展历程，我不禁心潮澎湃。在这条通往正规性的道路上，行业所取得的一切成就都让我备受震撼，也令我备感渺小。无论是其他国家和地区陆续出现的新成员机构和教育项目，还是美国日益壮大的金融理财师队伍，抑或是金融理财在世界范围内不断扩大的影响力，都令我深受鼓舞。我看到了金融理财行业的发展对各地立法活动和决策的影响，也看到了大量前瞻性的研究所产生的强大能量。如此众多的金融理财师在公益服务和义务工作中所展现出来的慷慨与同理心，让我十分感动。金融理财师在引导焦虑的客户应对经济挑战时所表现出来的魄力和娴熟技能，更是让我深受启发。在这本书出版之际（2009 年），金融理财师及其客户都正在经受前所未有的严峻考验。我相信当这本书的下一版更新时，智慧和能力并存的金融理财专业人士终将成为许多陷入绝望处境的个人或家庭的拯救者。这是金融理财行业走向成熟所依赖的不可改变的准则，之后它也将基于这一准则不断前行。

不论你从事什么行业，也不论你是新人还是资深从业者，我都希望你能从这本书中获益。这个职业的深度和广度，都源自从业者的内心、灵魂以及孜孜不倦的奉献精神，我希望这本书可以把这些精神充分地传达给你。如果你是一名金融理财师，那么我希望这本书的历史视角能展现出你所处的这个行业的整体风貌。我希望你能够了解诸如学术研究、产品开发和立法倡议等不同因素之间的重要关系，以及这些因素在行业的卓越发展中所发挥的重要作用。最后，我希望这本书能够激励你明确自己的使命，坚持自己笃信的真理，并帮助世界各地的个人和家庭实现繁荣与进步。

小马文·W. 塔特尔（Marvin W. Tuttle Jr.）
FPA 执行董事兼首席执行官

序言二

2008 年一个偶然的机会，我接触到 CFP 系列认证。坦率地说，"惊讶"是我对这套认证体系的第一感觉。

我的"惊讶"包含三个方面。

第一，清晰且可操作的道德要求。从来没有一种证书的认证能够像 CFP 系列认证那样，对职业操守的要求如此具体。我们知道很多专业的职业证书的认证都有相应的道德规范要求，例如 CFA（特许金融分析师）、FRM（金融风险管理师）、CPA（注册会计师）等，但是只有 CFP 系列认证摆脱了以往各类认证中抽象的道德规范要求，取而代之的是非常清晰的"鼓励条款"和"禁止条款"。另外，在阐述客观公正（Objectivity）、正直诚信（Integrity）、专业精神（Professionalism）和工作能力（Competence）等准则的过程中，FPSB（国际金融理财标准委员会）经过认真分析和详细归纳，针对金融理财师在从业过程中可能出现的种种不合规行为，整理出具有针对性的细节说明，将八条抽象的道德准则具体化。从中可见，"将客户利益置于首位"不是一句空洞的口号，而是 CFP 系列认证制度设计者的信仰和追求。

第二，广泛且实用的课程设计。我虽然系统地完成了法学、管理学、经济学和金融学的正规学历教育，但面对 CFP 系列认证课程的知识框架，仍然感觉有很大一部分知识模块从未接触过。对照国内相关学科分类，我们很难将 CFP 系列认证课程的知识框架完全归于某一个学科。而且，从实用性来说，CFP 系列认证课程不是单纯的理论教学，而是从客户服务的角度出发，在理论框架的基础上，系统开发而成的具有强烈实践意义的知识体系。例如，课程借鉴公司财务的概念，创造性地引入了家庭财务分析，为家庭财务诊断和优化奠定了基础。这种多学科融合、高度市场化的课程设计使得学员能够吸收行业前辈的经验，更快地融入专业人士的角色。

第三，专业且清晰的考培分离制度。CFP 系列认证课程的设计者在流程上将学员的考试认证和课程学习进行了严格的区分，这种制度安排有助于保持认证水平的一致性，也有利于各授权培训机构的合作与竞争。由此可见，制度设计者一定是在大量试错后才做出这样的最优安排的。

基于对课程的喜爱，也基于专业偏好，2008 年，我开始从事 CFP 系列认证的相关工作。从专业教师到相关课程开发，从兼职到深度投入，不知不觉，年轮已经碾过了 13 载。在帮助超过 30 万名学员实现职业梦想的同时，我也获得了行业发展所带来的机遇。我相信正是众多追梦者的努力，才使得今天中国的金融理财师队伍茁壮成长，也正是金融理财师对理财知识的传播，才使得中国的大众人群能够树立基本的理财意识。

本人有幸参与了中国金融理财的教育事业，也见证了 CFP 系列认证在中国的成长。在这个充满希望和挑战的时刻，我们迎来了中文版《金融理财史——金融服务转型 40 年》的再版。我相信对于金融理财行业的从业者来说，只有回顾历史，才能更好地珍惜今天。只有了解了 1969 年芝加哥会议上那些行业拓荒者的梦想和努力，以及他们筚路蓝缕的艰辛，今天的金融理财从业者才能更加清楚和理解 CFP 持证人的责任以及未来的方向。

让我们一起为金融理财行业的未来努力！

宋健

现代国际金融理财标准（上海）有限公司董事长

2021 年 10 月

前　言

　　那是 2000 年 9 月 10 日的中午，从"中心之顶"餐厅向下望去，波士顿市中心的景色蔚为壮观。聚集于此的人群中有来参加首届 FPA "成功论坛"（Success Forum）的全球金融理财界人士。CFP 标准委员会（简称"CFP 标委会"）的历任主席在此举办一年一度的午餐会。这些人一致认为，现在是时候启动一个项目来记录金融理财这个新兴行业的历史了。虽然个别组织先前开展过历史追溯工作，但它们纯粹是出于地界之争，而非为了记录历史。现在是时候记录我们的过去了，因为我们团结一致并建立起了一个更为强大的行业。在午餐会上，时任 CFP 标委会主席的帕特里夏·霍利亨（Patricia Houlihan）说："登比和奥利弗，你们作为 CFP 标委会的前任主席，可以负责这项记录历史的工作吗？"参会众人一致认为，如此重大的项目应由 CFP 标委会、FPA 和 NEFE（美国金融教育基金会）合作开展。当接到这个"记录金融理财历史"的项目时，三个组织都认为这是一项有价值的工作，并保证给予支持。我们则承诺为该项目提供资金，并将所有版税贡献出来，用于推动金融理财行业的发展。后来，我们又将得克萨斯理工大学的金融理财档案馆（Archives of Financial Planning）纳入协议的合作方。

我们的调研方法主要有三种：文献查阅、问卷调查和个人访谈。文献查阅包括查阅 IAFP、ICFP（CFP 协会）和 FPA 过去的董事会会议纪要，以及由这些机构设立的专项委员会的工作报告，同时我们还查阅了无数金融出版物。我们通过邮件向 IAFP 和 ICFP 的相关人员、FPA 的历届领导人、金融理财学院、NEFE 和 CFP 标委会发送了调查表。个人访谈则包括电话联系、单独面谈以及在数次 FPA 年度大会期间由得克萨斯理工大学的职员协助完成的访谈，这些访谈内容都由得克萨斯理工大学记录并存档。

专业金融理财的基础涉及财务决策的方式。金融理财变革的先驱者本能地知道，金融服务消费者需要一位客观的专业人士来参与并改善他们的财务决策。金融理财诞生于 1969 年美国经济衰退期间，并且在 2009 年全球经济和衰退期间迎来其 40 岁生日。金融理财师的服务价值在这些经济艰难时期一次次地得到验证。

在经济形势时好时坏的 40 年间（1969—2009 年），金融理财行业至少在以下 5 个领域为改善人们的生活做出了重大贡献：

- 面向金融理财从业者的专业教育项目。
- 针对客户金融资产的专业管理。
- 面向消费者的金融知识普及和进阶项目。
- 面向个人和家庭的理财习惯养成项目。
- 帮助人们在事业和投资上获得更高回报和实现产权更加公平。

在本书的第一章中，我们将向您展现金融理财变革兴起时的时代背景，带您深入了解发起该变革的 1969 年 12 月芝加哥分水岭会议。

我们首先介绍洛伦·邓顿、詹姆斯·约翰斯顿（James Johnston）和刘易斯·G. 卡恩斯（Lewis G. Kearns）等人。这些人物中有眼光超前者，有胆识过人者，还有极具天赋者。他们中的大部分人都将这场变革置于其个人目标之上。除此之外，这些人中也有长期标榜自我、表现却不尽如人意的人。这群人聚集到一起，为这个 20 世纪后期最重要的新兴行业的诞生奠定了基础。这使我们越发地想要去了解他们。

在第二章中，我们将带您回顾从 20 世纪 70 年代初到 80 年代中期的行业形成阶段。在这十几年里，人们既见证了金融理财学院早期的辉煌，又目睹其陷入濒临倒闭的险境。安东尼·佐尔格（Anthony Sorge）和威廉·安塞斯（William Anthes）是在这一阶段出现的新角色。这一时期也标志着洛伦·邓顿的谢幕与 J. 钱德勒·彼得森（J. Chandler Peterson）的登场。会员制组织 IAFP 开辟成为一个利润中心，CFP 专业团体 ICFP 登上舞台。小 P. 肯普·费恩（P. Kemp Fain Jr.）和戴维·金（David King）是 ICFP 早期队伍中的一员。

第三章聚焦 20 世纪 80 年代后期。这期间的重头戏是以 IBCFP（国际 CFP 标准与实践委员会）的成立而告终的一场官司。IBCFP 针对 CFP 商标所有权的一系列重要决策，极大地拓宽了金融理财变革和金融理财行业的视野。

第四章主要围绕 20 世纪 90 年代展开，讲述了 ICFP 与 IAFP 合并为 FPA 这一标志性事件的始末。这 10 年还是金融理财学院的一个转折点：1992 年，学院成立了 NEFE，并将其作为自己的控股公司；1997 年，NEFE 将学院卖给了营利性企业阿波罗集团，此举永久性地改变了 NEFE 的性质。从此，NEFE 基本变成了一个服务于所有美国人的金融公共教育机构。这同时也是 CFP 基层群体公开反对由 CFP 标委会提议设立"准 CFP"认证的 10 年。

在第五章中，我们重点关注在 2000 年诞生的 FPA 开启的新时代。这个在成立之初便拥有 3 万名成员的联合会员制组织颇具影响力。而 IAFP 和 ICFP 的合并，使得金融理财行业能够创造性地应对始于 2000 年的互联网泡沫破灭。FPA 自创立以来取得了诸多成就，其中之一就是在 2002 年举办的第一届"全国金融理财周"（National Financial Planning Week）。此外，2004 年，FPSB 的成立和美国金融理财实践标准的制定也是这一时期值得一提的成就。

在第六章中，我们回顾了金融理财变革在全球范围内扩张的传奇。这一章讲述了这场变革从 1973 年美国境内的区区 42 名 CFP 持证人发展到 2009 年遍布全球 20 个国家和地区的 12 万多名 CFP 持证人的历程。

在第七章中，我们将着眼于金融理财研究、金融理财发展和金融科技世界三者间的相互作用，详细介绍这 40 年（1969—2009 年）间令人难以置信的科技发展。

在第八章中，我们讲述了金融理财作为一个专业性行业在各个方面的发展状况，包括教育、考试、从业经验、职业道德标准、薪酬方式、政府监管和社会效益。

在第九章中，我们概述了金融理财行业未来可能遇见的挑战和机遇。

在第一个 40 年（1969—2009 年）里，金融理财行业发掘并创造了一个辉煌的具有潜力的宝库，而这正是我们故事的核心。现在看来，该行业未来的发展潜力将会更胜从前。然而，清晰的前景并不意味着成功已触手可及，有多少潜力能够实现也是未知数。在当前这个充满动荡和变化的环境中，确定能够实现多少短期潜力以及奠定多么坚实的基础才能有利于长期潜力的发掘，将是十分有吸引力的事情。

我们的调研工作仍在进行中，欢迎各位读者朋友将您的宝贵意见发送给我们。通信地址：邮政信箱 770870，田纳西州孟菲斯市，38177-0870（P.O.Box 770870，Memphis，TN，38177-0870）。

小 E. 登比·布兰登

H. 奥利弗·韦尔奇

鸣　谢

我们足足花费了八年半的时间才完成这项占据我们毕生事业重心的行业历史的写作工作。在此过程中，我们与世界各地的数百人有过接触和来往，还有数十名伙伴协助我们整理繁杂的文件、会议纪要和报纸期刊。因此，我们实在难以将谢意合理分配给每一个值得感谢的人。

首先，我们要感谢 CFP 标委会、FPA 董事会和 NEFE 董事会，以及在 2000 年 9 月选择加入这个项目的每一位成员，还有那些自始至终支持我们的人。这些人包括帕特里夏·霍利亨、伊莱恩·比德尔（Elaine Bedel）、弗雷德里克·E. 阿德金斯三世（Fredrick E. Adkins III）、汤姆·L. 波茨（Tom L. Potts）、珍妮特·麦卡伦（Janet McCallen）、蒂姆·科基斯（Tim Kochis）、格韦妮丝·弗莱彻（Gweneth Fletcher）、老 G. 约瑟夫·沃塔瓦（G. Joseph Votava Sr.）、比尔·卡特（Bill Carter）、罗伊·迪利伯托（Roy Diliberto）、威廉·安塞斯、布伦特·尼泽尔（Brent Neiser）、纳恩·米德（Nan Mead）、本·库姆斯（Ben Coombs）、格雷顿·考尔德（Graydon Calder）、罗伯特·戈斯（Robert Goss）和埃莉萨·布伊（Elissa Buie）。

其次，我们还要感谢那些做出了特别贡献的金融理财领导人。他们包括唐纳德·皮蒂（Donald Pitti）、刘易斯·G.卡恩斯、詹姆斯·约翰斯顿、艾琳·夏基（Eileen Sharkey）、理查德·瓦格纳（Richard Wagner）、刘易斯·沃伦斯基（Lewis Wallensky）、诺埃尔·梅耶（Noel Maye）、约翰·卡彭特（John Carpenter）、亚历山德拉·阿姆斯特朗（Alexandra Armstrong）、佐藤铃江（Suzue Sato）、哈罗德·埃文斯基（Harold Evensky）、迪娜·卡茨（Deena Katz）、丹·帕克斯（Dan Parks）、盖伊·坎比（Guy Cumbie）、詹姆斯·巴纳什（James Barnash）、戴夫·耶斯克（Dave Yeske）、威廉·霍伊尔曼（William Hoilman）、亨利·蒙哥马利（Henry Montgomery）、刘易斯·J.沃克（Lewis J. Walker）、杰克·布兰金希普（Jack Blankinship）、罗伯特·J.奥伯斯特（Robert J. Oberst）等。

再次，我们能够完成这部著作，离不开田纳西州孟菲斯市布兰登金融理财公司（Brandon Financial Planning, Inc.）总部的帮助。该公司允许我们使用其科技设施，公司管理人员雷·布兰登（Ray Brandon）、登比·布兰登三世（Denby Brandon III）和加里·基弗纳（Gary Kieffner）及行政领导洛丽·克拉克（Lori Clark）和朱迪·皮尔斯（Judy Pierce）始终给予我们支持。同时，感谢布兰登调研组织的职员，包括协调人特尔玛·F.斯科特（Thelma F. Scott）、贝蒂·波茨（Betty Potts）、梅利莎·丹尼尔森（Melissa Danielson）和威廉·布兰登（William Brandon），在撰写本书期间，无论是工作日还是周末，他们都在工作中充分展示了自身的能力和勤奋。

从次，我们非常感谢所有专业合作伙伴的卓越才能和敬业精神。我们要感谢作家迈克尔·莱斯利（Michael Leslie）和约翰·哈金斯（John Harkins）在调研期间给予的宝贵建议，以及小马文·W.塔特尔、玛丽·科尔宾（Mary Corbin）、莫琳·佩克（Maureen Peck）、南希·弗里德曼（Nancy Friedman）、凯瑟琳·牛顿（Catherine Newton）和谢利·李（Shelley Lee）为本书的编辑加工做出的贡献。我们尤其感谢比尔·法伦（Bill Falloon）和约翰·威利父子出版公司（John wiley & Sons, Inc.）开发编辑部的员工，其中包括梅格·弗里伯恩（Meg Freeborn）、埃米莉·赫尔曼（Emilie Herman）和劳拉·沃尔什（Laura Walsh）。他们在道德上的高标准、在判断上的客观性和及时的帮助，极大地促进了我们在整体目标上对准确、完整和平衡的追求，他们也在其他许多方面发挥了重要作用。

　　最后，我们想借此机会感谢我们的妻子海伦·布兰登（Helen Brandon）和帕特·韦尔奇（Pat Welch）。即便是在我们几乎全天候地投入项目时，她们也一如既往地支持着我们。

小 E. 登比·布兰登

H. 奥利弗·韦尔奇

第一章

新行业的萌芽

如果仅仅将这场关于金融理财的变革称为一场意外，那就太过轻描淡写了。

这场变革的主要发起人之一曾经是一名吸尘器推销员，后来转行成为营销顾问兼励志作家。另一位发起人曾经推销过保险，后来转行销售教学用品，并取得了心理学硕士学位。两人都居住在远离华尔街或任何其他金融中心的科罗拉多州。

在原本的设想中，这一新生事物的首次筹备会议将是一场历史性峰会，然而应邀而来的参会者仅有 13 人，会议召开的时间还碰巧撞上了美国历史上最严重的熊市之一。

最令人沮丧的是，这场尚在襁褓中的变革没有清晰明确的行动方案，而且在变革的初期，资金一直严重短缺。

资金问题颇具讽刺意味——始于 1969 年 12 月的这场变革的初衷是帮助普通美国人掌控自己的财务命运，但如果为此而创建的组织自身都没有偿债能力，那么它又何谈实现这一目标呢？

尽管经历了诸多坎坷，但金融理财仍是过去 4 个世纪以来出现的第一个新生行业，它在美国乃至世界各地都取得了超出开创者热切希望的巨大成功。虽然金融理财初露头角便遭受败绩，但在 40 年后，全球 CFP 持证人数已突破 120 000 人，而为他们提供教育培训的相关院校多达数十所。

这是一个动人心魄的成功故事，是这一变革的开创者的故事，也是关于变革的火种一步步催生出一套底蕴深厚、充满活力且不断成长的知识体系的故事。

变革前夕

放眼全球，1969 年都是里程碑式的一年。尼尔·阿姆斯特朗（Neil Armstrong）于这一年 7 月成为第一个踏上月球的人，《午夜牛郎》（*Midnight Cowboy*）、《虎豹小霸王》（*Butch Cassidy and the Sundance Kid*）和《日落黄沙》（*The Wild Bunch*）等美国西部电影震撼了整个影坛。但在金融服务业中，几乎看不到一丝变革迹象。

数十年来，金融服务主要等同于一件事情：销售。1924 年，共同基金的面世为小额财产所有者拓宽了投资渠道。十年后，为防止股民重蹈 1929 年股灾的覆辙，罗斯福政府先后颁布了《1933 年证券法》（Securities Act of 1933）、推动 SEC（美国证券交易委员会）成立的《1934 年证券交易法》（Securities Exchange Act of 1934）和规范信息披露及投资者教育的《1940 年投资顾问法》（Investment Advisers Act of 1940），同时制定了全面监管投资行业的准则。

此后 30 年，金融服务业几乎一成不变。年复一年，占据主导地位的一直是为数不多的几家大型证券公司，它们的主要业务是向富裕客户推销股票，销售人员则从中获得佣金报酬。而各家银行也只为富人提供信托服务。对普通美国人来说，"投资"意味着购买人寿保险——通常是带有确定死亡理赔金额和现金价值的传统型终身寿险。保险销售员为了赚取佣金而工作；律师负责起草遗嘱、设立信托，有时还提供税务咨询服务；注册会计师则提供纳税申报服务。当时的人们很少使用"金融理财师"这个词，即使提到，也是指那些既提供人寿保险又提供遗产规划和年金保险服务的保险业务员。同时，"金融理财师"也可能指某个拥有保险和共同基金双重执业许可的从业者。如今我们所熟知的金融理财规范流程在当时并没有明确的定义。

金融理财行业的早期编年史作家里奇·怀特（Rich White）曾这样描述早年的情况：

> 直至 1960 年，人寿保险仍是金融理财的核心内容……从定义上讲，金融理财师就是一名向公众提供"死亡赔付"和其他服务的保险销售员。金融理财师……也为富裕客户估算遗产税，并向客户推销可为这些税负筹集资金的保险。他们成立工作室，分析客户的财务目标，向客户销售包括寿险、残疾险和年金在内的组合产品。[1]

尽管表面上风平浪静，但创新的暗潮开始涌动。从二战和朝鲜战争的战场上归来的退役军人为金融产品创造了新的市场，同时，当时蓬勃发展的经济意味着民众拥有可用于投资的现金。建立在企业养老金和社会保障金基础上的美国传统养老方式在当时仍是主流，但其地位开始受到挑战。1962 年，美国国会通过了《个体经营者退休法》（Self-Employed Individuals Retirement Act）①，规定合伙企业和非法人企业享有与法人企业同等的税收优惠。

与此同时，学、政、商三界的创新家开始重新审视传统的金融服务模式，并寻求新的模式。这些创新家所倡导的理念，包括他们提出

---

① 《个体经营者退休法》更广为人知的名字是"基欧计划"，因其发起人为纽约市议员尤金·J. 基欧（Eugene J. Keogh）。

用全新的方式提供金融服务的畅想，在日后对整个行业产生了深远的影响。

志士云集

1969 年 12 月 12 日，在芝加哥奥黑尔机场附近的一家酒店的会议室里，金融理财正式面世。虽然会议的组织者洛伦·邓顿和詹姆斯·约翰斯顿联系了所有他们认识的金融服务从业者，但最终只有 11 人应邀到场。参会者从佛罗里达、纽约、俄亥俄和宾夕法尼亚等地自费来到芝加哥，其中有保险推销员、共同基金和证券销售员、一名理财顾问和一名公关人员。大部分人都是保险业著名的"百万圆桌会议"①的成员。

这些人之所以来到这里，不仅是因为好奇，也是因为一种共同的使命感：提升零售金融服务业的专业水平，让"金融咨询"而非"销售技巧"成为这个行业的推动力。

邓顿和约翰斯顿为这次会议筹划了数月。在会议召开的前一年的夏天，居住在科罗拉多州的两人才第一次会面。35 岁的约翰斯顿曾是人寿保险推销员，当时从事教学用品销售工作。他来到邓顿在利特尔顿的家，希望得到邓顿的《如何向女性推销共同基金》(*How to Sell Mutual Funds to Women*) 一书。没想到，两人很快发现彼此之间存在一个更大的共同点——他们都非常渴望改进金融服务的提供方式。两人一致认为，只有不间断的职业教育才能实现这个目标。

约翰斯顿曾有很长一段时间痴迷于励志演说家。"我一有机会就

---

① 百万圆桌会议（The Million Dollar Round Table）成立于 1927 年，成员均为美国乃至全球最优秀的保险和金融产品销售专业人士。

去听他们演讲，"在与邓顿的初次见面过去几十年后，约翰斯顿回忆道，"他们每次都能激励到我，这一点让我钦佩。但问题是，一旦与外界接触，我就会瞬间跌回现实。"约翰斯顿认为，"将针对新理念的职业教育项目和励志演说家绑定在一起"可以解决金融服务业的问题。他认为，邓顿是思想者和激励者，而自己是一名教育家。他可以在邓顿发表激励演讲并阐述新理念后，提供后续的教育培训。

起初，邓顿并不像约翰斯顿那样对教育培训抱有浓厚的兴趣。然而，他十分认可约翰斯顿在销售和促销方面的天赋，也看到了两人持续合作的互利共赢前景。在接下来的 12 个月里，两人时常会面。1969 年 6 月 19 日，为了推进他们一直在讨论的目标，洛伦·邓顿在科罗拉多州注册了一家 501（c）（3）非营利机构，并将该机构命名为 SFCE（金融咨询道德学会）。SFCE 后来更名为 SFC（金融咨询学会）。

该学会在章程中明确了两大宗旨：

- 对那些在金融咨询方面遵纪守法、符合职业道德标准，并切实向公众分享其知识财富的人予以表彰。
- 设立一家教育机构，推出面向非共同基金和非保险行业人士的认证课程，以此证明特定个人所具备的能力和志向，并以金融咨询的形式向公众提供客观的财务指导与帮助。

除了邓顿，SFCE 的董事还包括来自丹佛的罗伯特·利里（Robert Leary），他曾在西美证券公司担任销售总监；以及来自芝加哥的丹尼尔·凯德兹（Daniel Kedzie）博士，他是 CLU（特许人寿理财师）课程的前教育主管。邓顿又说服以下 6 人加入了董事会：惠灵顿管理公司的刘易斯·G. 卡恩斯；国际证券公司的杰克·格拉斯福德（Jack Glassford）；迈尔森公司的 D. 拉塞尔·伯韦尔（D. Russell

Burwell），他同时也是纽约证券交易所的会员和邓顿培训影像的客户；《共同基金杂志》（*Mutual Fund Magazine*）的本·卡肖（Ben Cascio）；丹佛大学校长亚瑟·梅森（Arthur Mason）博士；共同基金代表委员会副主席沃尔特·费希尔（Walter Fischer）。

虽然阵容强大，但 SFCE 仍旧举步维艰。在成立后的 9 个月里，该学会只筹集到 3 100 美元（会费为每年 500 美元）。尽管 SFCE 有着崇高的理想，但是它始终没能给接受教育的会员带来明显的益处。很明显，SFCE 需要一个更有能力的组织来取代它履行使命。

尽管情况如此，但在 1969 年 12 月 12 日，当邓顿在芝加哥迎接应邀前来的 11 名参会者时，他仍然对自己的规划和机构充满信心。即使出席人数不多，他也并未气馁。芝加哥会议持续了两天，参会者在会后成立了两个新的组织：IAFC（国际金融顾问协会）——一个会员制组织 [2]，以及国际金融咨询学院——一家教育机构。后者于 1970 年更名为金融理财学院。邓顿相信他的咨询公司（洛伦·邓顿联营公司）可以指导和资助这两个新成立的组织，也相信团队人才济济，他们将会吸引更多的投资。

结果证明，邓顿对资本的预判是错误的，但他对参会者的才干评估却是准确的。虽然人数不多，但这支团队技能精湛、经验丰富、忠于职守。

刘易斯·G. 卡恩斯曾在惠灵顿管理公司担任金融理财部总监，管理着 15 亿美元的惠灵顿基金。卡恩斯对共同基金销售人员的培训方式有着强烈的职业信念，并最终担任了金融理财学院校董会的首任主席。

来自俄亥俄州辛辛那提市的罗伯特·莱什纳（Robert Leshner）此时已经在他的 W.D. 格雷迪森公司实践了多元化的金融咨询业务。莱什纳像卡恩斯一样热衷于职业教育，他是 IAFC 早期研讨会的推广者之一。

赫尔曼·W.尤尔曼（Herman W. Yurman）是佛罗里达州圣彼得堡市美国理财公司的副总裁。他提议向完成教育培训课程的个人授予"注册金融顾问"（Certified Financial Counselor）的专业称号。

来自佛罗里达州庞帕诺比奇市的共同基金销售员汉克·迈尔德纳（Hank Mildner）在会上提出，要特别关注从业者的职业操守问题。他向大家分享了一名寡妇的遭遇，这位女士曾对销售人员说："我只想要保本。"但是，该销售人员无视她的要求，从而导致她在一只共同基金上亏损了1万多美元。

会议的第二天（12月13日），卡恩斯、莱什纳、尤尔曼、迈尔德纳和其他参会者又回到了开会地点，与邓顿的SFCE代表们会面。双方达成了统一意见，决定由邓顿的洛伦·邓顿联营公司来管理新的会员制组织和学院。会议结束后，一行人着手开展组建专项委员会的工作，这为后来新机构的成立奠定了基础。

两周后，也就是12月30日，理查德·尼克松（Richard Nixon）总统签署了《1969年税制改革法》（Tax Reform Act of 1969），这是自1913年引入所得税以来覆盖范围最广的税收法案。该法案填补了诸多漏洞，大幅调低了税率，对投资者及他们的投资顾问产生了深远影响。然而，这一切依旧无法阻止从1970年开始的长达11年之久的熊市。这次经济衰退引发了新一轮全民财富焦虑，而金融理财师正准备帮大众缓解这种焦虑。

十三杰莅临芝加哥

莅临芝加哥参与1969年12月筹备会议的13人分别为：

1. 赫伯特·阿比洛（Herbert Abelow），来自纽约皇后区，时任在共同基金行业享有盛誉的德雷弗斯公司最大分公司之一的销售副总裁。

2. 洛伦·邓顿，来自科罗拉多州利特尔顿市，是 SFCE 的创始人、1969 年 12 月筹备会议的组织者。

3. 沃尔特·费希尔，曾是巴克斯特-布莱登-塞尔海默公司的百万美元级别的共同基金销售员和共同基金代表委员会的副主席。

4. 杰罗尔德·格拉斯（Jerrold Glass），来自佛罗里达州圣彼得堡市，时任投资者监管服务公司的区域副总裁，后来曾任职于第一届教育委员会（1970—1972 年）及金融理财学院第一届校董会。

5. 约翰·霍金斯（John Hawkins），来自佛罗里达州庞帕诺比奇市，是约翰·霍金斯证券公司的所有者，后来曾任职于 IAFC 原董事会。

6. 詹姆斯·约翰斯顿，来自科罗拉多州丹佛市，是 1969 年 12 月筹备会议的联合组织者、金融理财学院的第一名员工。

7. 刘易斯·G.卡恩斯，来自费城，曾在惠灵顿管理公司管理 15 亿美元惠灵顿基金并担任金融理财部总监，同时还是教育委员会临时主席、金融理财学院首届校董会主席。他曾在金融理财学院任职两年，后于第三届回归继续担任校董会主席。

8. 莱尔·肯尼迪（Lyle Kennedy），来自纽约市，是某经纪人会员制组织的负责人。

9. 罗伯特·莱什纳，来自辛辛那提市，是 W.D.格雷迪森公司的销售员以及 IAFC 早期研讨会和会员制组织的推广者。

10. 汉克·迈尔德纳，来自佛罗里达州庞帕诺比奇市，是联合证券公司的资深共同基金销售员。

11. 查尔斯·韦茨伯格（Charles Weitzberg），洛伦·邓顿的好友。

12. 赫尔曼·W.尤尔曼，来自佛罗里达州圣彼得堡市，是雷蒙德·詹姆斯联营公司的寿险子公司——美国理财公司的副总裁，还是第一届教育委员会委员，曾协助编写CFP课程大纲。

13. 杰拉尔德·齐珀（Gerald Zipper），来自纽约市，是某金融通讯刊物的推广者和出版商。

人物简介：洛伦·邓顿

1968 年，当遇到詹姆斯·约翰斯顿时，50 岁的洛伦·邓顿已经拥有了丰富的人生阅历。根据传记的记载，邓顿出生于加拿大不列颠哥伦比亚省的采矿小镇特雷尔。在 29 岁结婚之前，他一直"在西雅图、阿拉斯加和旧金山过着刺激的单身生活"，做过真空吸尘器和百科全书推销员。后来，他移居科罗拉多州，在那里改行成为一名理财顾问兼基金销售员。45 岁时，邓顿学会了跳伞，并出版了自己的第一本书《自律》（*Self-Discipline*），之后又相继出版了包括《如何向女性推销共同基金》、《你的金融理财手册》（*Your Book of Financial Planning*）、《黄金时代：如何享受人生最美好的时光》（*Prime Time: How to Enjoy the Best Years of Your Life*）在内的 12 本书。其中，《如何向女性推销共同基金》一书让他大赚一笔。凭借这笔丰厚的报酬，他带着妻子和两个女儿进行了为期一年的环球旅行。回来后，他立即前往纽约市拜访亚瑟·威森伯格公司（Arthur Weisenberger）的唐纳德·皮蒂。在金融理财变革中担任重要领导角色的皮蒂后来回忆道："洛伦·邓顿告诉我，他在欧洲旅行的时候，无论走到哪里，当地人都会问他，如果美国真如传闻中那样强大，那么为什么美国民众在退休后却必须依赖社会保障才能养老？所以邓顿认为，我们必须改良金融产品在这个国家的销售和交付方式。"

回到科罗拉多州后，邓顿创办了一家为共同基金公司和保险公司提供咨询服务的公司。1969 年 6 月，他觉察到从业者的专业素养有待提高，于是又成立了 SFCE。这是一家以教育培训为目的、由金融服务公司组成的非营利性行业组织，主营业务包括提供金融产品、培训课程和咨询服务。

在 1969 年 12 月的芝加哥会议结束后，邓顿接管了 SFCE 和新成立的 IAFC，而刘易斯·G. 卡恩斯和詹姆斯·约翰斯顿则专注于国际金融咨询学院的工作。但事实证明，邓顿虽然擅长激励他人，却缺乏运营管理能力。在他的领导下，这两个组织都陷入了财务危机。1974 年，邓顿在卸任后搬到了旧金山。他在那里写书、发表演讲，还成立了几家非营利组织，包括消费者金融教育协会（Institute for Consumer Financial Education）。1997 年，洛伦·邓顿离世，享年 79 岁。

金融教育为知，金融理财为行。知行合一，方得其所。

——洛伦·邓顿

首次挑战

金融理财师要想帮助公众，就必须先打造出一个值得公众信赖的职业。然而，前进的道路并非一帆风顺。

尽管这支芝加哥小分队已经决定成立一个会员制组织和一所学院，但苦于资源短缺，项目迟迟无法走上正轨。他们既没有雄厚的财力，也没有足够的影响力能让实力雄厚的金融服务公司为他们提供资源。他们之中既没有教育工作者，也没有教育机构负责人。团队的营运资金一度捉襟见肘。最初，IAFP 的会费仅为 10 美元，即使是在 1970 年，这一收费标准也相当低廉。事实上，在诸多不利因素的影响下，这场变革成功的希望十分渺茫。

然而，这支队伍中的 13 名成员各有所长。他们善于交际、精力充沛、知识渊博，并且深受同行敬重。或许，最为关键的一点是，他们所代表的理念迎来了发展的时机。

为了进一步推广他们的新理念，IAFP 的早期领导人决定举办销售研习班。在罗伯特·莱什纳的鼎力支持下，1970 年 1 月 20 日，第一期销售研习班在辛辛那提市举办。这期销售研习班吸引了将近 40 人参加，其中大多数人都报名成为 IAFP 的新会员。来自田纳西州诺克斯维尔市的小 P. 肯普·费恩就是其中一员，他是一名独立销售员，任职于一家以创新著称的全国性公司——美国金融服务公司。这家公司的创始人约翰·基布尔（John Keeble）和理查德·费尔德（Richard Felder）于 1963 年制订了第一份理财方案。1968 年，他们的公司每月大约为客户制订 300 份理财方案。从芝加哥返家后，费恩立即组织成立了第一个 IAFP 分会①。

---

① 详见"人物简介：小 P. 肯普·费恩"，第八章。

两周后，第二期销售研习班在佛罗里达州温特帕克市举办，这一期有 60 多人参加。洛伦·邓顿专程赶来发表主题演讲，并当众宣布，IAFP 的会员人数已接近 2 000 人。尽管这个数字未必完全准确，但可以肯定的是，截至 1970 年年中，除了密西西比州，IAFP 在每个州至少有一名会员，支付会费的支票也开始从各地寄来。

市场里程碑：货币市场共同基金

共同基金最初被称为"投资信托基金"，在 19 世纪末期就已经存在了，但一直以来，人们对它知之甚少。直到 1971 年，华尔街的两名金融顾问布鲁斯·本特（Bruce Bent）和亨利·布朗（Henry Brown）创造了货币市场共同基金，投资信托基金也由此更名为共同基金。在此之前，小型投资者习惯把现金存入低回报的银行账户。而货币市场共同基金的出现，使得小型投资者可以将他们的资金汇集在一起并投入货币市场，从而获得相对更高的回报。这两名金融顾问创立的"储备基金"产品在开始的两年举步维艰，直到 1973 年 1 月，《纽约时报》（*New York Times*）刊登了一篇关于该基金的文章，这才迎来转机。其他机构也随之推出了各自的货币市场共同基金，这为金融理财师创造了向客户提供资产配置咨询服务的机会。

学院雏形

在 1969 年 12 月的芝加哥会议上，众人一致决定由参会者之一的刘易斯·G.卡恩斯负责创办一家对金融理财师进行培训认证的教育机构[①]。于是，卡恩斯组建了教育委员会，成员包括戴维·阿拉德（David Allard）、小P.肯普·费恩、杰罗尔德·格拉斯、詹姆斯·约翰斯顿、J.钱德勒·彼得森、香农·普拉特（Shannon Pratt）、托马斯·里特（Thomas Ritt）、拉里·威尔斯（Larry Wills）、赫尔曼·W.尤尔曼。1970—1972年，他们在加利福尼亚、佐治亚、华盛顿特区和宾夕法尼亚等地频繁会晤。考虑到创始人邓顿和约翰斯顿居住在丹佛，众人最终决定将学院设在该地。

> 为了从业者和大众，我强烈渴望提升行业水准。我认为，教育应是其中的关键一环。
>
> ——刘易斯·G.卡恩斯

人物简介：刘易斯·G.卡恩斯

1969年，55岁的卡恩斯不仅是密歇根大学法律学位的获得者，还是一名成功的管理者、教育家、演说家和作家。同时，他也深谙金融理财之道。十多年前，卡恩斯在靠近费城的惠灵顿管理公司成立了金融理财部，目的是帮助投资代理（主要是股票经纪人）将服务的重心和导向由产品转向客户。为了使新成立的教育机构走上正轨，卡恩斯开始编写教材，为股票经纪人授课，并向全国各地的投资和保险集团提供培训。他还在费城的坦普尔大

[①] 该教育机构就是在1970年更名为"金融理财学院"的"国际金融咨询学院"。学院名称的变更进一步巩固了"金融理财师"取代"顾问""代理"等词并作为相关认证称号的地位。

学商学院担任兼职讲师。在此期间，他遇到了洛伦·邓顿和詹姆斯·约翰斯顿，并毅然投身于他们开创的事业。

"为了从业者和大众，我强烈渴望提升行业水准。"2008 年，卡恩斯在一次采访中说，"我认为，教育应是其中的关键一环。"在 1969 年 12 月的芝加哥会议结束后，卡恩斯成了教育委员会主席，负责为起步阶段的金融理财学院开发课程。

后来，作为学院校董会主席，卡恩斯主持了首届 CFP 毕业典礼。"我们知道自己正在开辟新的领域，但想不出该如何称呼这些毕业生，有人建议使用'颁授生'（confirmand）一词。"卡恩斯回忆道。但是有名毕业生告诉卡恩斯，这个词不是很恰当，因为"confirmand"指的是宗教里的"朝圣者"。

卡恩斯并不是"朝圣者"中的一员。"我记得有位校董会成员问我什么时候参加 CFP 考试。我说什么时候由别人来出题了，我就去参加考试。"翌年，校董会授予卡恩斯"荣誉 CFP"称号。

随着第二个任期届满，卡恩斯退出了校董会，他认为"这艘大船已经开始自主航行"。然而，在费迪南德·诺海姆（Ferdinand Nauheim）的任期结束后，卡恩斯应校董会要求，再次担任校董会主席。"我答应再回来工作一年，也同意当这个'出头鸟'。不管华盛顿总统说什么，我都坚持以'金融理财师'而不是'代理'作为职业头衔。我坚信'金融理财师'一词更能传达这个职业的本意，它代表的是独立从业者，不会让人联想到一名受雇于某家企业的代理人。"卡恩斯说道。

1973 年，卡恩斯从这场全国性的金融理财变革中彻底隐退。从惠灵顿管理公司退休后，他担任多家保险和共同基金公司的顾问，同时还作为志愿者活跃在费城圣经协会的监狱关怀活动以及沃林斯福德的游泳、网球俱乐部等各种公益事业中。

詹姆斯·约翰斯顿后来评论道："卡恩斯为这个行业赌上了自己的名誉。"卡恩斯虽然一直相信CFP称号会吸引从业者，但未曾预料到人数的增长速度会如此之快。2008年，94岁高龄的卡恩斯在自传中写道，他的个人目标是"让更多从业者受益于这场金融理财变革带来的专业水平的持续提高"。

最初，在国际金融咨询学院尚未推出金融理财课程时，就有一些人渴望报名学习。1970年年初，小P.肯普·费恩在来到丹佛市查看课程方案后，立刻注册成为第一名也是当年唯一的一名学员。当时，费恩已从事金融服务业，但据他本人说，他认为学院的课程是这个行业迈向专业化的重要一步。

即使在那个时候，考试难度也不低。考题都是论述题，你必须读懂材料并简明扼要地作答。这项认证在当时并不流行，几乎无人知晓。直到1978年或1979年，当告诉别人"我持有CFP证书"时，你才能从他们眼中读到认可。

费恩和其他准学员（1971年又有150多人报名）必须等上一段时间才能参加考试，因为当时的课程体系仍未出炉。

填补这一空缺的是刘易斯·G.卡恩斯。他起草了首个国际金融理财师认证课程大纲。这份自学指南分为六部分：基础知识、资金管理、金融资讯、投资模型、有效金融理财的相关注意事项以及咨询与消费行为研究。1979年，里奇·怀特在为《金融理财师》（*The Financial Planner*）杂志撰写的一系列文章中记录了金融理财变革的早期发展历史。据其记载，洛伦·邓顿曾希望聘请一位业内顶尖学者来编写课程，以填充卡恩斯起草的课程大纲。怀特写道："但这超出了学院的财力，于是邓顿不得不向有从业背景的詹姆斯·约翰斯顿寻求帮助。约翰斯顿花费了大量精力琢磨课程资料，终于改编出一版令他最满意的教材。"

这版教材的第二课简要阐述了金融理财师的五项业务：

- 收集并评估财务和个人信息。
- 提供针对财务目标和理财方案的咨询服务。
- 落地执行理财方案。
- 协调理财方案中涉及其他人的各项要素。
- 根据内外部变化，持续更新长期理财方案。

人物简介：詹姆斯·约翰斯顿

早期的金融理财变革就像孵化器中的雏鸟，需要一名尽职尽责的家长来守护，最终詹姆斯·约翰斯顿成了"守护者"。他在工作上不畏艰辛，也敢于尝试新事物。年轻时，他经常整个夏天都在铲煤，随着铁矿船穿梭于五大湖区。读完大学，他又从海军退役（在预备役服役 27 年，最终获得上尉军衔），之后在四家保险公司上过班，曾向大学销售教学设备，还取得了心理学硕士学位——这一切都发生在他 36 岁之前。

约翰斯顿在读过洛伦·邓顿的一本书后深受启发，产生了拜访这位作者的想法。在 2008 年的一次采访中，约翰斯顿回忆说，让他对金融理财产生兴趣的契机是，他在科罗拉多大学读本科时选修了一门个人理财课程。"我永远不会忘记，我的导师对我说，这门课不计入我攻读的金融和经济学专业的学分。"约翰斯顿说，"我猜想，他们可能觉得这门课程不重要，但我并不认同这一点。比起某个国家的经济状况或福特汽车公司的融资案例，我对个人理财要感兴趣得多。"

约翰斯顿着实为洛伦·邓顿的"十分笼统的"想法冒了一把险，他参加了 1969 年 12 月的芝加哥会议，还意外成为金融理财学院第一名也是唯一的一名员工。而后，他又成为学院第一任院长兼教务主管。

"起初，我的办公地点就在洛伦的办公室的一个房间里。当学员每年交 3 次学费时，我才有幸给自己开一笔微薄的薪水。"约翰斯顿说，"为了获得额外的收入，我经常打零工，给海军预备队做过陪练，卖过医疗保险，还上门送过电话簿。"

为什么要做出这样的牺牲？

> 我梦想着培养出一批能够更好地服务消费者的新型金融专业人士，我认为这个想法蕴藏着巨大的潜力。我对通过远程教学来提供教育的课题很感兴趣，因为在海军服役时，我看到了这种远程教学的效果。我认为，彻底革新这个行业的办法是，教导从业者坐下来与客户交谈，讨论客户的理财目标，然后分析客户的整体情况，而不是仅仅背诵一套机械的推销话术，在完成销售后一走了之。我决心要让这所学院运转起来，也相信我最终一定能使学院扭亏为盈。

事与愿违，学院始终未能盈利。在约翰斯顿任职期间，金融理财学院一直处于财务崩溃的边缘。约翰斯顿回忆说，有一次，工资拖欠了数个星期。1974 年，他甚至通过二次抵押自己的房产来换取 7 500 美元贷款，并用这笔钱偿还学校的部分债务（一年后还清了这笔抵押贷款）。"这份工作时常令我感到孤立无援。"约翰斯顿说道。

1975 年，校董会要求约翰斯顿辞去院长一职，并专心担任教务主管，从而把所有时间都放在课程开发上。约翰斯顿说："我同意了，但很受打击。"1977 年，他递交了辞呈。

约翰斯顿再也没有回到金融理财行业。最终，他和妻子英奇（Inge）开了一家保健品店，成立了美国营养教育协会（National Institute of Nutritional Education），并推出了注册营养师认证项目。

2008 年，他反问自己："我还会重操旧业吗？我知道自己正在做什么，所以我的答案是'绝对不会'！我为此付出的代价太大了，但作为金融理财变革的开拓者之一，看到它帮助了这么多人，又有如此美好的未来，我由衷地感到欣慰。"

从 21 世纪的视角来看，第一版课程似乎有些单薄，甚至缺乏深度。但就当时而言，这是一项开创性的成就。首先，这一版课程几乎是从零开始的，基本没有相关金融文献可供卡恩斯和约翰斯顿参考。卡恩斯主要依据的是他在惠灵顿管理公司工作时编写的培训资料，以及尤尔曼和杰罗尔德·格拉斯在 1971 年出版的《金融理财师指南》（*A Financial Planner's Guide*）。这本书被奉为第一本真正介绍金融理财本质而不是打着这一旗号宣传保险规划的书，它强调以消费者为导向，认为专业的金融理财师需要关注客户的情况、需求和目标。书中提出了一种具体的可以通过收取服务费而非佣金来获得报酬的咨询服务模式。它提纲挈领地介绍了后来逐渐为人所知的金融理财业务的核心内容，同时强调，金融理财师应使用适当的金融产品来为客户构建投资组合。

在整个 1971 年，约翰斯顿和教育委员会的其他成员——尤尔曼、杰罗尔德·格拉斯、拉里·威尔斯、小 P. 肯普·费恩——继续按照课程顺序编写教材，但其编写进度仅仅领先学员学习进度一步。第一次考试的试题由 150 道论述题组成，筹备工作均在丹佛市的霍华德·约翰逊餐厅（Howard Johnson）完成。备考课程开始在全国各地举办，由金融理财从业者和拥有相关研究生学位的人员讲授。刘易斯·G. 卡恩斯也在维拉诺瓦大学教过一门课程。

我们一直在摸索着前行，在面临资金极度匮乏这一最大难题的情况下挣扎着应对挑战。然而，报名课程的人络绎不绝，这让我们明白自己所从事的教育项目和金融理财行业很有价值。

——詹姆斯·约翰斯顿

1972 年，有 137 人报名学习新一期的 CFP 课程。其中有注册会计师、银行信托主管、房地产经纪人、共同基金销售员、股票经纪人和保险代理人，他们组成了一个多元化的集体。其中就有第一位预付全部课程费用的 CFP 学员戴安娜·布莱克斯利（Diane Blakeslee）。当时的布莱克斯利是全职家庭主妇，以及几个年幼孩子的母亲。1974 年，她从第二届 CFP 培训班毕业，而后成为学院校董会的一员。她在 25 年后说道："CFP 认证项目为像我这样的女性从业者带来许多新机遇，如果没有它，那么我可能会一直被金融业拒之门外。"

尽管早期课程反响热烈，但学院依旧面临着严重的资金问题。1971 年，学院进账 16 145 美元，赤字 1 469 美元。1972 年 8 月 18 日，学院意识到，仅仅依靠洛伦·邓顿的 SFC 提供的资金是远远不够的。为了融资，学院转而成为一个独立的组织。当时的账目显示，学院债务为 3 万美元——在接下来的 10 年里，这笔债务一直困扰着金融理财学院。

第二章

行业的打造

1972 年年底，金融理财变革刚兴起 3 年便已取得显著成效：会员制组织 IAFP 在美国有 37 个分会、3 000 名会员，在美国以外的 22 个国家和地区也有会员；金融理财学院招收了 137 名学员，并且成了一个独立组织。

在整个行业乃至国家经济惨淡景象的映衬下，这些成果是难得的亮点。尽管注册会员人数和入学人数的增长速度令人赞叹，但 IAFP 和金融理财学院的财务状况却没能改善。整个 20 世纪 70 年代，IAFP 和金融理财学院始终都在挣扎求生。当时，唐纳德·皮蒂是金融出版商亚瑟·威森伯格公司的总裁，他曾针对 1969 年 12 月的芝加哥会议的议程向洛伦·邓顿提出建议。回忆起那段岁月，他说道：

> 既饱含激情又充满艰辛。当时的大型金融公司根本不屑回复我们的电话，更别说见我们了。缺钱是常有的事，我们经常在亚瑟·威森伯格公司就 IAFP、金融理财学院和出版公司三方的事务召开董事会议，且中途无休，到了午餐时间，我们就捧着饭盒一边吃饭一边开会。我们会问邓顿还缺多少钱，然后大家纷纷解囊来补足钱款。

当时的宏观经济形势也不容乐观，美国经济衰退状况日益严重。1973—1974 年的熊市使股票价格暴跌 40%。共同基金虽然曾是 20 世纪 60 年代经济繁荣时期的宠儿，但此时的表现也十分糟糕。与此同时，通货膨胀率持续攀升——基于消费者价格指数，通货膨胀率从 1969 年的 5.6% 上涨到 1974 年的 12.3%。1973 年年初，OPEC（石油输出国组织）大幅提高石油价格，这让本就不乐观的经济形势雪上加霜；同年 10 月，为抗议美国在第四次中东战争中对以色列的支持，OPEC 实施了石油禁运。几乎在一夜之间，油价翻了两番。由于汽油短缺，司机在加油站排起了长队，加一次油往往需要等候好几个小时。

在这种严峻的形势下，金融理财变革的先驱者推行了多项举措，这决定了这一行业在未来 25 年的发展方向。

坚守称号

对金融理财变革的先驱者来说，"国际金融理财师"中的"理财师"一词清楚地表明了他们不仅仅是销售人员。然而，对于这个新生领域的专业人士的认证称号，来自金融行业外部甚至内部的争议和阻力相当之多。

1939 年，根据《1934 年证券交易法》修正案成立的 NASD（美国证券交易商协会）[①] 也像许多机构一样，对"金融理财师"保持密切关注。1972 年 10 月 1 日，NASD 总裁戈登·S. 麦克林（Gordon S. Macklin）向其会员机构发布了一则通知：禁止使用"金融理财"或

---

① NASD 于 1971 年创立了全球首个电子证券交易市场纳斯达克（NASDAQ），后于 2007 年被并入新成立的 FINRA（美国金融业监管局）。

"金融理财师"来描述券商经纪人的工作。这则通知援引了 SEC 的一个案例：一名券商经纪人自称"金融理财专家"，而实际上他并未取得相关资质，于是被判定违反了反欺诈准则。IAFP 和金融理财学院内部也开始有人建议用 CFR（注册财务代理）代替 CFP。金融理财学院校董会主席费迪南德·诺海姆也一度劝说校董会成员将认证称号由 CFP 改为 CFR。然而，诺海姆没有料到，这个提议遭到金融理财师的强烈反对。虽然 CFP 称号才确立不久，且金融理财行业的规模仍然很小，但金融理财师对 CFP 商标和它所代表的一切有着深厚的情感。

短短几个月，费迪南德·诺海姆便被迫卸去了校董会主席一职，取而代之的是刘易斯·G. 卡恩斯。卡恩斯在学院成立的前两年里一直担任校董会主席，此次出任第三届校董会主席也是应邀而来。不久之后，费迪南德·诺海姆退出了校董会。卡恩斯看准时机，着手推翻诺海姆先前的更名决定。

卡恩斯说："很明显，从业者更希望用 CFP 作为认证称号。一旦第一个 CFP 班级的学员完成了认证，此事就板上钉钉了。"事实确实如此，1974 年年底，纽约证券交易所允许那些获得金融理财学院认证的人士将 CFP 称号印在他们的名片上。

> 以前人们认为这是一个产品导向型行业，所有金融代理人都等同于销售人员，赚取佣金是他们的主要动机，而 CFP 认证的出现，开始逐渐消除公众的这一错误认知。
>
> ——盖尔·昆特（Gale Quint），金融理财学院历史学家

分道扬镳

洛伦·邓顿的 SFC 几乎从成立伊始就一直消耗着 IAFP 的财力。IAFP 每收到一笔 25 美元的会费，就不得不从中抽出 7.5 美元付给邓顿的《金融理财师》杂志。对金融理财变革的倡导者而言，脱离 SFC 和邓顿本人已是势在必行。

1973 年 4 月，IAFP 董事会主席尤尔曼迈出了走向独立的第一步：他宣布乔治·拉特曼（George Ratterman）将取代邓顿成为 IAFP 的新任执行董事。拉特曼曾经是一名职业橄榄球四分卫，也是第一届 CFP 毕业生。除此之外，他的其他经历也令人印象深刻：1961—1965 年，他担任肯塔基州的扫黑除恶治安官；他当过律师、房地产经纪人、一家信托公司的副总裁、一家投资控股公司的主管以及一家共同基金公司的总裁。拉特曼在 IAFP 担任新角色一事释放出了明确的信号，即该组织乐于接受新的领导方式和新思想。然而，事实证明，这一冲动行为因为没有稳固的根基而夭折了，但它也确实为 IAFP 注入了发展活力。

随后，IAFP 于 1973 年 9 月正式脱离了财务困难的 SFC。IAFP 引入"开放论坛"理念，欢迎所有金融行业人员入会，包括非 CFP 持证人。成为会员的唯一条件是，申请者必须采用金融理财规范流程为客户服务，同时坚持将客户利益放在首要位置。而 SFC 由于缺乏坚实的资金，于 1975 年 9 月解散。

1973 年还发生了另一重大事件，那时候并没有人意识到这件事意味着决裂。1973 年 10 月 13 日，金融理财学院在丹佛大学的校园中给首届 42 名学员颁授 CFP 证书 [1]。在授予仪式结束几小时后，其中的 36 名 CFP 持证人聚集在某地下室的一个小型会议室里，商讨如何推广这个刚刚形成的新行业。这场首次会面的谈话内容通过打字机被记录在两页纸上。记录中提到，这些毕业生希望把"自己人"组织起来，"为 CFP 持证人争取更多权益"。

> 那天晚上，我们都知道自己正在开辟一条道路，但我认为我们当中没有人充分意识到它即将带来的影响。
>
> ——本·库姆斯

在尤尔曼担任董事会主席的同时，毕业生又选出了一名总裁——来自北卡罗来纳州罗利市的 W. 罗伯特·海托华（W. Robert Hightower），以及两名副总裁、一名秘书兼司库、三名主管。会费被定为 10 美元，大多数会员当场支付了会费。此外，每名会员还认捐了 25 美元，以示支持。经过讨论，毕业生选择以 ICFP 作为新校友组织的名称。

来自华盛顿朗维尤的 CFP 持证人本·库姆斯说："那天晚上，我们都知道自己正在开辟一条道路，但我认为我们当中没有人充分意识到它即将带来的影响。"库姆斯是参与创立 ICFP 的首批毕业生之一。

> 我之所以来参加首届 CFP 证书授予仪式和随后的会议，是为了弄明白我的身份是什么，或者说成为一名 CFP 持证人意味着什么。协会的创立与其说是一项计划，不如说是毕业生自发涌现的一股团结的力量。

CFP 持证人格雷顿·考尔德是一名来自圣迭戈的金融理财师。他在会面当晚被推选为西部地区副总裁，不久又晋升为 ICFP 总裁。考尔德指出，ICFP 的发展势头之所以如此强劲，原因之一是，第一批毕业生来自全国各地，他们怀着兴奋的心情回到家乡，希望能在自己所在的地区推广 CFP 认证项目，他们中的一小部分人也确实在当地博得了一些关注。

乔丹·科克杰尔（Jordan Kokjer）所做的首次会面纪要显示：金融理财学院院长詹姆斯·约翰斯顿就每位会员认捐 25 美元一事表达了谢意，然后他指出，如果每名毕业生都能带来 10 名新学员，那么学院的财务问题便能得到解决。事实上，又过了几年，约翰斯顿的这个想法才得以实现。

在接下来的 25 年里，ICFP 和 IAFP 齐头并进，它们进行过合作，也发生过冲突，但一切都是为了共同的目标：把金融理财从一个笼统的概念转变成一个受公众认可的行业。

聚散有时

在发展早期，许多金融理财师同时是 IAFP 和 ICFP 两个组织的成员。例如，格雷顿·考尔德在 20 世纪 70 年代同时任职于 ICFP 和 IAFP 的董事会，而这种事很常见。和许多同事一样，考尔德把 IAFP 看作金融理财行业协会，把 ICFP 看作 CFP 持证人的专业协会。他自愿撰写和设计了 ICFP 的第一本手册，并说服 IAFP 圣迭戈分会预付印刷 5 万份手册所需的 500 美元。这些手册都被卖给了 ICFP 成员，由此产生的大约 500 美元的利润由两个组织平分。

不是每个人都清楚 IAFP 和 ICFP 之间的区别，即使 ICFP 的领导者强烈反对一些金融理财师仍把 ICFP 当成学院的校友会。产生这种混淆的原因显而易见：ICFP 的早期年会都是与学院的 CFP 证书授予仪式或 IAFP 年会同时举行的。ICFP 根本没有足够的成员或资金来单独召开年会。

IAFP 也在经历着自身的发展困境。1974 年 5 月，距金融理财变革发起还不到五年半的时间，IAFP 董事会与洛伦·邓顿的 SFC 董事会在宾夕法尼亚州会晤，双方围绕未来的挑战进行商榷。两个组织都因邓顿的复杂愿景而背负债务。经过多番争论，双方最终制定了新的路线。SFC 将被并入 IAFP，IAFP 将收购发行《金融理财师》杂志的学会出版社（Society Publishers），清偿出版社的债务，并支付邓顿拖欠的一部分工资。IAFP 的执行董事乔治·拉特曼将担任《金融理财师》杂志的编辑和出版人，众人期望他能为杂志拉到赞助，甚至是找到愿意收购该杂志的人。

最重要的一点是，洛伦·邓顿将不再介入这些由他创建的组织的领导层。合并后的董事会对他所做的贡献表示了感谢，但传达的信息也很明确：他们将不再带着邓顿一起前行。

邓顿是被迫退出的吗？这让一些 IAFP 成员产生了疑虑。在加利福尼亚州，邓顿的支持者威胁称要退出组织，但"政变"最终没有发生。正如里奇·怀特于 1979 年 9 月在《金融理财师》杂志上发表的10 周年纪念文章所说："事实上，邓顿并不是被赶走的，他本就不应将自己安排在这个位置上。他的多层理念造成了错综复杂的财务和债务困境，这让组织不堪重负。如果金融理财行业要发展壮大，那么这位发起人必须离开。"

> 如果金融理财行业要发展壮大，那么这位发起人必须离开。
>
> ——里奇·怀特

六个月以后，经历重组而又重新焕发活力的 IAFP 召开了第一次大会。会议主题是"扩展视野"，会议于 1974 年 11 月 7 日至 9 日在旧金山的希尔顿酒店举行。500 多名 IAFP 成员到场并聆听广播明星、"艺术之子"杰克·林克莱特（Jack Linkletter）宣读开幕词。IAFP成员 J. 钱德勒·彼得森、格斯·汉施（Gus Hansch）、乔治·赫格（George Hugg）、维尼塔·范卡斯佩尔（Venita Van Caspel）及唐纳德·卡内利（Donald Kanaly）受邀发表了主题演讲。

这次大会对每一位领导人与普通成员而言，都是一次促进团结、振奋人心的经历。危机过后，他们终于重新审视自己发起这场变革的初衷。虽然大会召开的时间很短暂，但是它给了大家相互激励、学习和联络的机会。在接下来充满动荡的一年里，这次大会鼓舞了一批意志坚定的 IAFP 领导人。

IAFP 的财务危机与剧变

尽管被寄予厚望，但事实证明，作为 IAFP 执行董事的乔治·拉特曼无法战胜他所面临的巨大财务挑战。1975 年第一季度，IAFP 在美国的 61 个分会都有会员，但月平均入账仅有 6 000 美元，而每月的员工薪水和丹佛办事处的行政支出等固定开销约为 10 000 美元。更糟糕的是，IAFP 还背负着 SFC 的一笔欠款以及丹佛银行 20 000 美元的贷款。

为了维持 IAFP 的正常运转，拉特曼决定把《金融理财师》杂志卖给芝加哥奥林匹克储贷协会（Olympic Savings and Loan Association of Chicago）。然而，此举并没有扭转局面，因为出售杂志意味着 IAFP 需要向每名会员退还 15 美元 / 年的杂志订阅费。

在 J. 钱德勒·彼得森的领导下，IAFP 执行委员会决定进行重大改革。1975 年 3 月至 4 月，他们解雇了乔治·拉特曼和 IAFP 的其他管理人员。此后，拉特曼再也没有在 IAFP 任职。

接下来，彼得森把所有正式业务和资料从丹佛搬到了他的工作所在地亚特兰大。最初，IAFP 办事处设在彼得森办公室的一个角落。IAFP 执行委员会任命彼得森的一位合伙人弗雷德·S. 哈里斯（Fred S. Harris）为临时执行董事，他于同年 7 月份转正。

1975年7月10日，IAFP执行委员会在芝加哥万豪酒店召开会议。足足有13名董事出席，这足以说明此次会议的重要性。彼得森主持会议，除了他，会议室里还有4位未来的IAFP总裁：理查德·维尼西亚（Richard Venezia）、C.罗伯特·斯特拉德（C. Robert Strader）、威廉·霍伊尔曼和罗伯特·W.斯潘塞（Robert W. Spencer）。

彼得森给此次会议定了一个主题——"积极思维理念"。会议的第一项议程是平衡预算，为了实现这一目标，董事会投票决定继续使用彼得森的办公室，直到协会的收入状况有所改善。但在其他问题上，彼得森敦促董事会将目光放长远。展望10月份，他建议将IAFP的全部资源用于1975年的"扩展视野"大会，该大会计划于10月29日在亚特兰大的费尔蒙特酒店举办。彼得森表示："为了让金融理财变革继续发展，也为了使IAFP取得成功，一场经过精心策划且囊括教育项目、参展商展位和大量行业交际的年会是必不可少的。"

IAFP聘请来自芝加哥的杰伊·卢里（Jay Lurye）担任会议顾问。彼得森和他在佐治亚州的朋友们联系了IAFP佐治亚分会的成员，这些成员承诺将夜以继日地为年会的成功举办而努力。彼得森概述了"扩展视野"大会的四个重要目标：

- 加强现有组织成员和金融理财变革的联系。
- 激励新成员了解金融理财变革的愿景。
- 发挥招募媒介的作用。
- 创造收入。

彼得森的热情很有感染力。当时，IAFP的每位董事都承诺自己至少售出一个展位并招揽25名参会者。

他们的努力得到了回报。1975年的"扩展视野"大会的参会人员有超过1 000人，这个数字是上一年的两倍。会费和参展商的交易也为 IAFP 带来了收益。这次大会是 IAFP 成立 6 年以来第一次在商业上取得的成功。

受到这次胜利的鼓舞，IAFP 执行董事弗雷德·S. 哈里斯开始组建总部员工队伍。他的第一批员工有后来成为 IAFP 会议主管的朱迪·L. 哈里斯（Judy L. Harris）和培训主管莉莲·科雷亚（Lillian Correa）。曾经的 IAFP 竭力挣扎，只为站稳脚跟，而现在的 IAFP 已整装待发，准备大步迈向充满希望的未来。

> 那是一个激动人心、开拓进取的时代，董事会成员不仅牺牲了个人时间，还自行承担了差旅费和住宿费。他们的崇高理想和帮助普通美国人实现经济独立的远见卓识给我留下了深刻的印象。
>
> ——罗纳德·A. 梅兰森（Ronald A. Melanson），
> 1980—1981 年的 IAFP 总裁兼董事会主席

市场里程碑：《雇员退休收入保障法》与个人退休账户

1964 年，汽车公司斯蒂庞克（Studebaker Corp.）的倒闭使得该公司的大批老员工失去了养老金——尽管该公司每年都履行出资义务，也未曾做出任何违法行为。这场危机给所有为员工提供养老金固定收益计划的公司敲响了警钟，而在当时，养老金固定收益计划是用人单位为员工提供养老金保障的最常见的形式。然而，美国联邦政府在 10 年后才出台应对方案。1974 年的劳动节当天，杰拉尔德·福特（Gerald Ford）总统签署了《雇员退休收入保障法》（ERISA），该法案收紧了对养老金固定收益计划的限制，并规定用人单位必须向雇员披露计划细节。该法案还引入了个人退休账户（IRA），允许不参与用人单位养老金固定收益计划的个人在达到退休年龄之前，每年可将一定额度的"延迟纳税"资金存入该账户，在退休后，从该账户取款时再缴纳这部分个人所得税。1981年，个人退休账户已经惠及万家。这种新型养老方式对纳税人来说意味着新的问题，而对金融理财师来说则意味着新的业务。

学院的财务危机

IAFP 初次在财务上取得成功，ICFP 也开始独立，而此时，金融理财学院却面临着自己的挑战。洛伦·邓顿在学院成立后不久就辞去了负责人职务，逐渐脱离教育工作，最终专注于自己的咨询和写作生涯，留下詹姆斯·约翰斯顿独自经营学院的管理、销售和行政等业务。约翰斯顿在晚年谈及 20 世纪 70 年代初中期时说道：

> 我们一直在摸索着前行，在面临资金极度匮乏这一最大难题的情况下挣扎着应对挑战。很多局外人对我们的想法表示怀疑，认为这是不切实际的妄想。然而报名学习的人络绎不绝，有人在中途因失去信心或没有时间而退出，但在几年后又回来了。这让我们明白自己所从事的教育项目和金融理财行业很有价值。

约翰斯顿很早就意识到，如果学院想取得成功，那么企业的支持是必不可少的。为此，他与几家大型证券公司商议了奖学金事宜，其中包括 A.G. 爱德华兹公司，这家公司为 66 名员工办理了入学，而 IDS 公司有 51 名，金融服务公司有 46 名，沃德尔-里德公司有 44 名，詹尼-蒙哥马利-斯科特公司有 30 名。但是，上述努力没有使学院脱离财务困境，学院仍然只能通过校董会的会议募捐来付清 1974 年 11 月的员工薪水。

约翰斯顿后来承认，在 1974 年的平安夜之前，他一直意志消沉。

曾是我主要动力来源的洛伦·邓顿早已退出了这场变革，《金融理财师》杂志也被卖给了芝加哥的一家储贷机构，SFC 濒临倒闭。学院没有任何存款，预计在 4 月的下一批学费到账之前，资金紧缺的情况不会好转。学院看起来也快要完蛋了，除非能设法找到几千美元来支付各项花销和员工工资。我坐在办公桌前心想："没想到会如此狼狈地收场。"

在绝望中，约翰斯顿致电堪萨斯州沃德尔-里德公司的鲍勃·斯特拉德（Bob Strader），告诉他说："一切都结束了。学院还缺 12 000 美元，但我们掏不出这么多钱。"

"你不能现在就放弃，"斯特拉德说，"我们先资助你 1 500 美元，至于剩下的钱，你为什么不给 IDS 公司的杰伊·海因斯（Jay Hines）打个电话，看看他能不能帮上忙呢？"

"但现在是平安夜的五点钟，"约翰斯顿回答说，"海因斯是不会在公司的。"

"你还有别的办法吗？"斯特拉德问。

于是，约翰斯顿打了电话。幸运的是，海因斯还在办公室，他本人接了电话，当场提出为 IDS 公司的学员预付数千美元奖学金。

危机过去了。约翰斯顿后来回忆说："从那以后，我相信一切问题都会迎刃而解。"然而，在整整 10 年后，大部分金融理财从业者才开始承认：金融理财学院是一个可行的机构，它所提供的教育课程、资格认证、持续教育和深造学习是金融理财行业的必要组成部分。

市场里程碑：经济衰退与通货膨胀

早期 CFP 持证人在充满挑战的时期迎难开业。20 世纪 70 年代的经济统计数据还原了这段历史：

- 美国分别在 1970 年和 1974—1975 年遭受经济衰退的冲击。
- 道琼斯指数于 1972 年首次达到 1 000 点，但直到 20 世纪 70 年代末，几乎再未突破 1 000 点。
- 美国边际税率高达 70%，避税行为愈演愈烈。
- 1971 年，每盎司 35 美元的黄金定价被取消；截至 1974 年，金价上涨至每盎司 180 美元。
- 1971—1974 年，政府对工资和物价的控制政策陆续生效。
- 美国通货膨胀率在 1974—1975 年上升至 7.4%，在 20 世纪 70 年代末突破 10%。
- 1979 年年底，市场基准利率为 15% 左右。
- 最低工资为每小时 2 美元，年平均工资为 10 020 美元。

纲领与课程

除了资金问题，最令学院领导人困扰的问题是，外界经常给他们贴上"函授学校"的标签。诚然，学院的课程并不是在传统校园环境中开展的，但全国各地的学员都是在有资历的金融理财师的指导下，通过自学、学习小组等形式来学习课程的。因此，金融理财学院从任何意义来说都是一所货真价实的高等教育机构。

为了向那些持批评态度的人强调这一事实，学院于 1975 年制定了最早的办学纲领。该纲领由 1973 年的第一届毕业班学员、1975 年的学院校董会主席拉里·威尔斯主笔，其中明确了五条办学宗旨：

- 宣扬、定义、维护和促进职业行为道德标准。
- 提供金融咨询领域的学习资料和指导。
- 检验个人理财顾问的知识、能力、自律性和积极性。
- 通过持续教育和相关资讯来丰富理财顾问的职业生涯。
- 对出色完成指定考核的学员，授予适当的专业称号。

詹姆斯·约翰斯顿后来表示，"制定一个可以在困难时期参考的有形纲领"是学院早期的主要成就之一。其余成就包括获得非营利组织身份、脱离政府资助以及"设立一个理财师每天都能从中获益的优质项目"。

最终，约翰斯顿在优质项目和课程开发方面得到了必要的支持。拉里·威尔斯、戴维·阿拉德以及 CFP 持证人约翰·格雷（John Gray）、威廉·麦克默里（William McMurry）、理查德·维尼西亚组成了一个专项委员会，其主要任务是通过将学习指导融入课程体系的五个部分来改进并加强 CFP 课程。他们将"投资"和"专业投资管理"课程合并，随后又开办了税务规划、避税、养老金和分红制度等一系列课程。他们仔细分析了教材内容与课外读物，对教学方法进行了反复评估。

1977 年，威尔斯的继任者威廉·麦克默里肯定了自学的有效性，他认为自学组的表现在大多数方面与学习小组相当。然而，当试题从理论考查转到实际运用时，自学组的表现却变得不尽如人意。因而，他们在新版 CFP 课程中补充了更多的案例分析。

只有课程是不够的，院方也十分重视办学声誉。这些课程提供了针对理财的全面且客观的观点，这些观点到今天仍保持完整。例如，课程大胆地提出：个人不需要无限度地投资人寿保险；在为特定客户制订最佳投资储蓄方案的过程中，退休和遗产规划有时需要占据较大比重。

1975 年，学院在办学声誉上迎来了一次重大考验。校董会拒绝为一名毕业生授予 CFP 称号，因为该学员存在法律和道德问题，尽管他已经完成了指定的课程。这名学员曾受到与 1970—1971 年证券丑闻有关的指控，他本人对此也没有提出异议。最终，直到他满足了法院提出的赔偿要求且缓刑期满后，校董会才重新考虑了他的认证申请。"校董会可以自由裁度是否授予 CFP 称号，"当时的校董会主席刘易斯·G. 卡恩斯说，"这意味着，并不是说学员只要圆满完成了学院课程，就自然享有获得 CFP 称号的权利。"

学院的变化与成长

在金融理财学院高强度工作 4 年后，詹姆斯·约翰斯顿于 1975 年辞去院长职务，继续担任教务主管，专注于课程开发。他的这一举动并非完全出于自愿：校董会成员吉姆·瓦森姆（Jim Wasem）和学院的商务经理安东尼·佐尔格策划并实施了一场权力游戏，最终如愿地将后者推上院长之位。他们的理由是，佐尔格在筹款方面的能力更强，而约翰斯顿可以全力发挥他的强项——教学事务。

但这一变化没能让任何人满意。约翰斯顿继续编写课程，但美国国会在 20 世纪 70 年代中期修订了税法，CFP 课程需要据此进行更新和修正。而此时，约翰斯顿的工作热情几近丧失。1977 年，约翰斯顿彻底离开了学院。

佐尔格为学院带来了可靠的预算管理程序和强有力的内部制衡体系，但其独断专行的领导风格导致他与共事人员冲突不断。他曾在未经校董会批准的情况下，擅自为学院购置了一块土地，这引发众人不满。1978 年年底，校董会的 5 名成员向瓦森姆和佐尔格提出异议，要求实行更加开放和民主的管理。1979 年 5 月，佐尔格面临在新的管理风格下工作或辞职的选择，他选择了离开学院。接替佐尔格的是格雷厄姆·霍洛韦（Graham Holloway），后者在美国基金公司全职工作的同时，为学院无偿服务了一年。

1979 年还发生了另一个重大变化：学院搬到了第一个真正意义上的总部。诞生初期的学院蜗居在丹佛东南部一栋办公楼的一间小套房，此次则迁移到了"草原小屋"——丹佛郊区的一栋两层楼房。1979 年仲夏，校董会成员把学院搬到了丹佛东南部的一栋办公楼里。这次迁移不仅涉及人员，还涉及技术。学院早在几年前就成功实现了数字化，截至 1978 年，学院共有 3 套计算机系统，其中一套用于 CFP 考试的日程安排和评分。同时，会计系统也已经上线。

安塞斯时代

新的办事处、800 名 CFP 毕业生以及大约 100 万美元的储备资金，意味着学院此时已万事俱备，只差一名新的领导者——学院需要一位教育家来指导它走向下一个 10 年和更远的将来。当校董会在全国范围内寻找有胜任能力的院长候选人时，董事们充当了学院的临时负责人。

正如格雷厄姆·霍洛韦后来回忆的那样，虽然这个过程充满挑战，但学院最终还是找到了一名可靠的领导者——来自堪萨斯市的年轻教育家威廉·安塞斯博士。霍洛韦回忆道：

> 我们正在寻找一个既能充当教育家又能胜任管理角色的人，这个人还必须具备领导一所非传统院校的能力。虽然我们收到了许多优秀候选人的信息，但只有威廉·安塞斯完美符合要求。学院正面临发展困境，需要一名强大的领导者。这对学院、CFP 教育项目、安塞斯来说都是机遇。

安塞斯的到来标志着学院在金融服务领域迎来了稳步发展、充满成功和影响力的时代。工作上的顺利离不开安塞斯最初的努力经营。1979 年 10 月，安塞斯参加了在芝加哥举办的 IAFP 年会，而年会的地点离金融理财变革的诞生地不远。与他同行的还有当时的教务主管戴尔·约翰逊（Dale Johnson）。"我想我永远都不会忘记，"安塞斯后来说，"戴尔随身带了一本厚厚的黄色便签纸，当听到有人在抱怨时，他就把这些内容记下来。我们听到了一些好消息，确实有很多人对学院感兴趣。但我记得戴尔带回来两三页纸，那上面大约有 35 ~ 40 条抱怨信息，这都出自那些在与学院交往时产生不满情绪的人。我想这可能就是我回到丹佛担任院长时会遇到的问题。"

安塞斯迅速且积极地联系了其他有意向为专业人士提供金融培训的教育机构。詹姆斯·约翰斯顿早在 1973 年就尝试过类似的拓展计划，但没有成功。1981 年 1 月，安塞斯与旧金山金门大学签署合同，使其成为学院的第一个附属机构，并规定它可以在学院直辖范围外提供计入学分的 CFP 课程。1981 年年中，学院建立了一个全国性的附属机构网络，其中包括伊利诺伊州的威廉雷尼哈珀学院和芝加哥市的罗斯福大学。此外，安塞斯还精心建立了一个全国性的独立教师网络，截至 1981 年，已有 75 名教师获得以班为基础提供 CFP 培训的授权。

安塞斯还强化了内部学术资源。1980 年，他组建了一个团队，成员包括一名新任的学术项目主管和四位优秀的学术伙伴。他们在科罗拉多州的落基山脉举办了一场头脑风暴式的研讨会，为 CFP 课程的第一次重大修订制订计划。这些举措为学院最终成为金融理财行业的教育课程领头羊打下了基础。

在经济衰退、通货膨胀率达到两位数以及大众对财经新闻的关注度高涨的背景下，金融理财学院取得了前所未有的成绩。在安塞斯上任的第一年，CFP 培训班的入学人数几乎比前一年翻了一番，达到 2 270 人，比预期高出 10%。2/3 的新学员完成了课程学习。在 20 世纪 80 年代的前 5 年里，学院每年都在刷新前一年的入学人数纪录。

人物简介：威廉·安塞斯

1979 年，威廉·安塞斯受邀出任金融理财学院院长，此时的他年仅 35 岁。安塞斯受过良好的教育，拥有密苏里大学的 MBA（工商管理硕士）学位和阿肯色大学的经济学博士学位，但他的领导经验并不丰富。

他在奥马哈市的内布拉斯加大学教过经济学，自 1976 年起，他一直在罗克赫斯特大学的夜校部担任主管。安塞斯第一次听说金融理财学院，是一个来自金融理财学院的人询问他是否可以把一门课程从原来的"校园"——一家本地汽车旅馆搬到罗克韦尔。金融理财学院校董会主席格雷厄姆·霍洛韦手中有一长串候选人名单，安塞斯高居榜首。对安塞斯而言，他意识到这是一次参与建设一个有远大前程的新生机构的机会。他在 20 多年后回忆说：

"金融理财学院及其CFP认证项目给我留下了深刻的印象。看到学员们如此专注，对教育如此渴望，我被深深地打动了。尽管学院有管理困难、服务不佳、教材编制慢、学习指南过时、考试一再延后等一系列问题，但他们的热情丝毫不减。"安塞斯还表示，这群学员对学院和金融理财的投入，以及提升学院运营的组织性和质量的无限可能，使他开始对院长职位产生兴趣。

安塞斯最终接受了挑战。在长达18年的院长任期内，他提高了学院的课程质量，创建了金融理财硕士课程，并让学院得到了官方认可。1985年，他领导创建了IBCFP——CFP标委会的前身，并将CFP认证标识的所有权从学院转移到了IBCFP。

安塞斯还是NEFE的负责人。该基金会的使命是关注消费者的金融教育，同时，其作为金融理财学院的控股公司于1992年成立。1997—2005年，他将NEFE逐渐转为私人基金会。在卸任后，他加入了FPSB董事会。FPSB是一个拥有并管理美国境外CFP认证项目的非营利协会。

2002年，威廉·安塞斯获得了由金融理财协会颁发的小P.肯普·费恩奖（P. Kemp Fain Jr. Award），该奖项是为了表彰那些在社会服务、学术界、政府、专业活动等领域对金融理财行业做出突出贡献的个人。他还获得了由个人理财知识速成联盟（JSFFE）颁发的2003年"威廉·奥多姆远见领导力奖"（William Odom Visionary Leadership Award）、由员工权益研究学会（EBRI）颁发的2005年"莉莉怀特奖"（Lillywhite Award）。

ICFP 的独立

尽管金融理财学院取得了令人瞩目的成绩，但 ICFP 和 IAFP 仍然在与外部力量、与彼此对抗。自成立以来，这两个组织都致力于发展金融理财规范流程，也都希望向公众宣传金融理财的重要性。虽然这些共同目标使它们团结在一起，但 20 世纪 70 年代末，外部力量开始把它们拉向不同的方向。

起初，它们似乎是合作关系。1977 年 4 月 28 日的 ICFP 会议纪要表明，ICFP 正在与 IAFP 合作，双方将参照注册建筑师、律师、注册会计师和其他专业称号的认证文件，起草金融理财师的相关认证条例。会议纪要还指出，最大的问题在于定义"金融理财"和"金融理财师职责"这两个概念。

之后，两个组织的合作关系开始出现裂痕。争议之一源于 ICFP 定期向学院捐款一事。譬如，1977 年 7 月，一些 ICFP 普通会员在向学院捐助一笔 5 000 美元的建筑基金一事上提出抗议，同时还抗议 ICFP 向学院提供的多笔 1 000 美元的捐助。对此，ICFP 辩解说，捐款是一种礼貌性举动，是为了换取学院免费向 ICFP 提供的用房、行政和文秘等支持。但在 1979 年，当安东尼·佐尔格辞去院长职务后，ICFP 被要求设立自己的办事处。住在丹佛的 CFP 持证人罗伯特·莱夫勒（Robert Loeffler）提议把 ICFP 的档案存放在他家的地下室里，每次开会由他带到会场。

与学院脱离后的 ICFP 资源匮乏，没有总部，没有专职员工，只有大约 500 名成员，于是 ICFP 推迟了聘请执行董事的计划，并努力阐明自己的性质。1978 年的一项调查显示，ICFP 成员认为最重要的三个目标是：

- 让更多人了解 CFP 称号和 CFP 从业者。
- 制定并实施强有力的道德准则。
- 促进持续教育。

虽然这些目标很有价值，但实现目标的手段却极为有限。

在这个关键时刻，有两个人站了出来，并在 ICFP 发挥了重要作用。1977—1979 年，在 CFP 持证人戴维·金担任总裁期间，ICFP 开始制定并实施强有力的道德准则（戴维·金后来还帮助组建了 IBCFP）。1980—1981 年，ICFP 董事会开始更有效地运作，这在很大程度上要归功于当时的总裁——亨利·蒙哥马利的努力和决心。"蒙哥马利从不接受说'不'，"金融理财先驱小 P. 肯普·费恩后来回忆道，"他要的是毫无保留的奉献精神。"

人物简介：亨利·蒙哥马利

亨利·蒙哥马利在 48 岁时才开始对金融理财产生兴趣，当时他已经有了很多出彩的人生经历。他是第二次世界大战的授勋退役老兵、美国战略情报局（OSS）和中央情报局（CIA）驻欧洲的外勤特工、一家软饮公司的老板以及一名特许经营销售代理。

1971 年，他听到了洛伦·邓顿的演讲。蒙哥马利后来说："除了借钱和付账，我对金钱一无所知，但很多人出于自身利益而提出帮我打理余钱。以此为契机，我参与了金融理财变革。"1972 年，蒙哥马利在明尼阿波利斯市成立了理财师金融服务公司（Planners Financial Services）；1976 年，他获得了 CFP 称号，同时供职于 IAFP 和 ICFP 的董事会，并很快在这两个机构中都有了突出表现；1980—1981 年，他担任 ICFP 总裁。

蒙哥马利固执己见，坚持要求 ICFP 董事会成员自掏路费来参加会议，并全心全意投入专项委员会的工作。他说："有些人说我强硬、刻薄，甚至说我居心叵测，但我认为，既然参与了这项事业，那多多少少得付出点什么。"同为 ICFP 董事的小 P. 肯普·费恩用诗句对蒙哥马利的领导风格开了一番善意的玩笑，诗中这样写道："在亨利九世的统治下……平民和贵族处于同等地位，都被他踩着脚趾。"

蒙哥马利承认，在早年的从业生涯中，他在打理自己的财务时过多地借助了避税手段。他后来问自己："这是为了生存，或者仅仅是出于贪婪？"他甚至向很多客户推荐了此类可以避税的投资项目。这段经历导致他始终对产品推销商保持警惕，也促使他决心让 ICFP 免受这些推销商的影响，即便这意味着 ICFP 将会"寒酸得像教堂里的老鼠"。

1981 年，尽管会费涨至每年 100 美元，但 ICFP 的财务状况仍然不容乐观，协会面临 19 084 美元的赤字。一天晚上，蒙哥马利与金融理财学院院长威廉·安塞斯共进晚餐，安塞斯提议把一年期的 ICFP 临时会员资格的年费包含到学院学费里。"我恨不得亲他一口，"蒙哥马利回忆道，"我们曾商定向每个学生收取 40 美元，在足够强壮之前，这项收入一直是 ICFP 赖以生存的资金来源。"

2008 年夏天，83 岁的蒙哥马利在 FPA 年度研讨会上发言（FPA 是 ICFP 和 IAFP 于 2000 年合并而成的组织）。蒙哥马利表示，他将继续与客户合作，对金融理财依然充满热情。和往常一样，他分享了一些观点：

金融理财被一些人称为世界上最伟大的产品交付系统，这一点依旧让我汗毛竖立……如果我不能让客户从一种产品中解脱出来，那我从一开始就不会让他们接触这个产品。我敬畏资产流动性，你们也应当如此……放下心中的杂念，积极投身于行业协会，因为这是在为你自己的职业生涯而奋斗……

在这次演讲过去 3 个月后，亨利·蒙哥马利离世。FPA 执行董事小马文·W. 塔特尔在悼词中这样评价蒙哥马利：

……是一位出现在对的时间、对的地点的领导者……当这个行业在寻求认可和正统性的过程中命悬一线时，他代表着一种价值观和行业标准，这种价值观和标准如今已经被成千上万的金融理财专业人士所接受。他的处世之道可以用一句话概括："优先考虑客户利益，其次才是自身利益。"

1979 年，ICFP 仍在努力塑造自己的形象，而 IAFP 首次提出，希望将 ICFP 纳入 IAFP 麾下，毕竟 IAFP 的规模更大。ICFP 总裁戴维·金和其他领导人在经过考虑后拒绝了这一提议，称 ICFP 希望在与 IAFP 保持密切联系的同时保持自身的独立性。主要原因是，ICFP 对 CFP 认证高度关注，按后来的说法，"CFP 中心论"一直是 ICFP 的核心理念。而在当时，这一理念似乎与 IAFP 的"开放论坛"理念有所冲突。

亨利·蒙哥马利同时在这两个组织的董事会任职，并于 1980—1981 年担任 ICFP 总裁。在他看来，ICFP 正在帮助金融理财成为一个被法律认可的行业。他后来回忆说：

我永远不会忘记在某次会议上，几位 IAFP 领导人问我，如果我无力兼任两个组织的职位，那么我会选择哪个组织。我笑着告诉他们，如果我尽了最大努力，还是无力同时担任行业组织和专业协会的职务，我就该离开这个行业了。我告诉他们，如果我无能到这个地步，那么对客户而言，这也是个隐患。

　　来自加利福尼亚州蒙特雷市的 CFP 持证人、ChFC（特许财务顾问）、CLU 小罗伯特·休伊特（Robert Hewitt Jr.）在 IAFP 担任董事和高管。看到两个组织之间的竞争越发激烈，他感到惶恐不安。

　　一开始，我觉得这两个组织的使命就像一对同义词，都是向美国公众普及金融理财师这个职业和金融理财业务。

　　后来，在 IAFP 尚未意识到资质证明的重要性时，ICFP 开始称 CFP 是业界唯一的认证称号。于是，为了成为第一金融理财组织，这两个组织开始针锋相对，事态一度脱离掌控。

　　来自北卡罗来纳州夏洛特市的另一位 IAFP 领导人、CFP 持证人拉里·W. 卡罗尔（Larry W. Carroll）总结了冲突的症结所在：

　　出于对 CFP 称号的拥护，ICFP 难以接受 IAFP 的开放式理念，而 IAFP 对于成为金融理财师的唯一途径就是取得 CFP 称号这一观点也无法苟同。

　　来自纽约海湾海岸的 CFP 持证人小查尔斯·G. 休斯（Charles G. Hughes Jr.）于 1987 年担任 ICFP 总裁，他说：“我第一次接触 IAFP 是在 20 世纪 70 年代，当时我作为某基金公司的代表参加了他们的年度会议。”休斯指出了另一个问题：

IAFP 非常擅长举办这类会议，并在许多其他活动中做起了包销。但问题在于，这些产品大多是滥竽充数，并在 20 世纪 80 年代变得一文不值。此外，IAFP 还向销售人员支付高额报酬。我们当中的部分人认为，这可能会影响销售人员的客观性。这就是 ICFP 决定避免与产品赞助扯上关系的原因。

1981 年，ICFP 举办了第一场研讨会，此次的会场没有任何商业赞助，或者用休斯的话说，没有任何"产品陈列"。休斯补充道："对 ICFP 来说，'纯粹'几乎是一种信仰。"

纽马克掌舵

此时，ICFP 已经迈出了与 IAFP 保持距离的重要一步。1979 年，在新任执行董事伯妮丝·纽马克（Bernice Newmark）的领导下，ICFP 搬到了佛罗里达州西棕榈滩，纽马克在那里开展了自己的金融理财业务。作为 ICFP 的创始成员之一，纽马克整理了第一本会员名册，她对 ICFP 寄予厚望，也有十足的精力去实现这些愿望。她在回忆自己是如何被提拔到这个职位时说：

> 在一次会议结束后，我在走廊上撞见了亨利·蒙哥马利，我问他 ICFP 用我的 35 美元会费做了些什么？亨利反问我："你认为我们该做些什么呢？"于是，我在回家后给他写了一封 28 页的信，细述了我对协会前进方向的意见。

蒙哥马利被深深打动了。他建议聘请纽马克担任执行董事，并指出"纽马克有将协会推向公众视野的能力和动力"。

尽管纽马克的职位被定义为兼职，其每月工资只有 250 美元，但她还是全身心地投入这份工作。她编写了 ICFP 第一期内部通信刊《实用新闻资讯》（*Newsworthy*），实地调查了一些正在寻求金融理财师帮助的消费者的需求，并鼓励会员通过宣讲来提高 ICFP 的知名度。她修订了 ICFP 的手册和章程，雇用了一家艺术学校来设计 ICFP 的标识和办公用品，还提升了内部通信刊的销量。1979 年，纽马克出版了第一期《ICFP 期刊》[①]。第一期就揭示了当月的重要主题："基欧问题的 7 个关键点"、"避税：实际回报率"和"最新监管环境下的员工持股计划"。当时,《ICFP 期刊》的年订阅费为：ICFP 会员 24 美元，非会员 30 美元。

纽马克还采取了路演的形式。她自费购买了一辆长度约为 5.5 米的汽车，从佛罗里达到加利福尼亚，与沿途每一站的 ICFP 会员会面，并不遗余力地招募新会员。她通过发表公开演讲来传播有关金融理财的信息。1998 年 12 月，在 ICFP 成立二十五周年纪念出版物《回首过往，展望未来》（*A Look Back, A Look Ahead*）的一次采访中，她说：

> 我曾经去过奥马哈的一家百货公司，在那里向女性举办了一场以金钱和未来规划为主题的午餐研讨会。我将研讨会命名为"如何幸福地度过单身生活"，目的是让人们开始主动寻求金融理财服务。

纽马克的努力得到了回报：1979 年 11 月的一次会议纪要显示，ICFP 每月都能收到 300～400 个寻求理财建议的电话。

[①]《ICFP 期刊》（*Journal of the Institute of Certified Financial Planners*）即为现在的《金融理财期刊》（*Journal of Financial Planning*）的前身。

重返丹佛

1980 年，ICFP 领导人决定将总部迁回丹佛，使其离金融理财学院更近一些。此举标志着纽马克任期的结束，这对双方来说都是一个艰难的决定。同年，ICFP 为表彰纽马克做出的巨大贡献，为她颁发了"特殊贡献奖"（Award of Special Merit）。

在丹佛，ICFP 有了一个新的职责：代表金融理财学院监督和授予经认证的持续教育学分。之前，学院虽然在持续教育方面做了一些努力，但缺乏一个可以跟踪会员持续教育成果的体系。ICFP 制定了更加具体的措施：会员每年都要接受 30 小时的持续教育。这将作为一项制度来强制执行，若不遵守，那么会员状态可能会从"正式会员"降为"准会员"。ICFP 还保留了随机核查相关文件的权利，缺乏相关文件可被视为违反 ICFP 道德准则。

与学院的附属关系也在紧要关头给 ICFP 带来了经济上的利益。1981 年，ICFP 聘请了第一位全职执行董事戴安娜·兰普（Dianna Rampy）；1981 年年中，财务主管预测 ICFP 会出现 46 000 美元的亏损；同年 10 月，ICFP 与学院签署了一项协议：第一年入学的学员会被授予 ICFP 临时会员资格，作为交换，ICFP 会从每名学员的学费中抽取一部分作为会费。学院也因此受益：学院一直存在学员流失的情况，而 ICFP 会员资格将鼓励学员坚持学完课程并取得证书。

几乎在一夜之间，ICFP 就发展成了一个提供全方位服务的专业协会。只用了两年时间，其会员人数从 2 100 人激增至 16 000 人，工作人员增至 10 人。不过，这些会员大多是临时会员，而 ICFP 的正式会员从未超过 3 000 人。

1981 年，ICFP 在明尼苏达州的圣约翰大学举办了第一场研讨会。该校环境清幽，会议组织者亨利·蒙哥马利的家就在附近。在这里，从业者可以获得关于"数字化管理"和"CFP从业人士应当了解的税务知识"等高质量课题的指导。

结果证明，这次研讨会是非常成功的，以至1982年的ICFP第一次年会选择在研讨会期间，而不是在IAFP全国会议期间举行。

此举的另一个原因可能是，ICFP领导人对IAFP新设立的"注册处"有些担忧。一些ICFP领导人一直有一个想法：希望将那些正在从事金融理财业务的持证人和那些没有进行相关工作的持证人区分开。但是，ICFP最终决定放弃这个想法。与此同时，IAFP却成立了一个专项委员会来研究注册概念，甚至提出了一个新的认证称号：RFP（Registered Financial Planner，注册金融理财师）。

这件事使ICFP产生了迅速而激烈的反应。1981—1982年，担任IAFP总裁的JD（法律博士）小威廉·B. 希勒（William B. Shearer Jr.）与ICFP达成妥协：不会推出新的认证称号，但IAFP将设立金融理财从业者注册处（Registry of Financial Planning Practitioners）。从业者是否持有CFP证书不会成为进入该注册处的门槛，但是从业者需提交一份理财方案供其他从业者审查，同时要通过"实践知识"考试，并遵守IAFP在实践、持续教育和从业道德等方面的准则，这样才能成为IAFP会员。

在IAFP看来，注册处的设立意味着人们的关注点将从资格认证转移到金融理财师的能力及理财业务上。但ICFP有不同的看法。休斯评价道："我们认为，注册处就是另一种资格认证，只是没有使用像RFP这样的称号来呈现。"

注册处的规模一直不大，其鼎盛时期大约有1 100名成员，但在接下来的10年里，它始终是冲突的根源。"两个组织之间的信任在20世纪80年代中期几乎完全消失。"来自达拉斯市的CFP持证人、ChFC、CLU比尔·卡特回忆道。卡特在20世纪80年代初是这两个组织的董事会成员，在 1983 年担任 IAFP 总裁。后来，IAFP 继续寻求合并，并在 1983 年年底和 1984 年年初多次与 ICFP 接触，然而 ICFP 并没有回应。在整整 15 年后，这两个组织才最终联合起来，形成统一的组织——FPA。

第三章

初期的挫折

随着金融理财迎来第二个十年，这个行业开始进入公众视野。但令人遗憾的是，公众对金融理财行业的评价并非都是赞誉。

　　经济滞胀时期终于接近尾声，取而代之的是始于 1982 年的长期牛市。经济好转的主要原因之一是，保罗·沃尔克（Paul Volcker）颁布了一系列反通货膨胀政策。他于 1979 年被吉米·卡特（Jimmy Carter）总统任命为美国联邦储备银行行长，任期至 1987 年。

　　原因之二是政府放松了对企业的行政管制，这是于 1981 年 1 月宣誓就职的罗纳德·里根（Ronald Reagan）总统在经济哲学领域的一个代表性举措。不论它是好还是坏，许多行业都受到了影响，金融服务业便是其中之一。随着行政管制的放松，大量"可乘之机"涌现，特别是有限合伙企业，它们利用现有法律漏洞开辟了新的避税途径。一些自称金融理财师的人加入了这场避税潮，确切地说，他们应该被称为销售员，而不是金融理财师。整个金融理财行业受此牵连，蒙上了污点：金融理财师群体遭到媒体的猛烈抨击，在报道中被描述为一群兜售问题产品、从中牟取暴利的股票贩子和骗子。财经媒体也不看好这个行业：20 世纪 80 年代中期，颇具影响力的专栏作家简·布赖恩特·奎因（Jane Bryant Quinn）在《新闻周刊》

（*Newsweek*）上发表了一篇关于金融理财师的负面文章；《福布斯》（*Forbes*）则把金融理财师描绘成一只穿着三件套西装的猴子，并告诉读者："这年头，人人都是金融理财师。"

改变印象，改变态度

为了传达一些正面的行业形象，IAFP 和 ICFP 各自开展了一系列公关活动，这是双方首次在公关方面步调一致。1981 年，IAFP 成立了金融理财基金会（Foundation for Financial Planning），这是一家 501（c）（3）型慈善组织，其目标是为公众提供可以帮助人们做出明智财务决策的工具。金融理财基金会的第一个项目是制作一系列电视节目，向公众普及金融理财知识。

ICFP 则派于 1983 年担任总裁的 CFP 持证人小 P. 肯普·费恩和执行董事戴安娜·兰普一起走访媒体。他们与纽约、波士顿、休斯敦、华盛顿的报纸、广播和电视台的记者进行了交流。1982 年，ICFP 聘请了一家公关公司，还制作了关于金融理财的公共服务宣传册，并开始与各地成员合作开展全国性的广告宣传活动。

小马文·W. 塔特尔回忆说："我们花了很多时间来回答媒体的问题，解释 CFP 专业人士超出常人的优势所在。"塔特尔于 1983 年加入 ICFP，并担任宣传主管，于 2004 年 1 月成为 FPA 的执行董事兼首席执行官。"公众意识一直是我们高度关注的问题，我们要怎么做才能让金融理财和金融理财师被公众了解，并在他们心中留下积极正面的印象呢？"

20 世纪 80 年代中期最成功的公关事例是，IAFP、ICFP 和金融理财学院于 1986 年 9 月联合开展了第一个全国性"金融独立周"项目，其目的是让消费者明白全面完善的规划是可以帮助他们实现财务安全的。最初的"金融独立周"仅仅持续了几年时间，但随着 IAFP 和 ICFP 于 2000 年合并为 FPA，该项目于 2001 年更名为"金融理财周"并再度回归。

这些公关工作逐渐奏效。1987 年 10 月，个人理财杂志《金钱》（*Money*）刊登的一篇文章推出了 200 位"最佳金融理财师"，其副标题为"他们是财务预算、投资规划、税务规划和退休规划领域的专家"。这是大型的全国性出版物第一次将金融理财置于聚光灯下。这是一个好消息，但文章在开头便提出了警告：

> 1972 年，只有少数几人自称金融理财师，而现在有超过 10 万人。其中配得上这个称号的人数也许只有 1/3，不幸的是我们难以分辨真假。金融理财几乎是一个没有门槛的行业，任何政府机构或专业协会都无权将不合格者拒之门外。

IAFP 和 ICFP 的协作及其分别开展的工作都在影响着金融理财行业与政府之间的关系。早在 1977 年，IAFP 和 ICFP 便仿效其他行业的立法文件，合作草拟了规范金融理财师的管理条例。20 世纪 70 年代末，ICFP 的一份会议纪要记载：最大的问题在于定义"金融理财"和"金融理财师职责"。1984 年，IAFP 成立了 PAC（政治行动委员会），致力于保护企业自由和促进资本形成。两年后，IAFP 和 ICFP 共同出席了首次以金融理财为主题的国会听证会。两个组织的参会者均表示，在开始一段业务之前，会员必须先向客户提供充分的书面披露。

自律组织与"正统"之争

20 世纪 80 年代，IAFP 和 ICFP 的关系并不和谐，摩擦冲突不断。这一时期引发冲突的热点之一是一个对旁观者来说似乎无关紧要但在局内人中引起了热烈讨论的话题：是否需要建立自律组织（SRO）。

IAFP 在 20 世纪 80 年代中期提议建立一个自律组织，从而使其对各州的监管保持一致。在支持建立自律组织的人中，来自华盛顿并于 1985 年担任 IAFP 总裁的 CFP 持证人亚历山德拉·阿姆斯特朗表示："我们认为最好的防守就是进攻，但我们可能过于超前了。"

人物简介：亚历山德拉·阿姆斯特朗

在 20 世纪 80 年代中期的自律组织之争中，很少有金融理财师能像亚历山德拉·阿姆斯特朗那样，在监管工作上如此得心应手。阿姆斯特朗于 1985 年上任，是 IAFP 史上第一位女总裁。她来自华盛顿，她的家人曾在政府任职，其中一位表亲在艾森豪威尔政府时期担任 SEC 主席。因此，阿姆斯特朗在那时"比多数金融理财师更深地融入了华盛顿世界"。阿姆斯特朗表示："SEC 压根不知道金融理财师是做什么的，他们大概以为我们都是卖保险的。"

阿姆斯特朗绝对不是"卖保险的"。她在大学期间发现了自己在数学方面的天赋，毕业后在纽约证券交易所的一家会员公司费里斯公司[①]工作了 16 年。她的导师是朱莉娅·沃尔什（Julia Walsh），是华盛顿第一位在经纪业务上有所建树的女性。阿姆斯

---

① 费里斯公司（Ferris & Co.），费里斯-贝克-沃尔什公司（Ferris Baker Walsh）的前身。

特朗最初是一名秘书，但很快就成为一名注册经纪人。沃尔什在1977年离开费里斯公司并创办了自己的公司，阿姆斯特朗随后也加入了这家公司。

　　同年，阿姆斯特朗成为华盛顿第一位 CFP 持证人。前一年，金融理财在《金钱》杂志上首次亮相，她便是以此为契机发现这一职业的。她回忆道："客户经常向我咨询有关资产规划的问题，我觉得多了解一些这方面的知识是有帮助的。"她在沃尔什的公司成立了金融理财部门，而六年后，公司被出售，于是阿姆斯特朗创办了自己的公司，继续从事金融理财工作。现在这家公司叫阿姆斯特朗-弗莱明-摩尔公司（Armstrong, Fleming & Moore, Inc.）。自创办以来，公司的客户约有一半是女性，其中很多都是寡妇。阿姆斯特朗说，这并非有意安排，但也在意料之中：阿姆斯特朗的母亲从年轻时就开始守寡，还被无良受托人骗走了小额信托基金；阿姆斯特朗早期的导师朱莉娅·沃尔什也是一位独自抚养四个孩子的年轻寡妇。1993 年，阿姆斯特朗与人合作撰写了《靠自己：寡妇的情感和财务进阶之路》（*On Your Own: A Widow's Passage to Emotional & Financial Well-Being*）一书。截至 2006 年，这本书已经出了第 4 版。

　　阿姆斯特朗的志愿工作经历也反映了她对社区服务的投入。她是美国童子军华盛顿特区委员会的首位女主席，并与唐纳德·皮蒂一起复兴和重塑了金融理财基金会。该基金会的使命是，将金融理财师群体与有需要的民众联系起来，帮助他们掌控自己的经济命运。她说："我们取得的最大突破就是从美国运通公司引进了 100 万美元的投资，这笔投资提升了金融理财基金会的可信度。"起初，金融理财基金会主要提供学术资助，在

"9·11"事件后，金融理财基金会出资支援了那些帮助灾难幸存者的纽约金融理财师。2005 年，在卡特里娜飓风摧毁墨西哥湾后，金融理财基金会也出面提供了援助。"再多的钱也不能解决我们面临的所有问题，"阿姆斯特朗说道，"但至少我们能够在力所能及的范围内提供帮助。"

ICFP 则反对成立自律组织，并在 1984 年加强了对监管问题的关注。同年，NASAA（北美证券管理者协会）首次举行了关于金融理财的正式听证会。ICFP 负责人曾公开表示，期待向大家分享他们的见解，特别是关于投资顾问或金融理财师入门级考试[①]的想法。还是在 1984 年，ICFP 撰写了一份关于金融理财监管的意见书，并在意见书中强调了 CFP 持证人"在客户面前的身份"，因为这是 CFP 持证人区别于其他金融理财从业者或投资顾问的标志。

CFP 持证人小查尔斯·G. 休斯于 1987—1988 年担任 ICFP 总裁，由他领导的 ICFP 监管委员会也研究了自我监管这一课题。1984 年 4 月的董事会会议纪要写道：

> 我们认为，CFP 认证项目只是金融理财行业的一个细分领域，而且……鉴于我们主要扮演的是 CFP 官方机构这一角色，所以由我们去做这个行业的自律组织或许并不合适。

在 1984—1985 年担任 ICFP 总裁的丹·帕克斯表示，一个联邦立法性质的自律组织会侵害客户与金融理财师之间的关系，这偏离

---

① 投资顾问或金融理财师入门级考试即为于 1989 年推出的"系列 65"（Series 65）考试。

了让大众接受金融理财并将其视为一个行业而非一种交易或业务的初衷。于是，ICFP主张根据现有的投资顾问法，特别是联邦层面的《1940年投资顾问法》和州级NASAA模式的统一证券法，推广登记和全面披露制度。"我们认为，随着时间的推移，这种做法会让CFP认证的声望和效力不断提高。"曾任州立法分析师的布伦特·尼泽尔说道。尼泽尔于1985年加入ICFP并担任过多个职务，包括政府事务主管和执行董事。"我们认为，现行投资顾问法中的披露要求十分可行，如果能加以利用，那么这对行业和我们所服务的消费者来说，都大为有利。"

1985年7月，在给ICFP会员的一条公告中，总裁帕克斯提到了一场经典的品牌大战，并总结了他对自律组织的反对意见：

> 我质疑的是，这样一个基于金融理财师执业方法而非专业理财建议输出的组织被建立起来的可能性。这个我愿称为"正统金融理财师"的提案让我想起了可口可乐和百事可乐当前正在进行的围绕谁才是"正宗可乐"的斗争。我想问，与什么相比？按照谁的标准？又如何衡量？这难道不是取决于公众的选择吗？无论是可口可乐还是百事可乐，对于选择它们的人来说都是"正宗可乐"。金融理财不也是这个道理吗？
>
> 凡是提供金融服务或销售金融产品的人，几乎都在说自己是真正的金融理财师。与其争论不休，不如将重点放在消费者的金融需求与金融服务和产品的匹配上。在法律、会计等行业，你是看不到这种争论的，"正统律师"或"正统会计师"这种说法是不存在的。然而，根据教育和经验的不同，他们的业务水平的确存在差异。为什么金融理财不可以像这些行业一样？
>
> 我们的工作重点应该是对资格的认证、对信息的充分披露以及保障公众选择适合自己的服务组合的权利。

但 ICFP 的确在其监管联络工作中确认了官方立场，其中包括4 项建议：

- 建议 CFP 从业者确保其所在的公司在 SEC 注册成为投资顾问公司。
- 建议继续执行 ICFP 的职业道德规范。
- 大力提倡各州统一规范。
- 提倡在执业许可未涉及的领域实行自我监管。

直到 NASD 提议由其担任金融理财师的自律组织，IAFP 和 ICFP 才最终达成了一致。这两个机构很快就意识到，正如阿姆斯特朗所说，"联邦监管部门并不理解我们在做什么，它们压根不懂什么是金融理财，更别说为什么两个机构都想成为金融理财师的官方机构这个问题了"。

曾在 20 世纪 80 年代担任 ICFP 董事的迈克·瑞安（Mike Ryan）说："我们已经感觉到，金融理财承受了太多的行业影响。让 NASD 担任自律组织就好比让狐狸去看守鸡窝。"于是，IAFP 放弃了有关自律组织的提议，这两个机构都承认有必要在监管部门面前形成统一战线。

> 无论是可口可乐还是百事可乐，对于选择它们的人来说都是"正宗可乐"。金融理财不也是这个道理吗？
>
> ——丹·帕克斯

其他声音：美国个人财务咨询师协会

IAFP 和 ICFP 并不是 20 世纪 80 年代仅有的金融理财组织。CFP 虽是最广为人知的认证标识，但并不是被消费者唯一认可的品牌。截至 1985 年，业内至少还存在两个竞争品牌：美国学院的 ChFC 和 AICPA（美国注册会计师协会）推广的 PFS（个人财务专家）。

1982 年，一群以服务费为唯一报酬获取方式的从业者参加了个人财务咨询师协会（Society of Independent Financial Advisors）在亚特兰大召开的一次会议，他们开始讨论人们对只收取服务费而不依赖金融产品佣金的理财服务模式日益增长的兴趣。次年，他们又召开了一次会议，邀请了所有对仅收服务费模式感兴趣的理财师。有超过 125 人响应，NAPFA（美国个人财务咨询师协会）应运而生。该协会目前（2009 年）约有 1 300 名经 NAPFA 注册登记的金融顾问和 800 名来自业内其他领域的采取仅收服务费模式的从业者、学者和学员。它提倡行业标准的树立、综合性的金融理财方法和客户利益至上的信托关系。自 NAPFA 成立以来，很多 NAPFA 会员也加入了 IAFP 或 ICFP，有些会员同时属于三个组织，还有一些在 2002 年加入了由 IAFP 与 ICFP 合并形成的组织 FPA。

IAFP 的动荡岁月

20 世纪 80 年代是 IAFP 福祸兼具的 10 年。协会会员人数稳步增长，于 1986 年达到 24 000 人的峰值。但是，《1986 年税制改革法》（Tax Reform Act of 1986）的颁布 ① 导致许多 IAFP 会员无法再向客户销售避税产品，因此会员人数开始急剧下降。1992 年，IAFP 会员人数减少到 10 975 人，与峰值时期相比下跌了 55%。

尽管会员人数下降了，但 IAFP 实际上正在变得更加强大。它阐明了自己作为一个开放论坛组织的使命：构建一个容纳一切金融理财相关从业者的大本营，包括金融理财师、产品供应商和辅助支持服务者。IAFP 也进一步明确了金融理财的定义。20 世纪 80 年代中期，在唐纳德·皮蒂和休伯特·哈里斯（Hubert Harris）的领导下，更名为"国际金融理财协会"的 IAFP 开始关注真正的金融理财师，而不是销售人员。皮蒂主张为会员提供更好的教育，并与主流金融理财组织开展更多合作，同时推广金融理财从业者注册处。1984 年 9 月，皮蒂在亚特兰大向 IAFP 会员发表演讲："金融理财的高潮即将来临，这不仅是因为它能够提高所有美国家庭的生活质量，还因为有你们和协会的努力。"

这股潮流也席卷了美国以外的地方。1985 年前后，金融理财成功登陆澳大利亚。1990 年，澳大利亚的金融理财协会成为国际 CFP 代表委员会（International CFP Council）的第一个分会。IAFP 一年一度的"扩展视野"大会的确在不断扩展着自己的眼界：在参会者中，来自美国以外国家和地区的金融理财师越来越多。此外，1985—1989 年，IAFP 在日本、中国香港、澳大利亚、瑞士和英国分别举办了国际会议。这些全球项目推动了金融理财的传播，也培养了美国金融理财师的全球视野，这一优势将随着投资全球化而得到证明。②

从内部来看，扩张是健康发展的迹象。但外界仍然不乏针对

---

① 详见"市场里程碑：《1986 年税制改革法》"，第三章。
② 对金融理财国际扩张的深入讨论见第六章。

IAFP 和金融理财师群体的批评之声，认为他们不过是在销售有限合伙资质、共同基金和人寿保险。为了反驳这些负面言论，IAFP 早在1983 年就开始通过"六步规范流程"来阐明其以客户为中心的服务模式。一本推广 IAFP 金融理财从业者注册处的宣传册写道，这六个步骤是为了引导客户和他们的金融理财师共同制订一份成功的理财方案。

对客户来说，有三个关键步骤：

- 通过收集和评估相关个人信息和财务数据，判断现状。
- 确定财务和个人目标。
- 找出阻碍实现目标的财务问题。

对金融理财师来说，有三个后续步骤：

- 提供符合特定标准的书面理财方案。
- 实施或协调实施正确的策略，确保客户实现目标。
- 对理财方案进行定期复盘和调整，确保客户按照预期轨迹前进。

在随后的几年中，六步规范流程的措辞不断演变，但以上基本原则一直是该体系的框架，并始终着眼于建立成功且合乎道德的客户-金融理财师关系。

ICFP 的教育和道德准则

虽然 ICFP 在规模上一直不如 IAFP，其正式（非学员）会员人数也从未超过 3 000 人，但纵观 20 世纪 80 年代，ICFP 为金融理财行业做出了许多突出贡献。ICFP重申了对持续教育的重视，将持续教育的时长要求从每年30学时提升至45学时，并在1986年向经验不足的金融理财师开展驻校项目。该项目的开展地点是科罗拉多大学博尔德分校，在为期一周的活动中，学生被逐一分配给CFP导师，以两两配对的形式开展案例研究。几年后，这个项目因收入和成本不成正比而中止。1998年，该项目在凯拉·莫里斯（Kyra Morris）的指导下逐渐恢复，并在FPA的庇佑下继续进行。

此外，ICFP开始正式特许各地自行组建学习小组，这些学习小组是在20世纪70年代从基层成员中涌现的。1982年，ICFP高管本·库姆斯报告说，一个由60多名CFP持证人组成的学习小组在洛杉矶开会。截至1983年，有20个这样的学习小组已经成型或正在组建，它们分布在圣迭戈、萨克拉门托、波士顿、费城、亚特兰大、菲尼克斯、明尼阿波利斯、圣保罗等市，以及阿肯色州、密歇根州和肯塔基州。CFP持证人参与学习小组同样能够获得持续教育学分。许多学习小组发展成了与IAFP分会规模相当的地方社团，这些社团的发展对ICFP凝聚力和知名度的提升起到了很大的作用。

ICFP还致力于加强道德准则，该准则一直被包含在协会的原始章程和细则中，并在20世纪70年代经历了多次修订。1985年的一份意见书中这样写道："该准则的一个关键要素是强调客户及公众的利益和福祉高于一切。"然而，道德准则对从业者缺乏约束力：是否遵循该准则全凭个人意愿，谴责或开除违背准则的成员是ICFP唯一的手段。第一次开除事件发生在1978年，当时ICFP的一名会员因违反几项证券法规定而被吊销了保险从业许可证，而且可能面临刑事指控。1982年，ICFP董事会的一份题为《职业道德相关概念》（Concepts of Professional Ethics）的报告强调了道德规范的重要性。1984年，道德委员会审查了从不当宣传到投资诈骗等20多种可能存在的违反ICFP道德准则的行为。1986年，60桩案件被交付给道德委员会处理。显然，ICFP亟须采取新的举措来进行内部大清扫，以防本就资源紧张的协会被失德之徒拖累。

ICFP支持的一项举措是创办金融产品标准委员会（Financial Products Standards Board）。金融产品标准委员会作为一个独立组织于1984年成立，由ICFP为其提供资金。CFP持证人亨利·蒙哥马利出任金融产品标准委员会董事会主席，在ICFP担任政府事务主管的布伦特·尼泽尔则分出一半精力肩负起执行董事的职责。金融产品标准委员会与地产界的志愿者合作草拟了房地产有限合伙投资制的方针和准绳，其他工作小组则起草了共同基金和油气行业的衡量基准。但是，支持金融产品标准委员会所带来的经济负担最终超出了ICFP的能力范围，该项目遂因资金短缺而终止。

面对此类预算难题，一些组织可能会寻求一个直接的财务挽救途径。而ICFP却另辟蹊径，选择了一条在短期内减少了现金流，但从长期来看却充满了先见之明的道路——与金融理财学院及其带来的收入割裂开来。

人物简介：本·库姆斯

"特立独行、格格不入、叛逆者"——本·库姆斯在1998年为ICFP成立25周年撰写文章时是这样描述ICFP的创始人的，他将自己也视为其中一员。库姆斯出生于加利福尼亚州奥克兰市，1961年从加利福尼亚大学洛杉矶分校商学院辍学，既没有取得MBA学位，也没有明确的方向。他早期的寿险销售生涯举步维艰，第一次理财尝试也以失败告终。1973年，库姆斯成为金融理财学院首届毕业生，用他的话说，这意味着他在国家经济处于困难之际进入了一个新兴行业。当时，有一名早期的金融理财师因被指控涉嫌土地欺诈而入狱，另外一名金融理财师在自己的公寓被枪杀。

然而，正如库姆斯后来所言，他抓住了时机。他说："每个人都有经济上的痛点，而他们都在寻找能减轻痛苦的人。"他在加利福尼亚州中央山谷建立了自己的金融理财事务所，并进一步加强了与 ICFP 的联系。1985 年，他担任 ICFP 总裁，并将"构建桥梁"作为其任期的主旋律，宣布要修复 ICFP 与 IAFP 之间的关系。15 年后，两个组织终于如愿合并。

同时，库姆斯把教育作为首要任务。在他的领导下，董事会将 ICFP 持续教育的时长要求从每年 30 学时增加到 45 学时，并建立了驻校项目，为经验不足的金融理财师分配 CFP 导师。此外，ICFP 通过了第一版道德准则，仅在 1986 年，道德委员会就审查了 60 起案件。不过，库姆斯提醒委员们，这只是一个开始。在新成立的 IBCFP 的管辖下，监管变得更加严厉。他说："以后，对违规者的处罚将不仅是剥夺会籍，还有可能取消其 CFP 称号。"这位曾经"特立独行、格格不入"的开创者，正如许多先驱者一样，有了长足的进步。

放弃摇钱树

几乎从一开始，ICFP 的临时会员人数就与正式会员人数对比悬殊，1985 年的比例是 5∶1。"我们想让 ICFP 作为一个由金融理财从业者构成的组织而闻名，"监管委员会的负责人小查尔斯·G.休斯说，"但在翻看会员名册时，我们发现上面大部分都是临时会员。"金融理财学院一年级的学员缴纳的费用在协会收入中占据了很大的比重。正如当时的一位领导人所说："假如没有学院的帮助，我们根本无法推广CFP认证项目，但是由此产生的不平衡制约了协会通过其会员资格来实现行业认可的目标。"

最终，ICFP领导层做出了一个艰难但必要的决定：从1985年开始，ICFP将在4年内逐渐摆脱对学院一年级新生缴纳会费的依赖。

"我们决定放弃这棵摇钱树，"休斯说，"对我们而言，这一决定将会带来一段财务艰难时期，但这有助于ICFP成为一个专业协会而不是学生组织。"

尽管面临预算问题，但ICFP还是聘用了两个关键人物：一名负责地方团体（1985年有51个这样的团体）的全职主管，一名政府事务主管——布伦特·尼泽尔。几乎是在同一时间，监管活动开始升温。在总裁丹·帕克斯和监管委员会主席小查尔斯·G.休斯的领导下，ICFP通过了一份关于自我监管和政府监管的政策声明。在解释ICFP反对自律组织的原因时，帕克斯用"可口可乐和百事可乐谁更正宗"的问题做类比。他写道：

> 公众会越来越清楚地注意到这种差异，即由于客户偏好不同，每个人心目中的"正统理财师"之间存在差异。机构愿意让消费者在充分公开披露以及服务和产品匹配消费者需求的基础上，选择自己的金融理财师。

尼泽尔认为，ICFP有一个可以发声的"强大基础"，这个基础包括业内最严格的职业道德准则、没有产品的影响或涉入，以及恪尽职守的董事会与工作人员。他说："很多其他组织说不出或者做不到的事，在我们这里成为可能。基于这种自由，我们还可以为了使合格金融理财师及公众的长期利益最大化而随时改变立场。"

标准委员会问世

与此同时，金融理财学院自身的发展也面临着挑战。20 世纪 80 年代中期，CFP 持证人的数量达到 10 000 多名，而且还在以每年 2 000 ~ 5 000 人的速度增长。随着 CFP 队伍不断壮大，似乎有必要针对从业者实行一种不同于以往的关注、服务和监督形式。

金融理财学院院长威廉·安塞斯开始收到公众对一些 CFP 持证人不当行为的投诉。"我桌子上有一个盒子，里面装着针对 10 ~ 15 名往届学员的投诉。"他后来回忆道，"据我所知，学院从未撤销过任何一名毕业学员的 CFP 称号，但我们知道，现在是时候做出改变了。"

学院校董会在讨论如何调查这些投诉并惩处不道德行为，甚至讨论以一个教育机构的身份这样做是否合适的同时，也开始筹划一个重要的新项目：建立一个单独的组织来监督 CFP 认证标识的使用情况。

这个项目的推动力是一场围绕 CFP 认证标识所有权的诉讼。1980 年，学院起诉纽约长岛的阿德尔菲大学试图在未经金融理财学院授权的情况下，向该校金融理财课程的毕业生授予 CFP 称号，这损害了金融理财学院对该标识的所有权。这场官司打了好几年，直到 1985 年才最终达成庭外和解。安塞斯在 2008 年回忆说：

> 我不记得是谁第一次提出，解决这场官司的办法是建立一个新的组织。校董会认为，这个办法一举多得，不仅能解决阿德尔菲一案，还能解决内部关于如何监督 CFP 认证标识的使用的争论。虽然我们可以接着跟阿德尔菲大学打官司，而且校董会的一些成员坚信我们能打赢，因为学院依法享有 CFP 认证标识的所有权，但是，我们决定把眼光放长远，主动把 CFP 认证标识移交给一个新的组织。这个组织不仅会对 CFP 认证标识的使用情

况加以监督，还会对 CFP 持证人的职业行为进行道德约束。另外，我们商定，新组织将有权允许其他合格的教育机构授予其学员 CFP 称号。这一条件满足了阿德尔菲大学的要求。

1985 年 7 月 17 日，一个名为国际 CFP 标准与实践委员会的非营利独立组织诞生，即 IBCFP。IBCFP 将代替学院持有和管理 CFP 认证标识，为 CFP 持证人制定行为标准，并监督 CFP 认证考试。此外，由于 CFP 认证标识归 IBCFP 所有，因此 IBCFP 有权收回金融理财师的 CFP 称号。这种权力将 CFP 认证标识与教育认证区分开来。

这是一个大胆而冒险的举动。学院作为众多课程的提供者之一，将自己投入到一个公开竞争的新环境之中。放弃 CFP 认证标识的所有权是学院对整个金融理财行业的承诺。1985 年，在宣布这一决定时，安塞斯说道：

> 监管机构、教育工作者、媒体和行业领袖告诉我们，出于公众利益要求，那些自称金融理财师的人必须符合最低的教育要求和经验要求，并遵循公认的行业行为标准。由金融理财学院授予的 CFP 称号已成为全国公认的卓越理财水准的象征，但作为一个教育机构，学院不应当也没必要承担诸多责任。这些责任关系着 CFP 持证人职业生涯的方方面面，譬如职业标准的制定、纪律监督、行业与政府间的关系维系等，而这对于推动 CFP 称号的发展、提升其社会认可度都是必不可少的。

通过无私地放弃对 CFP 认证标识的控制和领导，并建立 IBCFP，学院迈出了自行业形成以来最为重要的一步。

——小 P. 肯普·费恩

IBCFP 的成立资金源于学院资助的 250 万美元，靠着这笔钱，IBCFP 有了自己的第一个办公场地。最初的 IBCFP 董事会由 11 名成员组成，戴维·金担任董事会主席，他曾于 1977—1979 年担任 ICFP 总裁，也曾是学院校董会主席。1985—1987 年的第一届 IBCFP 董事会成员有威廉·安塞斯、小 E. 登比·布兰登、本·库姆斯、小 P. 肯普·费恩、塔希拉·K. 希拉（Tahira K. Hira）、小查尔斯·G. 休斯、雷蒙德·A. 帕金斯（Raymond A. Parkins）、丹·帕克斯、吉尔曼·鲁滨逊（Gilman Robinson）和 H. 奥利弗·韦尔奇。这届董事会很快又成立了 3 个附属委员会：考务委员会、审查委员会和申诉委员会。

戴维·金把 IBCFP 的设立称为"一个 CFP 持证人挑起行业未来重担的时机，一项在商业和金融领域进一步提升 CFP 持证人地位的壮举"。1983—1984 年的 IBCFP 总裁小 P. 肯普·费恩后来写道：

> 通过无私地放弃对 CFP 认证标识的控制和领导，并建立 IBCFP，学院迈出了自行业形成以来最为重要的一步。现在，CFP 称号可以作为卓越理财水准的象征在任何地方授予。我们很快就会取得质量和数量优势。

职业道德和教育是 IBCFP 最初几年的重点。1986 年 6 月，IBCFP 通过了一套道德准则和实践标准，以及一套行为准则和行事程序。认证程序的其他要素也迅速跟进：1987 年，IBCFP 在学院以外的其他机构开展了金融理财教育项目的注册工作，同年为这些机构的考生安排了公开考试；1988 年，IBCFP 订立了持续教育的要求；1989 年，IBCFP 制定了经验要求和年度认证考核程序。安塞斯表示，金融理财学院将继续保持自身项目的质量和完整性，但它将通过多样化的课程来为金融理财师提供更为广泛和深入的教育项目。

在 IBCFP 成立的最初几年，ICFP 董事会曾针对"行业的先决条件"进行了激烈地讨论，迈克·瑞安回忆道：

> 许多 IBCFP 早期领导人参与了 ICFP 董事会的讨论。我们认识到决定因素有 3 个：对最低教育的高要求、从严执行的道德标准和实践标准。CFP 认证标识确保持证人达到了教育要求。ICFP 一直负责制定并实施道德准则，而如今这一职责被移交给了新的机构——IBCFP。

市场里程碑：《1986 年税制改革法》

由里根政府发起、民主党众议院和共和党参议院通过的《1986 年税制改革法》大幅降低了税率，简化了税法。美国高收入人群的最高边际税率由 50% 降至 28%，同时，新的税制法案提高了税基，以防止个人和企业逃避税务。该法案还扩大了替代性最低税（Alternative minimum tax，AMT）的征收范围，这一变化产生了持久的影响。也许对金融理财行业而言，最为重要的一点是，该法案引入了"被动损失"规则，有效地阻止了个人投资者利用避税项目减少赋税。这些项目是在滞胀时期逐渐流行起来的，其中被利用最多的避税项目是拥有如房地产和油气等硬资产的有限合伙企业。新法规不仅顷刻粉碎了避税产业，还断绝了许多通过销售避税合伙制产品来牟取暴利的虚假金融理财师的生计。

至于实践标准，它主要是在之后的几十年里逐步发展起来的。

在最初的几年，IBCFP 至少取得了 6 项重要成就。在道德方面，它制定了具有法律效力的职业道德准则和实践标准。在教育方面，它为开设 CFP 课程的教育机构的增长创造了条件，并且凭借 5 年共同所有权协议结束的契机，与金融理财学院进行了切割，这为所有有兴趣为 CFP 考生提供课程的教育机构创造了公平的竞争环境。IBCFP 也从两个方面为 CFP 认证标识的全球化奠定了基础：首先，它在 1990 年和 1992 年分别与澳大利亚和日本的成员组织签署了协议；其次，它在 1991 年成立了成员协会委员会（FPSB 的前身），该组织负责管控美国境外的 CFP 认证机构。

此外，通过持续的认证费制度，IBCFP 为自身的财务独立奠定了基础。

尽管学院、ICFP 以及许多金融理财从业人士都认为 IBCFP 对行业的持续发展至关重要，但并非所有人都愿意接纳这个新的组织。IAFP 婉拒了 IBCFP 提出的为 IAFP 成员保留两个席位的建议。在给 IAFP 成员的一封公开信中，当时的 IAFP 总裁亚历山德拉·阿姆斯特朗写道："参与 IBCFP 董事会将向我们的成员传达这样一种讯息——在所有针对金融理财师的认证中，我们只推崇其中的一种。这将与我们建立一个接纳所有金融理财从业人士的'开放论坛'组织的基本理念矛盾。"

位于宾夕法尼亚布林莫尔的美国学院更是直言不讳地表达了对 IBCFP 的不满。该学院于 1927 年成立，一直为完成金融理财课程的学生颁发毕业证书和授予 ChFC 称号。负责该学院公共事务的副院长戴维·布鲁欣（David Bruhin）公开称：

> IBCFP 提出了迄今为止最自私的一个金融理财监管计划……当美国学院与其他教育机构和行业组织仍在讨论如何实现金融理财师共同标准时，IBCFP 却单方面采取行动，这在我们看来是十

分不合时宜的。[1]

但最终，IAFP 和美国学院都改变了立场，开始与 IBCFP 合作。如今，美国学院是提供 CFP 课程的主要教育机构之一。

与此同时，IBCFP 仍然缺乏使自己免受虚假指控的职业责任保险。为了规避潜在的风险，IBCFP 为自己设定了执行道德准则的任务。IBCFP 早期备受关注的案件之一发生在 1987 年：安东尼·佐尔格曾是金融理财学院的第二任院长，后来成为加利福尼亚州一家涉嫌贪污的股权公司的高管，他因邮件欺诈被判入狱 4 年。同年，IBCFP 永久性取消了佐尔格使用 CFP 称号的权利。

学院步入正轨

20 世纪 80 年代，当 IAFP 和 ICFP 还在努力确定自身定位的时候，金融理财学院却获得了前所未有的成功。截至 1985 年 9 月，金融理财学院的招生人数达到了有史以来的最高点：10 103 人。[2] 在行业会议上，报名入学的准学员排起了长队。在 1985 年和 1986 年的 IAFP 大会上，时任学院宣传主管的纳恩·米德和其他 5 名工作人员负责在展位上回答有关学院和 CFP 项目的问题。回忆起这段经历，她说道："我们人手不够，无法与每一位来到展位的参会者交谈。最令我意外的是，人群中还有在读或毕业学员。他们有的向我们表达了热情，有的跟我们谈起了他们从 CFP 课程中学到的东西。"

许多新入学的学员注意到了学院课程的显著改进。为了响应人们对税务规划、退休和遗产规划以及其他专业日益增长的兴趣，学院课程分别于 1982 年和 1984 年进行了两次修订。随着入学人数的稳步增长，学院对 CFP 持证人的持续教育要求的监测变得越发困难。威廉·安塞斯后来回忆说，一名工作人员被特地安排负责跟踪外部研讨会和讲习班的出席情况。[3]学院的第一任持续教育协调员于1981年就职。1983年，专门为毕业学员服务的持续教育部成立。新产品和新项目层出不穷：磁带、读物、讲习班、外部研讨会，还有管理机构、多个暑期项目和一个全国性会议。这些变化也反映在了部门名称的变更上。1986年，持续教育部正式更名为职业发展部。

学院也开始研究扩大服务范围的方法。1983年，它为那些协助金融理财从业者工作的助理设立了"准金融理财师项目"（Financial Paraplanner Program），该项目提供围绕个人金融理财流程、金融产品和基本金融理财方法3个课题的基础教育。先导课程一经推出，便吸引了62名学员，学费均由CFP在读或毕业学员赞助。该课程于1984年9月开始普遍招生。

在这一成功项目的鼓舞下，学院开设了高中金融理财课程，以填补美国中学在这一领域的空白。从1984年开始，学院用了3年时间来开发、测试和改进课程，然后以公共服务的形式将课程引入了丹佛市的各大中学，课程对学生和学校免费开放。该项目的主管是两名金融理财师：CFP持证人、CLU里奇·米勒（Rich Miller）和CFP持证人萨莉·巴顿（Sally Button）。米勒后来回忆起那段经历时说道：

> 我当时在市中心的一所学校教学。有些孩子对这门课既不在乎，也理解不了。第一年，我们尝试教学生百分率法，但很多高年级学生都听不懂，因为他们在数学课上没有学过这个概念。于是，我们只能回过头给他们讲薪水、保险这类基本概念，并告诉他们，感兴趣的话可以自己去阅读和钻研。

尽管起步艰难，但推出不到5年，这个项目就在美国得到了推广（在推出后持续开展了25年）。1988年，该项目获得了"私营部门总统嘉奖项目"（President's Citation Program for Private Sector Initiatives）颁发的"国家C旗奖"（National C-Flag Award）[①]。1991年，该项目与美国农业部的全国教育网络"合作推广服务处"（Cooperative Extension Service）开展了为期3年的合作，这扩大了其办学网络。

学院还将注意力转向了越来越多渴望扩展自己业务面的CFP持证人。许多人想要的不仅仅是持续教育学分，更是与现实接轨、兼具创新和实用性的课程。于是，学院咨询了顾问人员、学者和从业者，开发了4个专业分支：财富管理、税务规划、退休规划和遗产规划。这4个专业分支后来成了学院在1987年的成立15周年之际推出的16门进修课程的基础。一年后，科罗拉多州政府授予金融理财学院颁发理学硕士学位的权力。

事实证明，税务规划这一分支尤其受金融理财师的欢迎。尽管《1986年税制改革法》[②]意图简化税法，但税法还是日益复杂，这为学院于1988年开始实施的税务规划师项目奠定了基础。而该项目又反过来推动学院在1990年成立税务研究所（Institute for Tax Studies）。

市场里程碑：黑色星期一

美国股市历史上的单日最大跌幅发生在史称"黑色星期一"的1987年10月19日。这一天，道琼斯工业平均指数暴跌508点，跌幅超过22%。美国股市的暴跌只是当时全球市场的一个缩影。这一现象始于中国香港，之后向西蔓延至欧洲，澳

[①] "国家C旗奖"是在每年的美国国旗纪念日（6月14日），由美国总统向那些为本国做出突出贡献的私营部门颁发的奖项。"C"象征着"能力和责任心"（We can, and we care）。——译者注

[②] 详见"市场里程碑：《1986年税制改革法》"，第三章。

大利亚和新西兰股市受到的打击尤为严重。有很多不同的说法来解释这次暴跌，其中有一种理论被很多人采纳，即把"黑色星期一"的出现归因于当时一种通过计算机来快速执行股票交易的新技术——程序交易。另一种理论则直指七国集团工业化国家之间的货币政策争议。当美国比其他国家更快地收紧货币政策时，建立在美元基础上的中国香港市场迅速崩盘，继而在全球掀起波澜。尽管暴跌的原因依旧成谜，但它的解决方案是有例可循的。世界各地的市场都开始限制交易，以便腾出时间整理收到的指令（当时的计算机技术还不足以应对这一挑战）。在此期间，美联储和其他国家的央行向各自的系统注入了流动力。尽管如此，道琼斯指数仍耗费了近两年时间，才于1987年8月25日再次回到2 722的收盘高点。

人们对金融理财教育的兴趣成了一种国际现象：澳大利亚、英国、法国、德国、印度尼西亚、意大利和日本都有意发展类似于CFP的项目，学院不断收到来自这些国家和地区的询问。作为回应，1987年，学院牵头在英国设立了金融理财学院。然而3年后，由于英国立法机关迟迟没有推出强制金融理财专业人士参加考试的规定，威廉·安塞斯勉强将维护和管理该项目的责任移交给了总部位于伦敦的特许保险协会（Chartered Insurance Institute）。安塞斯认为，这个决定虽然冒险，但也是值得的。

能够将我们的项目转换为英国的术语、法律、税收系统和客户案例，这令我们深感荣幸。英国为我们提供了一个绝佳的对外宣传机会，我很高兴特许保险协会这样一个高质量且有影响力的组织可以接替我们并继续推动这项事业。

事实证明，国际扩张确实在发生，只是其时机尚未成熟。在之后的 10 年里，金融理财和 CFP 认证标识在全球 10 多个国家和地区陆续扎根。

第四章

同一个行业、同一个称号

随着 20 世纪 80 年代接近尾声，各方势力正在重塑地缘政治和经济格局。1989 年 11 月柏林墙的倒塌和 1991 年 12 月苏联的解体，标志着东欧共产主义和旧冷战联盟的结束。1990 年，伊拉克入侵科威特，国际关注汇聚中东。1991 年年初，美国领导实施了"沙漠风暴"行动。

美国国内也出现了动荡，尤其是在金融理财行业：《1986 年税制改革法》消灭了扭曲的避税产品和有限合伙企业市场。1987—1989 年股市的反复无常也让人们清醒地意识到：市场不只会上涨，也会下跌。20 世纪 80 年代末，资产总额超过 5 000 亿美元的上千家美国储蓄和贷款机构破产。这次危机的成因是多方面的，包括一系列公共政治决策，其中一部分成因甚至可以追溯到新政时期的改革以及里根政府在执政期间开始的放松管制浪潮。这场危机在 1989 年达到了顶峰，为储贷存款提供担保的美国储蓄和贷款保险公司（National Savings and Loan Insurance Corporation）为了摆脱困境，致使纳税人最终付出了超过 1 530 亿美元的代价。[1] 储贷危机的一个直接后果是住房市场的放缓，这进而引发了 1990—1991 年的经济衰退，而更持久的影响是商业银行和储蓄银行之间壁垒的瓦解。

在国内外动荡不安的经济形势下，许多美国人比以往任何时候都更加清楚地意识到完善的理财建议和周密的理财方案的必要性。同时，金融理财行业终于发展得足够成熟，也建立起了足够的声望来满足大众的需求。在整个 20 世纪 90 年代，金融理财的队伍逐渐壮大，国际市场得到了扩张，实践标准不断加强，IAFP 和 ICFP 这两个业内的主要会员制组织也逐步走向统一。

"统一和专业化"面临挑战

1987 年，一份标题冗长的白皮书《金融服务业在理财板块的统一与专业化》（*Unifying and Professionalizing the Financial Planning Segments of the Financial Services Industry*）的发表，为行业播下了发展的种子。白皮书的作者是时任 IBCFP 董事会主席的 CFP 持证人小 P. 肯普·费恩。IBCFP 成立于 1985 年，持有并管理 CFP 认证标识，并负责将金融理财教育推广到金融理财学院以外的高校。费恩在白皮书中简明扼要地论述了为什么金融理财行业应该统一采用一个通用称号，并以"同一个行业、同一个称号"总结了他的观点，这句话很快就成为金融理财师群体的口号。费恩用宗教语言解释了他的逻辑："我们需要由 CFP 持证人来宣扬 CFP 福音。"

为何会引起如此大的反响？因为在当时的金融理财行业中，还没有哪个专业称号能够占据突出的主导地位。毕竟，IAFP 仍然提倡"开放论坛"理念。但费恩在他的白皮书中写道，为这个行业统一称号是一件有价值的事，这需要所有业内组织以平等、热情的心态参与进来。费恩表示，此事刻不容缓。

我们必须抓紧时间以避免各类认证项目之间的竞争加剧，同时消除公众对金融理财证书有效性的困惑。IBCFP 作为统一认证机构和 CFP 作为统一称号，有着若干令人信服的理由。首先，CFP 认证标识对接受专业服务的消费者而言是一个真实可靠的指标，因为 IBCFP 只会向那些在教育和经验上达到要求并通过了多项严格考察的申请者授予该标识的使用权。其次，CFP 认证标识作为金融理财专业人士的"主流"认证，得到了公众的广泛认可。最后，或许也是最为重要的一点，CFP 商标是唯一一个受到法律保护的标识。因此，持有该商标的 IBCFP 可以通过授予或收回 CFP 认证标识的使用权来对 CFP 专业人士进行有效监管。IBCFP 能够有效地监管职业素养的 4 个基本组成部分（4E）：教育（Education）、考试（Examination）、从业经验（Experience）和职业道德（Ethics）。

> IBCFP 能够有效地监管职业素养的 4 个基本组成部分（4E）：教育、考试、从业经验和职业道德。
>
> ——小 P. 肯普·费恩

白皮书的剩余部分提出了一个"三段式"计划，该计划旨在将所有金融理财人士收入 CFP 麾下。在前两个阶段，也就是在 1987—1992 年年底，确立获得 CFP 证书所需满足的教育和从业经验要求。在 1992 年以后，对从业经验的要求将变得非常严格，并将强调是与金融理财直接相关的从业经验……所有考试将在 3 天内一次性举行，所有申请 CFP 认证的考生都需要参加一场实践考试。到 1993 年，"CFP 专业人士"将成为金融理财行业唯一得到认可的专业认证称号。

为了实现"同一个行业、同一个称号"的目标，费恩大力开展游说工作。在 1988 年的一次全国性金融理财师会议上，他号召听众凝聚在 CFP 认证标识的周围，并表示金融理财这个一直苦恼于负面新闻和消费者困惑的行业正处在发展的十字路口。在 1987—1988 年担任 ICFP 总裁的小查尔斯·G. 休斯是费恩的支持者中的一员。他主张合并 IAFP 和 ICFP，但不是按照 IAFP 在 1987 年提议二者合并时所提出的条件。1987 年 9 月，ICFP 董事会会议纪要写道："IAFP 的提议不宜照单全收，但可以作为向'统一组织、统一称号'迈进的讨论基础。"

冲突的核心是，ICFP 坚持认为 IAFP 是一个"行业"协会，而不是一个"专业"协会（即使是在二者合并后，围绕协会性质的争论仍持续了多年）。在《今日协会》（*Institute Today*）的 1988 年 7 月刊中，休斯提出了他对这个问题的看法：

> 问题的核心在于，以 IAFP 的宗旨和结构深度参与到金融或其他方面产品的制造和分销当中，对行业协会而言是一个量身定做的发展策略，但这个策略对专业协会来说却存在诸多弊端……
>
> 公众也充满怀疑："金融理财是从业者提供建议的论据，还是分销产品的平台？"无论是客观真实还是主观感知的利益冲突，对金融理财师和他们所属的协会而言都事关重大……为了短期的成效，尤其是出于经济上的考虑而建议或强求二者合并，对现阶段金融理财行业的发展来说可能是个严重的错误。[2]

多年后，休斯描述了当时的心态。"两个组织的会员都对过多的重复性服务和监管部门的不统一表达了强烈不满，"他说，"会员们质问，如果我们一直吵来吵去，那怎样才能取得成果呢？"[3]

从 ICFP 的角度来看，它有另一个与 IAFP 合并的动机，即资金。1991—1992 年，时任 ICFP 总裁的 CFP 持证人马德琳·诺维克（Madeline Noveck）记得她在 1987 年加入 ICFP 董事会时，这个组织正在努力应对多次财务危机和行业格局的变化，而协会的一些老会员觉得仅凭会费，ICFP 无法作为一个独立组织而生存下去。

"小查尔斯·G.休斯给我写了一封信，指出了存在的问题和各种解决方案。"诺维克说。

> 我没有在第一时间回复，最后休斯打来了电话。我说我因为这封信而深感不安，更准确地说，这封信让我十分痛心。我们必须要有一个协会，而且必须是一个专业协会。我们如果现在放任自流，那么可能需要 15 年时间才能东山再起。

联合组织委员会

尽管在理念上仍有突出分歧，但 IAFP 和 ICFP 先就统一组织的问题进行了讨论，并成立了一个由费恩担任主席的联合组织委员会，以谈判合并事宜。两个组织有一个共通之处：会员人数都在减少，尽管原因截然不同。由于里根政府颁布的《1986 年税制改革法》提出的限制措施堵住了诸多漏洞，1985 年，IAFP 会员人数从接近 24 000 人的最高点骤降至 11 000 人。而 ICFP 的会员人数降至 7 000 人，主要是因为 ICFP 取消了由金融理财学院补贴给学员的免费会员资格。两个组织还存在其他分歧：预算为 300 万美元的 ICFP 希望新组织以一个新的名字在一个新的地点成立；而拥有 1 400 万美元预算的 IAFP 则想要保留自身名称并留在亚特兰大。同时，IAFP 建议将 ICFP 负责的 CFP 称号推广工作整合到设有"其他行业从业者"的"从业者部门"中。IAFP 总裁、CFP 持证人拉里·W.卡罗尔在 1987 年 11 月给 ICFP 写了一封信，并解释了 CFP 应该与其他称号共存的理由：

我们知晓并理解 ICFP 希望让 CFP 成为金融理财领域唯一的专业称号的想法。但是目前看来，指望合并后的组织为这个想法助阵是不切实际的。这会给非 CFP 持证人的 IAFP 会员造成严重困扰。

联合组织委员会在 1987—1988 年的大部分时间里都在运转。IBCFP 作为调解者和推动者，希望能让"同一个行业、同一个称号"成为现实。各方最终在原则上达成了一项协议，即创建两个彼此独立、存在差异但又密切关联的组织。旁听者称，1988 年 9 月，在纽约市举行的 IAFP 年度会议的一次全体大会期间，ICFP 总裁、CFP 持证人艾琳·夏基和 IAFP 总裁拉里·W. 卡罗尔"在万众瞩目下"签署了该协议。1988 年 12 月，联合组织委员会的成员一致通过了"五点方案"，该方案提出：双方董事会在合并后，分别领导行业协会和专业协会；IAFP 的金融理财从业者注册处则由专业协会的董事会接手。

1989 年 1 月，ICFP 董事会和 IBCFP 董事会通过了这个方案。但同年 2 月，该方案在提交到 IAFP 董事会时，却被投票否决了。IAFP 给出的理由是，他们希望从规模经济的角度出发进行全面合并。

小查尔斯·G. 休斯后来回忆道："在进行合并讨论的同时，ICFP 正经历一场巨大的自我认同危机。合并的搁浅让我们真切体会到了挫败感。自那之后，我们不得不开始反思我们是谁，我们代表谁，以及我们想做的是什么。"

小罗伯特·休伊特于 1989—1990 年担任 IAFP 总裁，他提出了他所在组织的观点："从表面上看，协议似乎没有问题，但隐藏着的一些问题导致了合并的破裂。于是，大家临阵退缩了。"

后来，于 1992—1993 年担任 ICFP 总裁的理查德·瓦格纳给出的评价则更为直白。他称之为 IAFP 董事会的"背叛"："他们公然反悔，拒绝继续提供支持。他们代表的是一己私利，而不是这个行业。"

> 合并的搁浅让我们真切体会到了挫败感。
>
> ——小查尔斯·G.休斯

各自重建

失望之余，两个组织决定继续推动行业的发展，并将目光放长远。在经历了《1986年税制改革法》的颁布及1987—1989年的股市下跌后，数以万计的从业者离开了这个行业。为了挽回这些流失的会员，IAFP几乎拼尽全力。ICFP也在努力吸引新的会员，并专注于加强对"从业者"的定义，即那些在公共领域从事金融理财业务的CFP持证人。艾琳·夏基和她的继任者杰克·布兰金希普决定自行实施"五点方案"，并成立了实践标准委员会来制定良好的实践标准。1989年，接任总裁的布兰金希普坚持认为，CFP持证人应建立起一种以受托责任为核心的"行业文化"。

在ICFP所做的各项工作中，有一项在后世看来是颇具争议的。1989年，ICFP创建了自己的"持证从业人士注册处"（Registry of Licensed Practitioners），以辨别那些正在从事公共金融理财业务并同意遵守特定行业规范的CFP持证人，这些规范包括向客户提供关于从业者经验、教育、佣金和潜在利益冲突的全方位书面披露。

布兰金希普解释了设立该注册处的理由："我们想辨别那些正在从事公共金融理财业务并同意遵守特定行业规范的CFP持证人。我们试过用别的词来表示'注册处'，因为我们知道IAFP会对此颇为介意，遗憾的是最终没能找到。"然而，IAFP的小罗伯特·休伊特对这一解释并不买账，他在1989年12月给布兰金希普写了一封信，信中称 ICFP 做得太过分了。两个月后，布兰金希普回击说："IAFP 的虚伪姿态达到了新的高度……我们不承认你们是这个行业的发言人。让你们来扮演这样的角色将意味着道德败坏……"后来，两位领导人见了一面，这次会晤仅仅持续了 18 分钟，布兰金希普告诉休伊特，ICFP 没有更改注册处名称的打算。

但该注册处也没有立即受到 ICFP 会员的欢迎。他们道出了自己的困惑：协会是否在试图表明那些名字登记在册的 CFP 持证人（1990 年，该注册处的名册上有 4 500 人）比其他人更优秀吗？这个注册处是否只是针对 IAFP 与其注册处的一个报复手段？就连 IBCFP 也对 ICFP 在名称中使用"注册处"和"持证"这两个词的行为表示怀疑。

> 过不了多久，我们就会看着彼此的眼睛，清楚地知道我们打了一场漂亮仗，并且坚守了阵地……我们是一批在广受认可的行业中从业的专业人士。
>
> ——杰克·布兰金希普

但布兰金希普和 ICFP 其他领导人的立场很坚定。1990 年 3 月的会议纪要显示，不管是积极的回应还是消极的回应，他们都将其看作是一件好事，一个促使从业者在实践中考虑"我们的使命是什么，一个行业意味着什么"的机会。1990 年 8 月，布兰金希普在最后一封以总裁身份写给会员的信中说道："过不了多久，我们就会看着彼此的眼睛，清楚地知道我们打了一场漂亮仗，并且坚守了阵地。公众在选择金融理财师时，将会首选 CFP 持证人。我们是一批在广受认可的行业中从业的专业人士。"

尽管在"两个注册处"一事上心存芥蒂，但 IAFP 和 ICFP 还是本着试探性合作的精神开启了新的十年。两个组织都在其年度会议上向对方开放了免费注册名额，并同时参加了由 IAFP 领导人抱着鼓励对话的目的发起的"金融理财组织论坛"（Financial Planning Organizations Forum）。除了 IAFP 和 ICFP，参与者还包括 IBCFP、NAPFA、金融理财学院、美国 CLU 和 ChFC 学会 ① 以及美国学院。在之后的近 20 年时间里，上述组织每年至少召开一次会议。

提高专业标准

在 IAFP 和 ICFP 竞相吸纳会员的时候，IBCFP 从多方面努力实现由小 P. 肯普·费恩在 1987 年首次提出的"同一个行业、同一个称号"的目标。尽管两个会员制组织内部和两者之间都存在冲突，但这并没有妨碍 IBCFP 对提高企业标准、强化教育项目及明确道德准则的投入。

"很多金融理财变革的早期领导人都意识到，这些标准必须得到落实，不能停留在口头层面。"在 20 世纪 90 年代担任领导人、在 2004 年成为 FPA 首席执行官兼执行董事的小马文·W. 塔特尔指出，"他们知道，除非为 CFP 持证人创建一个新的自我监管体系，否则金融理财根本没有机会在媒体、政府和公众中有效渗透。"IBCFP 竭尽全力与受到官方认可的第三方在学术、专业考试、认证和国际组织等方面开展合作，以确保 IBCFP 可以向公众承诺：那些通过 CFP 认证的从业者能够为大众提供优质的服务。IBCFP 甚至向公众承诺：有玷污 CFP 称号行为的从业者会自愿放弃 CFP 身份。

这十年的一个关键进展是，CFP 标委会在 1995 年创立了实践标

---

① 美国 CLU 和 ChFC 学会（American Society of CLU & ChFC）后来更名为金融服务专业人士学会（Society of Financial Services Professionals）。

准委员会（Board of Practice Standards），它负责落实十年前制定的职业道德准则。这个完全由 CFP 持证人组成的团体征求了其他 CFP 持证人、消费者、监管机构和各方组织的意见，又参考了分别于 1987 年、1994 年和 1999 年进行的金融理财师职业分析（后两次由第三方组织承办）的结果，随后便起草和修订了一系列被 CFP 标委会采纳的职业道德准则。

这些准则不是为了规定服务内容或行事方式而制定的，也不构成追究法律责任的依据。然而，它们框定了金融理财规范流程的 6 个要素，并将其与具备权威性和指导性的实践标准进行匹配。时至今日，它们依然有效。

金融理财规范流程和实践标准

金融理财规范流程	相关实践标准
1. 建立并明确与客户的关系	1.1 明确服务范围
2. 收集客户资料	2.1 确定客户的个人和财务目标、需求和重点
3. 分析和评估客户财务状况	3.1 研究和评估客户信息
4. 制订并提交理财方案	4.1 分析和评估理财方案
	4.2 制订理财方案
	4.3 展示理财方案
5. 落实理财方案	5.1 就落实责任达成一致
	5.2 选择落实方案所需的产品和服务
6. 监督	6.1 明确监督责任

金融理财若想作为一个真正的行业而得到认可，就需要以严谨的学术基础为支撑。因此，IBCFP 邀请金融服务学会（AFS，代表美国各商学院）、金融咨询与理财教育协会（AFCPE，代表各大学经济学专业）的成员代表来协助规划未来十年的发展方向。20 世纪 90 年代末，有 100 多所高校开设了通往 CFP 认证的课程。

1991 年，IBCFP 如期实现了小 P. 肯普·费恩对设立业内单一认证考试的梦想。至少在 5 年前，为实现这一梦想而开展工作的是 CFP 标委会的管理部门——CFP 标委会的董事会。蒂姆·科基斯当时是 CFP 标委会考务委员会的新成员，他在回忆这一变化的重要意义时说：

> 当时，董事会的大多数成员都是 CFP 持证人，但我那时还不是。他们都在金融理财学院接受过培训并且参加了学院组织的 6 个科目的系列考试。想象一下，作为一名新成员，当我在会议室后排举起手并说出这番话时，其他成员会有什么样的感受：系列考试对学历证书来说是没有问题的，但是如果我们想让 CFP 作为一种职业证书而受到尊重，那么这个考试必须是一种单一的不属于任何一所学校的综合性考试。一些董事会成员认为这完全是"左翼"观点，还有些人认为这种观点贬低了他们通过参加系列考试所取得的成就。当然，我的想法最终得到了大多数人的支持，而那些已经获得 CFP 称号的人无须再参加综合考试。

罗伯特·戈斯称这是"CFP 认证的一个重大里程碑"，并补充说，"现在的考试流程类似于律考和 CPA 考试"。[4]

与法律和会计行业进行类比的意义重大。作为提高知名度和加强专业精神的革新运动的一部分，IBCFP 已开始通过其成员组织——ABA（美国律师协会）和美国注册会计师协会来使其会员与法律和会计专业人士建立起一对一的联系。IBCFP 董事会还与 NASAA、NAIC（美国保险专业协会）和 NASBA（美国州会计委员会协会）等政府机构直接合作，争取免除 CFP 持证人参加国家考试和接受持续教育的要求，其中包括 NASAA 新出的"系列 65"与"系列 66"投资顾问资格考试。而 ICFP 在 1995 年聘请了一名立法说客杜安·汤普森（Duane Thompson）来处理监管事务，包括对投资顾问提出了统一要求的《1996 年国家证券市场改进法》（National Securities Markets Improvement Act of 1996）。

IBCFP 还以直接方式或通过消费者团体来接触消费者。调查显示，CFP 认证标识的知名度和消费者对 CFP 持证人的满意度都很高。为了在这个基础上再创辉煌、鼓励消费者和金融服务公司领导者提出意见，以及了解 CFP 认证的含金量，IBCFP 成立了消费者指导委员会（Consumer Advisory Council）和金融服务指导委员会（Financial Services Advisory Council）。

尽管在朝着专业化目标前进的十年中，IBCFP 发挥了重要作用，但它并不是唯一的变革引擎。台式计算机的广泛应用和复杂的金融理财软件程序的开发，极大地简化了金融理财工作，扩大了金融理财师的业务规模。同时，新的理论见解，尤其是经济学领域的新理念，也推动了这个行业的发展。从金融理财的角度来看，"生涯规划"（Life Planning）和"内部财务"（Interior Finance）这两个全面财务规划领域术语的出现，也拓宽了金融理财师提供理财服务的范围。

学院的关键举措

IAFP 和 ICFP 的纷争并未波及它们的"兄弟机构"——金融理财学院。随着建校 20 周年的到来，学院逐渐走向成熟，成了一所受人尊敬、面向整个金融理财行业的非传统教育机构。1990年，它拥有近40 000名毕业学员和超过25 000名在籍学员。丹佛市东南部一个商业园区的一座全国总部大楼彰显了学院的成功。1989年6月5日，逾百名学院教职工搬进了这栋占地86 000平方英尺、价值730万美元的大楼。不久，学院又在1995年迎来了一个意义更为重大的里程碑：学院获得了远程教育和培训委员会（Distance Education and Training Council）的认可。此事向教育工作者、金融理财师和消费者释放了一个信号：CFP称号是具备内在价值的。

1992年，在成立20周年之际，学院设立了NEFE，并将其作为自己的控股公司，这为学院发展和延续金融理财专业人士的教育项目铺平了道路。NEFE的领导人由威廉·安塞斯担任，在此后十年里，他同时为学院和NEFE服务。在安塞斯的领导下，NEFE在消费者金融教育方面付出了更多的努力。1995年，安塞斯创立了公共教育中心（Public Education Center），CFP持证人布伦特·尼泽尔担任执行董事。

1997年，NEFE将包括金融理财学院和NEFE职业发展部的40多种产品在内的所有专业教育项目和相关部门出售给阿波罗集团。随后，NEFE成了一家私人基金会。阿波罗集团于1973年成立，总部位于凤凰城，是一家提供成人高等教育的公有制企业。随着这笔金额达3 500万美元的交易（不包括NEFE的总部大楼和储备金）的达成，NEFE进一步向改善所有美国人财务状况的目标迈进。在尼泽尔的领导下，公共教育中心转型成为一个名为"合作项目部"的新部门。新的NEFE还保留了高中金融理财项目，该项目最初是在1984年与一个同盟组织——美国农业部合作推广服务处合作创建的，旨在提高美国青少年的金融素养。截至1997年，近80万学生完成了NEFE高中金融理财项目。在接下来的两年里，NEFE大力开展该项目：2000年，它开始与一个国家协会——美国信用合作社（Credit

Unions）合作，这进一步促进了该项目的推广和团队教学工作。截至2006年年底，近500万册高中金融理财教材走进了至少5万个班级。

此外，合作项目部开始与其他组织积极合作，包括美国红十字会（American Red Cross）、美国印第安学院基金会（American Indian College Fund）、国际仁人家园（Habitat for Humanity）和全国城市联盟（National Urban League）。合作项目部借此定位、了解和联系不同的消费者群体，特别是较少接触到主流服务渠道的消费者群体。20世纪90年代末，NEFE创立了100多个项目，为生活环境各不相同的人们提供了帮助。

NEFE与阿波罗集团的交易也为学院带来了好处。学院在继续完善和扩大其教育课程的同时，继续推进准金融理财师项目。1995年，学院获得了美国中北部高校协会（North Central Association of Colleges and Schools）的高等教育机构委员会（Commission on Institutions of Higher Education）的认可。同年，学院的理学硕士学位课程获得了远程教育和培训委员会的授权。此外，学院也步入了互联网时代：20世纪90年代末，学院将考试形式由一年3次的笔试改为在线测试与评估。

与此同时，越来越多的美国及其他国家和地区的高校开始推出通往CFP认证的教学项目。[1]2000年年初，得克萨斯理工大学甚至开始设立金融理财专业的博士学位。

个人经济峰会

"经济是关键，笨蛋！"是1992年比尔·克林顿总统的竞选口

---

[1] 国际范围的CFP教学项目详见第六章。

号，他的许多政治演说都强调美国民众的个人经济利益。1993 年，在克林顿总统就职时，ICFP 决定在华盛顿举办个人经济峰会（Personal Economic Summit），借此将金融理财知识推向最前沿，并庆祝 ICFP 成立 20 周年。"我预计，对美国和整个行业而言，这将是一个历史性事件。"时任 ICFP 总裁的理查德·瓦格纳写道。

> 今年，ICFP 已经 20 岁了，随着它"步入成年"，我们认为自己已经做好承担一个真正行业的责任的准备。其中一项责任就是了解那些正在影响每个人生活的经济力量，帮助我们的客户应对它们，并将我们所了解的情况与决策者进行沟通。

ICFP 总裁特里·西曼（Terry Siman）补充说："我们的立场与证券、保险、银行或会计等行业不同。我们以一种新型专业顾问的身份发声，代表的是客户在这些领域的利益。"

来自企业、政府、学术界、媒体、消费者团体和金融理财部门的大约 300 名代表出席了个人经济峰会，包括美国前参议员鲍勃·多尔（Bob Dole）（堪萨斯州的共和党人）、保罗·聪格斯（Paul Tsongas）（马萨诸塞州的民主党人）、沃伦·拉德曼（Warren Rudman）（新罕布什尔州的共和党人）和科罗拉多州前州长迪克·拉姆（Dick Lamm）。在小组讨论、公开论坛和市政厅会议中，此次峰会集中讨论了时下的热点话题：储蓄与债务、退休、投资以及医疗保健。CNN（美国有线电视新闻网）对此次峰会进行了报道，有线电视媒体 C-SPAN 也对现场实况进行了部分直播。西曼称此次活动是"公关上的巨大成功"。

然而，这场盛会并没有为 ICFP 带来太多经济利益。尽管 ICFP 从一开始就表示，赢利并非其首要任务，但这次挫折让一些 ICFP 领导人产生了质疑：继续赞助此类活动是否明智？事实上，1993 年的个人经济峰会是 ICFP 首次、也是最后一次举办此类活动。

新的方向

一度势如水火的 IAFP 和 ICFP 逐渐走向统一，这标志着 20 世纪 90 年代金融理财行业的成熟。同时，这也是金融理财行业向国际扩张的时期：1990—1995 年，IBCFP 授予澳大利亚、日本和英国的金融理财组织使用 CFP 认证标识的权利；1996—2000 年，IBCFP 又授权了另外七个国家——加拿大、新西兰、法国、德国、新加坡、南非和瑞士。这是一个更加注重专业精神、道德和监管的时期。在十年前，媒体还对金融理财行业持怀疑态度，但现在，媒体开始认可它的成就。1994 年，业界备受推崇的《价值》（*Worth*）杂志开始将 CFP 持证人纳入其名为"美国最佳金融顾问 200 强"（Best 200 Financial Advisers in America）榜单。1996 年，该榜单上有 173 名 CFP 持证人。

> 我们于 1993 年 1 月 1 日进入了正规行业的世界。
>
> ——理查德·瓦格纳

《价值》等出版物肯定也注意到了金融理财行业在内部监管和执行标准方面的加倍努力。道德准则是 ICFP 原始章程的基本组成部分，该准则于 1974 年 7 月由 ICFP 成员正式表决通过，并在随后十年经历了多次修订。20 世纪 90 年代初期，在 ICFP 的帮助下，IBCFP 开始对《道德准则和职业责任》（Code of Ethics and Professional Responsibility）进行新一轮的修订。新版本于 1993 年 1 月 1 日生效，由 ICFP 正式落实，后者还同意遵守 IBCFP 未来制定的所有道德准则。除 ICFP 之外的其他 CFP 认证机构也受 IBCFP《道德准则和职业责任》的约束。"1993 年 1 月 1 日，我们进入了正规行业的世界。"ICFP 总裁理查德·瓦格纳写道，"从这一天开始，每名 CFP 持证人都要以这一伟大文件的文字和精神为准则……我建议，我们要为此感到自豪并心存感恩。"

不久之后，新的道德准则便遇到了第一次重大考验。曾在 20 世纪 70 年代的 IAFP 扮演重要角色的 J. 钱德勒·彼得森在 20 世纪 90 年代初触犯了法律，被判盗窃罪，受到了 NASD 的制裁和罚款。此外，他还在几起民事案件中被判有罪。1994 年 12 月，CFP 标委会正式撤销了彼得森使用 CFP 称号的权利。CFP 标委会的举动虽然让业内丑闻进一步传扬，但也释放了一个明确的信号：任何从业者，无论其地位多么显赫，都不能逃脱道德准则的约束。

与此同时，ICFP 也加大了会员管理力度。1995 年 1 月，ICFP 取消了会员类别，不再区分那些正在从业和未从业的 CFP 持证人。做出这一决策的其中一个原因是，CFP 标委会在 1995 年年初从 IAFP 手中收购了金融理财从业者注册处。该注册处自 1983 年设立以来，一直被部分人视为眼中钉，也是许多动乱的导火索。由于它持"认证中立"立场，并不将是否取得 CFP 称号作为入会门槛，许多 CFP 持证人没有选择加入。因此，该注册处的会员人数从未超过 1 000 名。金融理财从业者注册处被 CFP 标委会接管标志着 IAFP 和 ICFP 持续多年的高层"外交活动"进入高潮，这一进展主要归功于前 IAFP 总裁比尔·卡特，他在 20 世纪 90 年代初担任 CFP 标委会主席。"我完全支持'同一个行业、同一个称号'的理念，"卡特后来回忆说，"我认为，金融理财行业需要围绕一种认证来进行整合。"[5]

人物简介：比尔·卡特

1983—1984 年，比尔·卡特在总裁任期内组织 IAFP 成立了金融理财从业者注册处，卡特将其视为"掌上明珠"。但十年后，也是在卡特的领导下，该注册处被移交给了 CFP 标委会。他花了数不清的时间，自费走遍了整个美国，并说服了 IAFP 领导人：现在是时候对注册处放手了。

"注册处已经成为另一个更为重要的目标的障碍，它阻碍了 IAFP 和 ICFP 走到一起。"卡特说，"我认为，如果注册处由 CFP 标委会持有，那么这两个组织之间的争端将不复存在。"

JD、CFP 持证人蒂姆·科基斯在当时担任 CFP 标委会主席。他在 1995 年写道："卡特可能是这个行业唯一一个能够在两个组织之间构建桥梁，从而使其实现合并目标的人。"

这种放眼全局的能力，敏锐的政治嗅觉和天生的乐观心态使卡特得以斡旋于 IAFP、ICFP 和 CFP 标委会的领导人之间。"我与各方人士都相处得很好，"他说，"但我一直认为同时运作两个组织是在浪费金钱和人才。IAFP 和 ICFP 在华盛顿都没有多少公信力，政府监管部门也在两个组织之间摇摆不定，因为它不知道哪个组织会走到最后。"

卡特在得克萨斯州迪凯特附近的一个农场长大。在军队服役期满后，他打算碰碰运气，并在印第安纳州开了一家广告公司，但不幸被骗走了借来的 1.5 万美元。"我在 26 岁的时候回到了得克萨斯州，身无分文、抬不起头来。"他回忆道。后来，他遇到了凯·贝尔德（Kay Baird）——金融理财学院首届毕业班的一员。贝尔德将卡特带入了金融理财行业，而卡特也在这里找到了自己的使命，很快便加入了金融理财组织。1980—1983 年，他同时在 IAFP 和 ICFP 董事会任职，并于 1983—1984 年担任 IAFP 总裁，之后又于 1993—1994 年担任 CFP 标委会主席，在 2003 年担任金融理财基金会总裁。

虽然将金融理财从业者注册处移交给 CFP 标委会为 FPA 最终在 2000 年成立铺平了道路，但由此付出的代价是卡特始料未及的。1996 年，也就是卡特离开 CFP 标委会的第二年，该注册处被关闭了。"我暴跳如雷，"卡特后来回忆说，"IAFP 领导人同意将其移交给 CFP 标委会的前提是注册处不会被关闭，只是由 CFP 标委会接管。这令我陷于不义之地，我像是违背了自己的诺言。"

"我仍然认为应该存在一个注册处，"卡特补充说，"消费者需要一种途径来找到正在从事金融理财综合业务的 CFP 持证人。"

从 IAFP 和 CFP 标委会的领导岗位上退下来后，卡特把大部分时间投入金融理财基金会，他说这个组织"符合我的价值观"。他指出，金融理财是靠公众维持生计的行业，因此回馈公众也很重要。"我在金融理财基金会所做的工作的确都源于自己的热爱，"卡特说。"金融理财基金会的宗旨是让公众了解金融理财规范流程的价值，这将是一项需要永远践行下去的工作。"

杰克·布兰金希普于 1995 年出任 CFP 标委会主席。他说："我对花钱购买注册处和 IAFP 实践知识考试试题一事有一些疑虑，但我仍希望完成这项工作。多年来，注册处一直充满争议。我们希望 CFP 认证标识可以代表金融理财行业的最高标准，同时也认为购买注册处是朝这个方向迈出的关键一步。"

作为协议的一部分，ICFP 同意关闭自己的注册处。正如一位评论家所描述的那样，在坚持了多年"比 IAFP 更纯粹"的理念之后，ICFP 以 1994 年的科罗拉多研讨会为开端，开始接受在 ICFP 活动中布置企业产品展位。

金融理财基金会

对 IAFP 而言，1995 年之所以意义重大，还有另一个原因。1995 年 1 月，IAFP 将非营利组织 IAFP 基金会改组为独立实体，并将其更名为金融理财基金会。IAFP 基金会成立于 1981 年，目的是协助 IAFP 开展提高公众理财意识的活动。然而在 1988 年，IAFP 面临众多财务问题，除了以临时代理模式维持基金会，它别无选择，IAFP 基金会在此后 7 年也一直保持着这个状态。

新成立的金融理财基金会重新修订了使命：开发资源与提供赠款，但不包括执行项目。在一家咨询公司的帮助下，金融理财基金会通过调查发现，金融理财师对这一使命表示热烈支持，也非常愿意捐款。在唐纳德·皮蒂的主持下，金融理财基金会发起了第一次募捐活动，从个人和企业那里募集了将近 700 万美元的善款。

1998 年 10 月，金融理财基金会发放了第一批赠款：一笔金额为 10 000 美元的补助金，用于一个研究大学生金融理财需求的项目；一笔金额为 20 000 美元的赠款，用于建设一个社区金融教育中心。在随后的十年间，该基金会向多个非营利组织发放了 58 笔赠款，总金额超过 200 000 美元，这些组织致力于将金融理财领域与需要帮助的人联系起来。金融理财基金会在佐治亚州注册，旨在帮助美国各地提供金融产品和支持的个体金融理财师和企业。

法律里程碑：伊巴涅斯诉佛罗里达会计委员会案

在什么情况下，CFP 认证标识可以用于广告宣传？这是美国宪法第一修正案在 20 世纪 90 年代初面临的一个考验。当时，专业人士发布广告的行为刚刚获得批准，家住佛罗里达州温特哈文市的西尔维娅·伊巴涅斯（Silvia Ibanez）既是律师，也是注册会计师和 CFP 持证人。虽然伊巴涅斯主要从事法律业务，但她利用注册会计师和 CFP 持证人身份向公众宣传她的职业资质。然而，佛罗里达会计委员会（Florida Board of Accountancy）勒令她停止使用这些证书，并称这是一种带有欺骗和误导的虚假宣传。

尽管得到了 CFP 标委会的支持，伊巴涅斯还是在州级行政法庭上输掉了官司。于是，她向佛罗里达州高级法院提出上诉，结果再次败诉。伊巴涅斯没有气馁，决定将此案交给美国最高法院审理。CFP 标委会提交了两份非当事人意见的陈述书：一份请求上诉；另一份则是援引了关于联邦标识意义和价值的材料，阐明了本案的实质。伊巴涅斯选择了自行辩护，主张自己有权向客户提供可能有用的真实信息。

"我坐在法庭里观察她，"时任 CFP 标委会执行董事的罗伯特·戈斯后来回忆道，"并在她身上看到了无限的激情。我们大获全胜，大法官们还引用了 CFP 标委会关于 CFP 认证标识价值的陈述意见。"[6]美国最高法院在 1994 年 6 月 13 日的裁决中指出，美国有 2.7 万余人获得了 CFP 称号，有 50 多所得到授权的高校在 CFP 标委会注册设立了金融理财课程。法院还承认了 CFP 标委会在授予 CFP 称号之前对候选人进行严格审查这一事实。

随后，他们在法律上又取得了其他胜利，包括 1998 年美国地区法院裁定 CFP 认证标识是"独特而知名的"。这些胜利是对 CFP 认证标识价值的有力证明，也是对金融理财实际上与其他行业处于同等地位这一事实的重要认可。

> 我认为，这是一个充满活力的新兴行业，而不仅仅是一场变革。变革会逐渐淡出历史舞台，而金融理财是为未来打造的服务行业。
>
> ——约翰·S. 朗斯塔夫（John S. Longstaff）

"低配版 CFP" 风波

在最初的十年中，CFP 标委会被普遍认为是一个政治化组织，在 IAFP 和 ICFP 相互冲突的理念之间摇摆不定，后面两个组织的许多领导人都在 CFP 标委会中担任重要职位。该组织的首任执行董事拉里·海登（Larry Hayden）向《金融理财》（*Financial Planning*）杂志的记者表示："自 CFP 标委会成立以来，围绕着它的一直是一片争议之声。"1999 年，这种争议达到了高压点：当时 CFP 标委会提议为那些入门级从业者发放另一种专业称号，即"准 CFP"（Associate CFP）。

这一举动立即遭到了众多 CFP 持证人的强烈抗议。许多 CFP 持证人轻蔑地给这个新提出的称号贴上了"低配版 CFP"的标签。在达拉斯亚当马克酒店的一次会议上，海登的继任者罗伯特·戈斯面对的是一群不满的 CFP 持证人，他们既对"准 CFP"提案满腔怒火，又对 CFP 标委会隐瞒此事而感到愤怒。

在《金融理财》1999 年 9 月刊的封面文章中，伊娃·马雷尔（Eva Marer）描述了那次会议的情形：

> "为什么要火急火燎地公布这件事？"一个人问，"在做出直

接影响我们生计的决定之前，为什么不向我们披露事实情况？"

"'低配版 CFP'是在欺骗公众！欺骗 CFP 持证人群体！"另一个人喊道，这引起了一片热烈的掌声。

戈斯用克制的口吻指出，"低配版 CFP"的称呼不被官方认可。

尽管不露声色，且作为无表决权的董事会成员，戈斯没有参与投票，但他实际上对"准 CFP"称号抱有强烈的期望。他希望新的入门级培训能让所有美国人，无论收入多少，都接触至少达到行业最低标准的金融理财师。"我们所从事的事业对各种背景的美国人来说都至关重要。"戈斯对《金融理财》的记者说道。

表决结果显示，戈斯和其他支持者寡不敌众。"会议室 99% 的人都被勾起了怒火，"作为参会者的理查德·瓦格纳回忆说，"除了戈斯和 CFP 标委会，没有人支持'低配版 CFP'。这是一个以糟糕的方式提出来的馊主意，并不是什么时机尚未成熟的好主意。"

最后，普通 CFP 持证人群体的抗议占据了上风。在接下来的一次 CFP 标委会会议上，戈斯建议放弃这个计划，"准 CFP"提案随即被撤销。

人物简介：罗伯特·戈斯

1991 年，IBCFP 设立了遴选委员会，目的是寻找首任执行董事拉里·海登的继任者。遴选委员会列出了其认为的执行董事应当具备的 21 种品质。负责遴选工作的汤姆·L.波茨在 1999 年告诉《金融理财》杂志，罗伯特·戈斯"具备其中 19 种"。[7]

戈斯在 ICFP 担任了 3 年执行董事，随后离开。在这之前，他曾为华盛顿和许多州首府的民选官员工作。1991—2000 年，他带领 CFP 标委会经历了许多重大事件，有些事件被誉为金融理财行业的进步，有些则被批评是极端的高压决策。毫无疑问，戈斯的沉着让他乘风破浪、一往无前，但这并不是他拥有的唯一品质。他的支持者和批评者给他贴上了各种各样的标签："有远见""高深莫测""有战略眼光""行事诡秘""常被误解"。

谦逊也是戈斯具备的品质之一。2008 年，有人问戈斯在 CFP 标委会取得了哪些成就，他说："在我任期内发生了一些推动金融理财行业发展的事情，但如果说它们都因我而起，就有点言过其实了，因为这是 CFP 标委会众多志愿者和员工共同努力的成果。"

从戈斯的角度来看，这些集体成就包括：将 CFP 认证项目推广到全国各大高校；实行新的综合能力认证考试；启动金融理财行业实践标准制定程序；启动监督同行的审查和道德投诉处分程序；维护 CFP 认证标识在美国及海外的地位；与其他行业组织、消费者团体、学术界和政府监管机构发展战略合作关系；在全球推广金融理财；将 CFP 标委会定义为行业自律组织。

并不是每一项举措都获得了成功，设立"准 CFP"称号的提案更是引起了众人的不满——反对者称之为"低配版 CFP"。几年后，戈斯回忆起这个想法的出发点。"当时我们担心金融理财标准有名无实，"他说，"换句话说，任何人都可以从事金融理财工作，我们看到的一些证据表明，没有达到标准却自称金融理财师的人越来越多。我们问自己，为了保护公众，我们可以做些什么来鼓励更多的人遵守行业标准，即使这些标准没有 CFP 认证要求的那么高。"虽然"准 CFP"提案遭到了 CFP 持证人的强烈反对，CFP 标委会也在戈斯的建议下撤销了这个提议，但是在政府没有强制实施入门级标准的情况下，设置入门级称号是"一个值得考虑的想法"。在这件事上，戈斯的立场始终如一。

后来，戈斯从 CFP 标委会辞职。他否认自己的离开与"准CFP"争议有关，他给出的理由是身体的疲惫和对家庭的责任。持有法学学位和公共管理博士学位的戈斯最终搬到了犹他州普罗沃市，在杨百翰大学的家庭与社会服务学院担任教师和副院长。

金融理财协会的首席执行官兼执行董事小马文·W. 塔特尔在2008 年赞扬戈斯说："如果 20 世纪 90 年代没有戈斯，那么 CFP 认证无法达到今天的成就。"CFP 标委会首席执行官凯文·凯勒（Kevin Keller）补充道："CFP 认证要求的高标准与整体构架得到了越来越多的认可，戈斯留下的成果对今天来说依然意义重大。"

在 2000 年的一次圆桌讨论会上，戈斯思考了金融理财对他来说意味着什么。"金融理财可以是一项业务，但它在本质上又并非一项业务，"他说，"这是一种服务于他人最大利益的行为。对我来说，这就是它的核心与灵魂。"[8]

再次寻求统一

不止一位金融理财行业的领导人将 IAFP 和 ICFP 再度统一的尝试归功于《金融理财》在 1997 年 9 月发表的一篇文章。这篇文章由即将卸任 IAFP 总裁的佩姬·鲁林（Peggy Ruhlin）撰写，题目是《假如我统治了世界》（If I Ruled the World）。

"这是我作为 IAFP 总裁发表的最后一篇文章，"鲁林后来回忆道，

"我决定吐露自己的心声。"其中一段话写道，假如她统治了世界，任何自称金融理财师的人都必须持有CFP证书，且IAFP和ICFP将合并。她在1997年8月向IAFP董事会展示了这篇文章的初稿，这引起了不小的轰动。

正如鲁林在她的文章中所解释的那样，如果想要美国公众、媒体和监管者认识到金融理财是一个真正的行业，那么我们需要确定一个最低能力标准。"我是这么看的，"鲁林后来说，"如果让我给一个想进入这个行业的年轻人提建议，那么我会建议他先取得CFP证书。我认为，大多数金融理财师，甚至其他证书的持有者，都会同意我的观点。"

碰巧的是，IAFP和ICFP的执行委员会已约好在1997年8月召开联席会议。与此同时，鲁林正在散发她的手稿。"有人建议我把文章发给ICFP看看，"鲁林说，"所以，我们又印了一些，供大家传阅。"

结果令人惊喜。1997年，时任ICFP总裁的CFP持证人朱迪丝·劳（Judith Lau）是鲁林的老友，她当场站起来并指着有关合并的段落说："我在哪里签字？"

会后，鲁林与朱迪丝·劳在私下进行了交流。"劳告诉我，如果这两个组织能联合起来，那就太好了。"鲁林后来回忆说，"除非IAFP公开对CFP认证标识表示认可，否则我们想不到以什么方式让这两个组织开始讨论合并事宜。"

鲁林将这个情报带回了IAFP董事会，并建议IAFP重新考虑对CFP认证标识的态度。"事情开始迅速发展，"她说，"我们知道公开认可CFP认证标识会使双方对再次进行合并谈判的信心剧增，但这也不足以成为投赞成票的理由。于是，我向董事会成员提出请求，他们如果真心实意地认为认可CFP认证标识是正确的，就投赞成票。"

结果全票通过。1997年10月，IAFP执行董事珍妮特·麦卡伦说："随着金融理财队伍的壮大，越来越多的消费者认识到自身对金融理财服务的需求，IAFP 觉得现在是时候把这个行业团结在一个得到广泛认可的认证标识之下，从而解决消费者的困惑。"

对 ICFP 而言，IAFP 的公开认可是一个分水岭事件。"我们在 20 世纪 90 年代末期进行过大量的战略思考，"朱迪丝·劳后来说，"很明显，如果想拥有足够的影响力来推动这个行业向前发展，那么我们需要壮大自己的队伍。大家一致认为，如果 IAFP 决定支持 CFP 认证标识，那么这将改变这个世界。"

现在，这两个组织之间的主要隔阂已经消失，IAFP 和 ICFP 开始了诚挚的合作。两个组织各提名七名成员组成项目小组，其中两位是艾琳·夏基（金融理财师、前 ICFP 总裁）和 M. 安东尼·格林（M. Anthony Greene）（一家经纪交易公司的总裁、前 IAFP 总裁），他们在十年前的那次合并尝试中一直持反对立场。鲁林指出，他们过去的观点也是有价值的。

IAFP 和 ICFP 分摊了聘请顾问来协助项目小组的费用。顾问给出的最重要的建议之一是：双方应该试着创建一个新的金融理财协会，而不是合并现有的两个组织。

"我们同意了，因为这给我们带来了新思路。"项目小组成员、在 2000 年成为金融理财协会第一任总裁的 CFP 持证人、CLU、ChFC 罗伊·迪利伯托说。佩姬·鲁林也同意这个建议。"我们忌讳提及'合并'一词，并且一般会说'新组织'。它可以成为我们梦想中的组织，而不是你争我抢的权力战场。"

> 我们忌讳提及"合并"一词，并且一般会说"新组织"。
>
> ——佩姬·鲁林

项目小组大约每六周会面一次，地点通常在芝加哥，他们最终敲定了一个"核心理念"，并于 1998 年 10 月将其提交给在费城召开的

IAFP 和 ICFP 联席会议。此次会议表明，新组织的目的是"成为负责确立金融理财价值体系和带领金融理财行业走向成功的社群"，主要目标是"使专业金融理财的价值和必要性得到普遍认可"，核心价值观如下：

- 金融理财可以提高生活质量。
- 高水平的能力与信用至关重要。
- 会员的成功是关键。
- 必须保持公开论坛的包容性。
- 金融理财行业需要一个通用的认证标识。
- 客户利益应该被放在首位。

双方董事会批准了这些方案，并鼓励项目小组继续对其进行补充和细化。1998 年，商讨持续进行。1999 年年初，该团队起草了一份合作意向书，经过两个月的激烈讨论，该意向书最终在 3 月份获得批准。他们为新组织选择的名称是 FPA。1999 年 5 月，ICFP 董事会准备由会员投票表决是否通过该计划。IAFP 并未举行正式的投票，而是通过非正式讨论和调查来衡量会员的支持度。

在致会员们的一封信中，担任 ICFP 总裁的 CFP 持证人埃莉萨·布伊就 FPA 存在的意义提出了有力的论点：

ICFP 的优势是它一直以 CFP 认证为核心。而 IAFP 一直以来的优势是，它致力于让所有倡导金融理财规范流程的人都参与进来，以及为这些人提供互动机会。我们发现，这在过去看来也许是相斥的价值观，而现在却是相容的，甚至是协同的。新组织将提升金融理财的价值，并引领金融理财行业走向成功。

ICFP 的章程规定，董事会的提议要想获得通过，至少 10% 的
ICFP 会员要参与投票，且赞成票数必须超过投票人数的 2/3。实际情
况是，有 66% 的会员参与了投票，其中 81% 的人投了赞成票。

1998 年，担任 ICFP 总裁的 CLU、ChFC、CFP 持证人罗伯特·J.
克洛斯特曼（Robert J. Klosterman）曾是项目小组的一员，按照他的
说法，这次投票代表着一次"意义重大的授权"。他说："我们竭尽全
力，为的是冲破壁垒并让一切朝着更好的方向发展，我觉得我们做
到了。"

整个 1999 年，双方董事会一直全身心投入，努力敲定新组织
的每一处细节。随着"舞台"的完工，人们翘首企盼的 FPA 终于在
2000 年元旦闪亮登场。

市场里程碑：万维网

没有蒂姆·伯纳斯-李（Tim Berners-Lee）的贡献，就不
会有谷歌（Google）、亚马逊（Amazon）、维基百科（Wikipedia）
或脸书（Facebook），也不会有网上购物、线上问卷或在线考
试。伯纳斯-李是一位在瑞士研究机构 CERN（欧洲核子研究中
心）工作的英国科学家。1989—1992 年，他不仅开发了超文本
标记语言，还创建了第一个网络服务器和网站。他开发互联网
的时间有 20 多年，而互联网最初是作为大学和军用计算机交换
信息的一种媒介而被创造出来的。而伯纳斯-李和其他网络拓荒
者所做的是实现图像和多媒体文件——不只是数据——在任何
平台上的任何计算机用户之间的发送和接收。

截至 1994 年，两大新科技巨头网景（Netscape）和雅虎

（Yahoo!）已经出现。1995 年 8 月，网景首次公开募股，这为不久后的互联网热潮埋下了伏笔：在交易前几分钟，网景的股价就从 28 美元 / 股上涨到 54 美元 / 股，公司估值达到 20 亿美元。"互联网股票热"随之而来。1998 年 6 月，《时代》（*Time*）杂志的一名记者赞叹道："自比尔·盖茨的微软公司在 1986 年上市以来，华尔街还没有见证过任何吸金能力可与当下互联网股票匹敌的事物。"截至 2000 年 3 月 10 日，互联网股票使纳斯达克综合指数达到 5 048.62 的收盘高点，这创下历史新高。一些市场观察人士预测，股市将出现"长期繁荣"或道琼斯指数最终将达到 36 000 点的峰值。但在 2000 年年中，这场刚刚开始的狂欢便结束了。截至 2002 年 9 月，熊市使股市市值蒸发了 4.4 万亿美元——这是当时世界历史上最严重的一次股市崩盘。

第五章

应对新挑战

在全球飞速发展的时代，FPA 应运而生。20 世纪 90 年代，在科技繁荣的推动下，股市指数飙升，一夜暴富的故事层出不穷，并被新闻媒体争相报道。2000 年 1 月 14 日，也就是在 FPA 正式成立两周后，道琼斯工业平均指数以 11 722.98 点收盘，再次刷新了纪录；3 月 10 日，纳斯达克综合指数达到前所未有的 5 048.62 点；3 月 24 日，标准普尔 500 指数在收盘时达到 1 533.11 点。有人说，这轮牛市还将持续很长一段时间，道指最终会达到 36 000 点。

这种乐观情绪也蔓延到了 FPA 董事会于 2000 年 1 月初召开的第一次会议上。千禧年已经到来，参会者在团结精神和使命感的激励下，个个精神抖擞。来自费城的 IAFP 候任总裁，同时也是 CLU、ChFC、CFP 持证人的罗伊·迪利伯托在与 ICFP 候任总裁盖伊·坎比的掷硬币游戏中获胜，赢得了担任 FPA 首任总裁的机会。IAFP 和 ICFP 的两位前任总裁——纽约州罗切斯特市的律师及 CFP 持证人小约瑟夫·沃塔瓦（Joseph Votava Jr.）和弗吉尼亚州福尔斯彻奇市的 CFP 持证人埃莉萨·布伊担任联席董事会主席。在迈阿密的枫丹白露酒店中，董事会召开会议，正式批准了合并计划，并发布了最后的使命宣言。

FPA 的主要目标是成为一个提升金融理财价值和促进金融理财行业发展的团体……FPA 欢迎所有推动金融理财流程规范发展并将 CFP 认证标识视为金融理财行业基石的人成为会员……FPA 相信每个人都需要根据客观建议做出明智的金融理财决策，而当寻求金融理财师的建议时，这些金融理财师应该是持有 CFP 证书的专业人士。

"什么是金融理财协会？"

金融理财协会是金融理财界的会员制组织，它的核心价值是能力、诚信、沟通和管理。我们希望吸纳那些持有相同核心价值观的成员。

很快，这些乐观的情绪和崇高的理想便迎来了考验。

建立新组织

2000 年第二季度，随着互联网泡沫的破灭，股价开始下跌。但对 FPA 而言，2000 年是硕果累累的一年。组织合并后，FPA 共拥有 100 个分会和 30 000 多名会员——参与合并的两个组织各贡献了约 17 000 名会员，其中约 4 000 人拥有双重会籍。

2000 年 9 月，众人情绪高涨，近 3 800 名 FPA 会员和受邀嘉宾齐聚波士顿，共同参加新组织的第一次年度会议"2000 年成功论坛"（1999 年 4 月，针对资深执业人士的第一届"FPA 研讨会"已在凤凰城举行）。FPA 总裁罗伊·迪利伯托对波士顿的参会者说："事情进展顺利。"FPA 联合董事会主席埃莉萨·布伊表示："这次合并极大地提升了我们在政府和媒体关系方面的地位和影响力。"另一位联合董事会主席小约瑟夫·沃塔瓦则以温和的口吻发出预警："我们全国各地的分会正在把会员按照地域重新分配。"这是为了确保各分会管辖的区域不会重叠，也使之前没有被服务到的会员重新得到关注。小约瑟夫·沃塔瓦还表示："部分分会将不得不重组或解散旧的法人实体，这是一个费时又费力的大工程。"

有些城市的分会只有一个前身组织，因此没有合并的必要。而在IAFP和ICFP分会共存的城市，两会成员都积极投入、加速改组。"志愿者不得不抽出时间来撰写章程，提交新的注册文件，并与FPA全国总会签订附属协议。"分会关系主管温迪·托德（Wendy Todd）说道。FPA执行董事珍妮特·麦卡伦对这项工作给予了高度评价："各分会仅用9~12个月的时间，便在地区层面完成了全国总会需要花费两年半时间才能完成的工作。"

> 各分会仅用9~12个月的时间，便在地区层面完成了全国总会需要花费两年半时间才能完成的工作。
>
> ——珍妮特·麦卡伦

以上过程并非一蹴而就。在一些地区，数据库问题导致地方分会和总会的档案几乎无法归并。2000年5月，总会工作人员介入，主动提出与地方分会合作，有44个分会接受了帮助。

"FPA的所有分会是这个组织的基石，"托德当时说，"董事会把为这些分会提供时间、资金和人力支持作为首要任务。"前IAFP和ICFP分会的16名领导人组成分会咨询代表委员会，这为托德的工作提供了支持。

在全国层面，FPA也发展迅速。协会代表不仅与CFP标委会碰面商讨了建立战略合作伙伴关系的计划，还参加了在南非和德国举行的国际 CFP 代表委员会会议。①FPA 两个新成立的部门——事业研发部和社区发展部，旨在为所有入门理财师和资深理财师提供帮助。在 FPA 副执行董事小马文·W. 塔特尔担任《金融理财期刊》的编辑兼出版人期间，该杂志的刊发计划由每年 8 期增加到了 12 期。在华盛顿特区，协会设立了以杜安·汤普森（前立法游说人、FPA 政府关系主管）为首的新政府关系办事处，计划将 FPA 建设成为金融理财界的权威发声机构。

FPA 还对自己的各项成就进行了回顾总结。2000 年 7 月，在《金融理财期刊》刊载的一篇题为《像 CFP 那样感受……》（To Feel... Like a CFP）的文章中，CFP 持证人埃莉萨·布伊回顾了自 10 年前理查德·瓦格纳发表《像 CFP 那样思考……》（To Think... Like a CFP）一文以来这个行业所取得的进展，并表示旅程还未到达终点，且行业仍在不断进步。

> 如果我们做这么多事情只是为了实现理查德·瓦格纳的愿景，那理财师为什么要"平静地过着绝望的生活"②呢？为什么定义"金融理财"和"金融理财师"会如此困难呢？
>
> 答案可能是，我们虽然已经在作为理财师的"思考"方面取得了进展，却发现在"感受"方面，我们的投入还远远不够。我们一味强调思维而不重视情感，这导致许多不确定性因素滋生。
>
> 在最佳状态下，我们把对理财的深入理解与对客户的理解和关怀结合起来，从而向客户提供发自内心的建议和那些在生活中可能被他们忽视的机会。这是金融理财行业特有的能力，是这个

---

① 有关国际发展的更多信息，详见本书第六章。
② "平静地过着绝望的生活"引自《瓦尔登湖》，作者是亨利·戴维·梭罗（Henry David Thoreau），书中提道："绝大多数的人都在平静地过着绝望的生活。"——译者注

行业有别于其各分支供应商的不同之处，也是其伟大之处。

在最佳状态下，我们把对理财的深入理解与对客户的理解和关怀结合起来。

——埃莉萨·布伊

人物简介：埃莉萨·布伊

20 世纪 80 年代初，埃莉萨·布伊在弗吉尼亚州福尔斯彻奇市的一家高端经纪公司上班，从事着一项在当时被视为金融理财的工作——现金流分析、税收分析、风向观测和咨询建议，但这些业务往往是为了鼓励交易而设计的。作为布伊在马里兰大学 MBA 学业的一部分，她利用夜间空闲时间选修了金融理财课程。"有一天，我灵光乍现，"她说，"并询问我所在的经纪公司是否可以成立一个金融理财部门，编写真正的理财方案。他们同意了，此后我的理财生涯便一发不可收拾。"

1989 年，在获得 CFP 认证后不久，布伊加入了北弗吉尼亚 ICFP 分会（Northern Virginia ICFP Society）的理事会。她最终成为当地分会的会长，并于 1994 年加入了 ICFP 全国董事会。

1997 年，在开始与 IAFP 的合并谈判时，布伊已经是 ICFP 的候任总裁。到了 1999 年 2 月，她担任 ICFP 总裁，关于合并意向协议的谈判仍在继续。"我们首先向其中一个组织发送了一个版本，他们看过后说，'哦，不，这太可怕了！'，他们会重写一个版本再发送回来，接着就轮到另一组人说，'哦，不，这太可怕了！'。"布伊表示，自己的职责是"为开放、有效的对话创造空间，促成一个比设想中更有潜力且能更好地为行业建设添砖加瓦的专业协会的诞生"。

合并后，布伊和小约瑟夫·沃塔瓦成为 FPA 的联合董事会主席，布伊负责以 CFP 认证为平台，在市场上树立 FPA 的品牌。她坚持认为，CFP 认证标识代表了一套知识体系、一套道德规范和一系列实践标准，而"CFP"这 3 个字母在公众心中是一种讨论金融理财师群体代表着什么的方式。2000 年 7 月，她对品牌和形象的反思促使她在《金融理财期刊》上发表了《像 CFP 那样感受……》一文。

任期结束后，布伊仍然积极从事理财行业的工作。她于 2007 年成为 FPA 驻校项目的教务主管，并任职于多个 FPA 专项委员会和工作小组，包括领导力发展小组委员会（Leadership Development Subcommittee）。同时，她还是金融理财基金会的理事会成员。

CFP 标委会的使命

在"准 CFP"倡议夭折后，罗伯特·戈斯辞去了 CFP 标委会主席的职务，戴德·帕尔（Dede Pahl）成为临时首席执行官。后来卢·加戴（Lou Garday）正式填补了首席执行官的空缺，而标委会主席职务则由 CFP 持证人帕特里夏·霍利亨接手。

霍利亨和加戴面临着一项艰巨的任务，即重建与因"低配版 CFP"提议而满腹怨气的 CFP 持证人之间的关系，同时设计组织构架，以适应理财行业迅猛的国际扩张运动。"1999 年的达拉斯会议是一个分水岭，"霍利亨后来说，"这次会议迫使 CFP 标委会开始认识到信息透明的重要性——事事保密从来都不是好事。"

在 2000 年 CFP 标委会的年度报告中，霍利亨提出了四个基本价值观，一方面是为了让公众知情，另一方面是想要为 CFP 标委会及其成员指明方向。

1. 对公众负责。我们相信，CFP 存在的首要原因是，通过树立个人金融理财标准造福公众。我们重视以客户为中心的关系，重视个人金融理财专业人士与其他金融服务供应商和顾问的差异化。

2. 信任源于标准。我们相信，CFP 标委会的个人认证标准推动了金融理财知识体系的发展，提升了个人理财专业人士在公众心目中的地位。我们重视专业人士获取并维系 CFP 证书所需要的初始能力和持续能力。

3. 追求卓越。我们相信，作为一种持证人愿意承担追求更高行为标准的职业义务的证明，而非教育证明，CFP 认证标识象征着个人在理财领域的卓越水平。我们重视正直诚信、客观公正、专业胜任、公平合理、保守秘密、专业精神和恪尽职守七项代表职业行为典范的原则。

4. 尊重专业人士。我们相信，随着越来越多称职的理财专业人士将客户的利益放在首位，公众将从中受益。我们重视那些致力于通过加强专业金融理财知识来服务公众的个人、组织和公司的投入和参与。

1999—2000 年，CFP 标委会开始与 ISO（国际标准化组织）[①] 讨

---

① 有关 ISO 的更多信息，详见本书第六章。

论金融理财行业的全球标准。此外，CFP 标委会还与 SEC 合作召开了投资者大会，与社会保障局（Social Security Administration）协作开展了职场金融理财教育，与美国劳工部共同制作了一本宣传手册，强调金融理财在退休储蓄中所能发挥的作用。

取得了上述成就的 CFP 标委会仍然处于动荡之中。2000—2004 年，共有 4 个人坐过首席执行官的位置。其中，罗伯特·戈斯和卢·加戴是突然离任的，而另外两人——戴德·帕尔和加里·迪芬德弗（Gary Diffendaffer）是在 CFP 标委会遴选正式领导人期间临时接管该职务的。

尽管付出了巨大的努力，但到了 2004 年 11 月，当萨拉·特斯利克（Sarah Teslik）来到丹佛接任该职务时，CFP 标委会仍然面临着财政赤字和运营混乱的局面。"在 3 年时间里，虽然我们在电脑装置上花费了 700 万美元，但人们还是经常会在线上报名时遇到困难，或无法使用信用卡在线付款。"这是特斯利克在《金融理财期刊》的一次采访中对当时情形的描述。[1] 身为律师和机构投资者代表委员会（Council of Institutional Investors）创始人兼执行董事的她大刀阔斧地改革，在不到 9 个月的时间里，CFP 标委会的员工被裁减了一半以上——从 80 人减到 30 人。她抹平了 CFP 标委会的财政赤字，还雄心勃勃地推出通过新媒介向公众提供服务的方案。但是，与 CFP 持证人之间的紧张关系和冲突是她在任职期间最受人关注的问题。2006 年 11 月，另一位临时首席执行官唐·撒普（Don Tharpe）接替了她的职务。

2007 年 4 月，随着 CAE（注册协会管理师）凯文·凯勒被任命为首席执行官，CFP 内部成员对稳定的渴求越发强烈。凯勒此前在协会管理层工作了 20 多年，其中有 16 年在金融专业人士协会（Association for Financial Professionals）任职。2007 年年底，凯勒完成了将 CFP 标委会从丹佛迁至华盛顿特区的任务，并开始将 CFP 标委会定位为公共政策事务的代言人。此外，他还重建了该组织在特斯利克任期内被严重裁减的专职人员队伍。

危机和灾难

尽管金融市场持续低迷，但 2001 年对金融理财行业来说仍是充满希望的一年。最大的推动力源自莱斯·克兰茨（Les Krantz）发布的《2001 年职业评级年鉴》（*The Jobs Rated Almanac 2001*），该榜单将金融理财师列为美国排名第一的职业。在环境、收入、前景、体力需求、安全性和压力 6 个考量标准中，金融理财师只有最后一项得分相对较低。克兰茨写道："市场波动和经济周期的危机会造成压力，金融理财师为客户推荐最高标准的理财方案也会产生压力，当理财方案没有达到预期效果时，压力也会出现。"

但是，"压力"一词远无法形容 2001 年 9 月 11 日那天给人们带来的恐慌——恐怖袭击事件侵入了美国资本主义的中心地带，震惊了整个金融服务界。笼罩在浓烟和灰烬之中的纽约证券交易所足足停业了 4 个工作日，这是自 1933 年以来首次如此长时间的休市。

时任 FPA 总裁的盖伊·坎比表示："'9·11'事件给 FPA 和整个行业敲响了警钟。"他和 FPA 其他董事会成员当时正在圣迭戈开会，为"成功论坛"做准备。小马文·W.塔特尔后来回忆了当时的情景：

> 董事会成员一边吃早饭，一边关注着事态的发展。我们在 9 月 11 日所做的唯一一件事就是为组织选出一位新领袖，并讨论"成功论坛"是否应该继续下去。答案显而易见：美国的交通系统已经关闭，会员和参展商无法到达圣迭戈。我们立即开始与数量众多的会员、参会者、参展商、赞助商和供应商进行沟通，

最大程度地降低此事对所有受波及对象的影响。我们退还了注册费、展览费和赞助费。董事会投票决定，如果活动取消的保险无法赔付所有费用，那么董事会将启用储备金来补足剩余的款项。

幸运的是，FPA 首席财务官柯特·尼波斯（Curt Niepoth）在该活动开始的前几周办理了一份活动取消险。"保费大约 2 万美元，在我的强烈劝说下，FPA 才同意签署保险合同。"尼波斯回忆说。[这份保单的保险代理人是怡安保险公司（Aon），这家公司的纽约分部刚好占据了世贸中心南塔的九个楼层，令人不禁感慨命运弄人。]凭借近 200 万美元的保险赔付金，协会得以报销了会议费用。但是"成功论坛"并未被遗忘：2001 年 11 月 1 日至 12 月 4 日，FPA 举办了"虚拟成功论坛"，通过电话和网络展示了原计划在圣迭戈开展的教育项目。

随后，FPA 将目光转向了"9·11"恐怖袭击事件的后续影响。

FPA 纽约分会会长兼 CFP 持证人克莱尔·斯坦斯特罗姆（Clare Stenstrom）曾在圣迭戈为"成功论坛"做准备。由于飞机依然停运，她开车回到了纽约，边听广播边想着如何为有需要的人提供帮助。"我接触不到那些受到了伤害的人，"她后来说，"但我可以做些特别的事来帮助他们。我发现许多其他金融理财师也有同样的想法。"[2] 在 FPA 董事会的支持下，斯坦斯特罗姆开始致电其他分会和金融理财基金会的领导人。FPA 的盖伊·坎比和基金会总裁唐纳德·皮蒂表示会给予支持。伸出援手的还有生活过渡资源中心"天降之财协会"（Sudden Money Institute）创始人兼 CFP 持证人苏珊·布拉德利（Susan Bradley），她向所有志愿者免费开放培训方案。一家广受好评的金融理财程序开发商——"摇钱树"软件公司（Money Tree Software）捐赠了软件许可证。消息很快就传开了，有 400 名金融理财师报名学习如何应对受难家庭的财务挑战。最终，足足有 700 多名来自全国各地的金融理财师加入了帮助"9·11"事件受难家庭的志愿者队伍。

这项工作仅靠志愿服务和实物捐助是难以为继的。FPA的小马文·W.塔特尔向金融理财基金会和大通曼哈顿银行提交了拨款提案，通过谈判，最终获得了总计超过33万美元的资金。有了这笔钱，加上大通曼哈顿银行捐赠的办公场地，FPA成立了国家金融理财支援中心（National Financial Planning Support Center），并聘请了一名全职带薪员工——银行和金融服务领域的资深人士克拉拉·利普森（Clara Lipson），他于2002年3月入职。

"我们的志愿者为受难者及其家属提供基本的金融理财服务，"利普森说，"许多丧偶的女性对其丈夫生前的财务状况一无所知。"寻求援助的还有事故的间接受害者，比如突然失去生计的客车司机。此外，该中心还对公益律师进行了金融理财基础知识的培训，他们大多是自愿帮助受难家庭处理一次性安置津贴的辩护律师。

在恐怖袭击发生后，这项援助服务持续了数年。美国红十字会提供了额外的捐赠资金，FPA的志愿者与"救世军"（The Salvation Army）、联邦应急管理署（FEMA）以及其他社会福利机构和政府机关建立了合作关系。2003年10月，FPA在《纽约时报》和《华盛顿邮报》上刊登了整版广告，宣布为所有直接受到"9·11"灾难影响的家庭提供"即时和长期的金融理财建议——不收取任何费用"。广告列举了一系列无偿开放的服务，包括医疗、残疾和人寿保险方面的咨询，协助受难家庭支付账单，进行账务预算和现金流管理，以及与救济机构协调并申领救济金。

金融理财领域对"9·11"事件的响应，是在困难时期提供公益服务的长期运动的开端。"理财师以个人名义提供无偿服务已经很多年了，"于2006年接替克拉拉·利普森成为FPA公益服务主管的乔纳森·斯普拉格（Jonathan Sprague）说道，"但直到'9·11'事件的发生，公益服务才在组织层面展开。"2005年，墨西哥湾沿岸遭遇卡特里娜飓风，他们一如既往地为该地的受害者提供帮助——这些受害者中也有 FPA 会员。在金融理财基金会的资助下，超过 50 个 FPA 分会继续管理着在各地开展的公益项目。

有利迹象

2002 年，随着互联网泡沫这枚定时炸弹的引爆，股票市场持续下跌。2002 年 9 月底，纳斯达克指数报收 1 185 点，投资者见证了 4.4 万亿美元的市值缩水[3]——当时，这是股市出现的历史最大跌幅。尽管经济领域噩耗不断，但是金融理财行业的总量和地位持续攀升。2002 年，全球 CFP 持证人数增长了 11%，达到 73 618 人；2003 年又增长了 9%，达到 80 973 人。其中，美国之外地区的增量尤其显著：2000—2002 年，韩国、奥地利、巴西、马来西亚、中国香港等国家和地区的金融机构先后取得了为 CFP 专业人士提供认证服务的授权。CFP 标委会主席帕特里夏·霍利亨曾公开预言，CFP 会在不久的将来成为一个真正意义上的国际认证标识。① FPA 的净资产也在稳步增长，于 2003 年年底达到接近 450 万美元。2004 年，协会最终关闭了 IAFP 时期遗留下来的亚特兰大办事处，合并了丹佛总部的几处办公区。此举兼具象征性和实用性：它向会员表明协会目标的一致性，也节省了 FPA 的运营费用。

旧的金融服务体系普遍陷入萎靡之中，至少在美国是这样的情况。证券公司的利益冲突和赤裸裸的欺诈行为已经导致成千上万的投资者损失了数百万美元。2002 年春天，纽约最高法院勒令美林证券公司（Merrill Lynch）对其业务活动进行整改；[4] 纽约州总检察长埃

---

① 有关国际 CFP 持证人数增长的介绍见本书第六章。

利奥特·斯皮策（Eliot Spitzer）判处美林证券缴纳 1 亿美元罚金。在随后的几个月里，另外 12 家华尔街投资银行因利益冲突和其他违法行为被处以总计约 14 亿美元的罚款。埃利奥特·斯皮策说："金融体系已经腐败变质了，而且似乎没有人想修复它，所以我插手了。"当年伏法的金融界巨头还有：安然公司（Enron）——电信欺诈、洗钱、共谋罪；泰科公司（Tyco）——首席执行官被控 31 项重罪；英克隆公司（ImClone）——内幕交易；等等。

不过，金融理财行业几乎没有受到华尔街事件的波及。2002 年，美国专利商标局批准了 CFP 商标的注册申请。联邦注册为 CFP 提供了更加坚实的保障，提升了 CFP 标委会代表公众和行业区分 CFP 持证人的服务和各项标准的能力。与其他商标一样，"CFP" 只作为形容词使用，例如，"一名 CFP 持证人"，而非"一名 CFP"。CFP 商标还获得了加注注册标记（®）的授权。

于 2002 年 10 月举行的第一次"全国金融理财周"向公众展现了金融理财行业的能力和公正性。在 FPA 总部提供的信息支持下，80 多个州和地区的 FPA 分会与当地的学校、图书馆及其他团体合作，为不同年龄段、收入和兴趣的群体，提供培训班、研讨会、电话热线和其他服务。2002—2009 年年初，担任 FPA 公共关系主管的希瑟·奥尔曼德（Heather Almand）负责这个项目的推出。此后，该项目于每年 10 月定期开展。

国际金融理财标准委员会

全球 CFP 持证人数迅速增长——从 1996 年的 31 000 名到 2008 年的 120 000 多名，这非常值得庆贺，但同时也表明，CFP 标委会亟须针对不断扩大的国际项目找到一种全新的管理模式。对 CFP 标委会而言，在关注组织国际项目的同时，兼顾国内的待办事项变得越发不切实际。

2002 年，CFP 标委会和国际 CFP 代表委员会启动了创立 FPSB 的筹备工作。该非营利性组织于 2004 年 12 月成立，以制定、维护和推广全球金融理财标准为目标，在全球范围内为金融理财机构开发并管理认证颁发、教育培训和其他相关项目。2004 年，CFP 标委会主席戴维·H. 戴斯林（David H. Diesslin）在伦敦正式宣布 FPSB 成立，并指出："自 CFP 标委会与澳大利亚金融理财协会于 1990 年签署许可和成员组织协议以来，国际 CFP 认证呈现出非凡的发展轨迹。现在是时候将国际 CFP 认证项目的开发、管理和运营交到国际员工、志愿者和顾问的手中了。"

FPSB 的创始成员由各地的金融理财协会和标准制定机构组成，这些创始成员包括 17 个国家和地区：澳大利亚、奥地利、巴西、加拿大、法国、德国、中国香港、印度、日本、韩国、马来西亚、新西兰、新加坡、南非、瑞士、中国台湾和英国。2006 年，中国和印度尼西亚加入该组织；2007 年，爱尔兰和泰国作为附属成员加入该组织；2009 年，荷兰也作为附属成员加入 FPSB。

截至 2009 年 4 月，FPSB 在包括美国在内的 23 个国家和地区拥有成员组织。截至 2008 年年底，大多数（约 120 000 人）全球 CFP 持证人在美国以外地区开展业务。

提高教育和道德标准

在金融理财行业中，"4E"被视为行业发展的四大要素，其中教育（Education）是合并之后的一个重要课题。2000 年，得克萨斯理工大学开设了第一个金融理财博士课程；两年后，该大学再度新增了两个相关的博士学位课程——农业经济学辅修个人理财课程以及金融学辅修个人理财课程。从 2007 年开始，CFP 认证要求申请者持有学士学位。2008 年，堪萨斯州立大学开设了以个人金融理财为侧重点的人文生态学博士学位。

职业道德和行为准则作为金融理财行业的基石，一直备受关注。首次全面修订的 CFP 标委会道德准则于 2008 年 7 月 1 日开始生效，它包含 46 页内容：原则、行为规范和实践标准，以及对专业术语的明确定义。例如："佣金"（Compensation），持证人获得的任何非可忽略不计的货币或非货币形式的经济利益；"受托人"（Fiduciary），抱着最大诚意，并以其认为符合客户最大利益的方式行事的人；"仅收服务费"（Fee-only），只以固定费用、单位费用、小时、百分比或基于绩效收费的形式向客户收取的服务费用。对信托责任的强调既是此次修订的初衷，也是使该版本区别于以往准则的关键。

推翻"美林规则"

1999 年，SEC 曾提议对证券经纪交易商进行豁免，使其无须根据《1940 年投资顾问法》（该法案规定了受托责任）进行登记，即可提供金融理财服务。这项以证券经纪公司名称命名的"美林规则"（Merrill Lynch Rule）在 FPA 内部引发了一场持续数年的争论，并迫使 FPA 在 2004 年和 2005 年两次向华盛顿联邦上诉法院起诉 SEC。

"我们虽然希望与 SEC 保持良好的关系，但同时也认为 SEC 纵容这个漏洞存在的行为是一个致命的错误，"2000 年 IAFP 和 ICFP 合并前，在华盛顿特区设立 FPA 立法办事处的杜安·汤普森说道，"SEC 认为证券经纪交易商总是能够为客户提供全面的建议。但我们不同意这种说法，并且坚持主张法律不应给予证券经纪交易商特殊照顾。"

与此同时，汤普森说："对方，或者说华尔街的证券律师，把我们的回应视为干扰性诉讼行为。"

CFP 持证人丹·莫伊桑德（Dan Moisand）从 2003 年开始在 FPA 董事会任职，并于 2006 年成为该协会的总裁，他直言不讳地评价了美林规则。在 2006 年 1 月出版的《金融理财期刊》的一次采访中，他说：

> 显而易见，这条规则令人反胃，我们希望它被撤销，因为它从一开始就纰漏百出。对证券经纪交易商的豁免一直被吹捧为一件有利于消费者的事，但这个说法根本站不住脚。它如果真的很好，那么为什么还需要贴上类似于消费者警告的标签呢？ SEC 在 1999 年提出第一版豁免规则的时候增加了一些信息披露要求，因为它认识到其中存在大量会引起消费者困惑的内容。它是对的，这条规则确实令人困惑。事实上，许多支持豁免的企业的律师也对该规则感到困惑。如果证券律师都糊涂了，那么普通消费者又怎么可能理解呢？我们有方法，有决心，并且在战场上处于有利地位，最重要的是，我们相信自己是正确的。在 SEC 真正做出能让我们安心的回应之前，我们别无选择，只能继续抗争。眼下，SEC 还没有做出让步，所以我们只能继续前进。

> SEC 认为证券经纪交易商总是能够为客户提供全面的建议。但我们……坚持主张法律不应给予证券经纪交易商特殊照顾。
>
> ——杜安·汤普森

人物简介：丹·莫伊桑德

　　2006 年，年仅 38 岁的丹·莫伊桑德不仅是一名成功的理财师，还是一位高产的作家，《理财顾问》（*Financial Advisor*）和《金融理财期刊》分别形容他为"未来之星"和行业的"风云人物"。同年，莫伊桑德接任了 FPA 总裁一职，此时协会正处于其短暂历史中的一个关键时刻。经过 5 年多徒劳无功的讨论，针对 SEC 的经纪交易商诉讼濒临爆发，面对即将到来的斗争，FPA 需要一个像莫伊桑德这样兼具经验和活力的年轻领导者带领其取得胜利。

　　莫伊桑德后来说，这起诉讼是他在 FPA 担任董事和总裁期间做出的最重要的决定。"这是理财师首次作为一个群体发声——我们有自己的主张，对于那些会使公众产生困惑的行为，我们是不认同的，维护客户利益是我们的首要任务。"2007 年 FPA 的胜诉固然可喜，但莫伊桑德表示，捍卫原则远比胜诉更有意义。

　　而最早唤醒莫伊桑德对金融的兴趣的是另一场危机——1987 年的股市崩盘。当时，他正在佛罗里达州立大学读书："在那场危机中，我们的金融体系似乎要完蛋了，我开始意识到，做出正确的理财决策对人们来说很重要。"1989 年，在获得金融学位后，莫伊桑德先后在一家保险公司以及后来被美国运通收购的 IDS 公司工作。他还参加了 CFP 考试，并于 1994 年取得了 CFP 证书。他回忆说："CFP 综合考试在当时仍属于新生事物，考场里只有 5 个人——包括监考员。"对大多数人而言，理财本身就是一个陌生的概念，莫伊桑德说："当我向别人介绍自己是一名理财师时，他们会告诉我，他们没有兴趣买保险。"在接下来的

15 年里，公众的态度发生了 180 度大转变，这在很大程度上与莫伊桑德付出的努力分不开，他被广泛认为是"使金融理财真正发展为一个行业"这一理念的主要倡导者之一。

莫伊桑德金融理财实践生涯的起点是一家独立的证券经纪交易公司；中途，他加入了 ICFP，并迅速参与到了协会的活动之中；他实践生涯的终点是与查尔斯·菲茨杰拉德（Charles Fitzgerald）和罗纳德·塔马约（Ronald Tamayo）成为合伙人。1998 年，作为佛罗里达中部地区的分会长，莫伊桑德结识了总会的领导人，并很快与 CFP 标委会一起致力于健全实践标准的工作。在与 IAFP 合并后，莫伊桑德加入了 FPA 的专业问题小组委员会，并于 2003 年加入 FPA 董事会——这标志着近代金融史上的又一个拐点。"'9·11'事件过去没多久，FPA 就遇到了财务困境，"他说，"当我离开的时候（任期结束），我们已经成功地扭转了败局。"

2008 年，在众多国家级和世界级的金融机构倒闭后，原本一片光明的图景开始阴云密布。"长期来看，经济和市场都会逐渐复苏，"莫伊桑德说，"但大多数人（包括理财师和客户）都认为，这次危机给人的感觉与先前的经济衰退不同。我们可以理解科技和房地产泡沫破裂的原因（价格上涨得太快了，所以回落是必然的），也可以理解'9·11'事件带来的影响。但此次涉及债务抵押债券、拍卖利率证券等因素的新型危机，对客户而言就如同天书一般。"

我跟客户强调，没有人知道会发生什么，但每个人都可以从那些经过验证的原则中受益。不要入不敷出，要注意平衡风险，要明智地管理信贷。你可以设定一个目标，并根据这个目标分析自己的情况。

至于金融业的同行，我鼓励他们将眼光放长远。理财行业的需求只会上升。理财师对这份工作的热情——为客户的生活带来积极影响——正与日俱增。

最终，2007 年 3 月，由 3 名法官组成的陪审团站在了 FPA 这边，以 2 : 1 的比例做出裁决，迫使 SEC 彻底撤销了美林规则。"我们就像是完成了一记本垒打，"汤普森说，"这场胜利带来了铺天盖地的正面报道，让 FPA 在华盛顿名声大噪。"

然而，这并不是故事的终章。在判决出来后，SEC 委托兰德公司对证券经纪交易商、理财顾问和理财师提供的服务内容进行了研究。SEC 于 2007 年 12 月发布的研究报告并没有给出政策建议，但其原本的计划是将该报告作为自己主张的依据。2008 年爆发的金融危机推迟了这一行动，与此同时，FPA 联手 CFP 标委会和 NAPFA，共商如何通过接下来的金融服务改革，更好地达到让金融理财行业获得监管机构认可的目的。2008 年 12 月，这 3 个组织宣布达成合作关系，并发布了一份协议书，其中概述了推进监管改革的措施。

金融服务协会

早在形成 FPA 的那次合并之前，并未取得 CFP 证书的独立经纪交易商就在 IAFP 找到了自己的归属。在那里，他们可以建立关系网、分享信息以及从 IAFP 的宣传工作中受益。新组织的使命中没有提及经纪交易商，但他们没有被理财界忽视。戴尔·E. 布朗表示："2000 年，也就是 FPA 成立的那一年，独立经纪交易商的处境开始变得艰难起来。"戴尔·E. 布朗于 1988 年加入 IAFP，负责政府和企业关系领域的事务。安然、泰科以及其他公司的一系列企业财务丑闻促使《萨班斯-奥克斯利法案》（Sarbanes-Oxley Act）于 2002 年通过，该法案为所有上市公司和会计师事务所制定了新的或者说更为严格的标准。与此同时，"FPA 认为，如果自己同时代表金融理财师和销售产品的经纪交易商，那么这可能会使监管机构感到困惑，甚至引起潜在的利益冲突"。戴尔·E. 布朗和 FPA 的其他工作人员接触了志愿者、FPA 董事以及经纪交易公司的高管，他们讨论了如何给予经纪交易商团体应有的宣传推广。到了 2003 年，他们得出结论，一个独立的新协会可以更好地实现这个目标。FPA 为 FSI（金融服务协会）的成立提供了近 200 万美元的资金，这实质上是把经纪交易商的会费和会议收入交付给了 FSI。

2004 年 1 月 1 日，FSI 在亚特兰大开设了办事处，布朗担任主管。第一年的会员资格只对在 NASD 注册的经纪交易商开放；2005 年年初，提供金融理财服务的独立顾问也可以注册会员。据布朗所说，在成立的前 5 年里，FSI 吸纳了 116 家公司成为会员，为自身打下了坚实的基础。这些公司旗下的独立注册代理总人数超过 142 000 名，年收入总计可达 130 亿美元。

布朗说："我们取得了很大的进展。我们已经取得了联邦和州级监管部门的信任，并在几个重要问题上发声，尤其是有关影响经纪交易商业务模式的隐私规则。"

"比起大型经纪机构，独立经纪交易商更快地适应了市场，也因此生存了下来并快速发展，"布朗补充道，"和他们一样，

FSI 也在利用科技的力量来适应日新月异的经济环境。"正如
FSI 使命宣言所宣称的那样："我们努力确保我们的声音不仅能
被听到，还会对结果产生影响。"

全球金融危机

2007 年，曾经虚假繁荣的美国房地产市场开始显示出失控的迹
象。到了 2008 年年初，任何关注新闻头条的人都知道了什么是"次
级抵押贷款"，以及为什么它会使全球经济产生灾难性的连锁反应。
高风险贷款行为依赖于房价的不间断上涨，而当房价开始下跌时，抵
押贷款违约和丧失抵押品赎回权的情况就会加剧。这场危机从个人投
资者蔓延到了主要的金融机构和企业。2007 年 6 月，贝尔斯登投资
银行（Bear Stearns）持有的两只包含大量抵押贷款证券的对冲基金
被迫抛售资产，美国和欧洲的其他投资公司和银行的业绩报告也开始
显示出巨额亏损；2008 年，华尔街最有名望的两家公司——贝尔斯
登和雷曼兄弟双双倒闭；美林证券由于与美国银行强制合并而勉强活
了下来；抵押贷款巨头房利美和房地美被美国财政部"接管"，实则
是被收归国有；全球最大的保险公司——美国国际集团（AIG）也不
得不接受美联储的救助。在趋于白热化的美国总统大选即将结束的几
个星期里，国会否决了一项 7 000 亿美元的金融体系救助计划，随后
通过了该计划的修订案，并由布什总统签署生效。[5]

美国以外的情况也不容乐观。2008 年 10 月 10 日，日本的日
经指数和伦敦的富时指数分别下跌了将近 10%；道琼斯指数下跌了
700 点；冰岛的考普兴银行被收归国有。2008 年 11 月，民主党总统

候选人贝拉克·奥巴马（Barack Obama）在大选中获胜，股市的下滑势头并未减弱。2008 年 11 月 20 日，道琼斯指数自 2002 年年中以来首次跌破 8 000 点。[6] 2009 年年初，该指数进一步下跌。

金融理财行业在其近 40 年的历史中面临过许多挑战，但这次危机的复杂性是前所未有的。2008 年 11 月 3 日，也就是美国总统大选的前一天，FPA 在《今日美国》（USA Today）上刊登了一则口吻从容、抚慰人心的整版广告。其中写道：

> FPA 旗下有超过 29 500 名致力于帮助人们度过危机的金融理财专业人士。我们恳请新总统和下一届国会抓住这个前所未有的机会，纠正美国陈旧的金融体系中存在的固有问题，将一切金融咨询关系的重心放在保护和服务消费者的最大利益上。
>
> 很多人已经对金融服务业的各个领域丧失了信心。但最近的一项研究表明，即使是在市场动荡时期，有理财计划的人感觉生活还在正轨，会对自己的未来目标和梦想更有信心。我们的客户明白，要想度过经济危机，明确的理财目标和周密的专业理财方案才是一条康庄大道。
>
> 简单来说，我们无法通过投资来摆脱危机，但我们可以通过理财来度过危机。
>
> 请相信有能力、有职业操守的专业理财师的技能和知识，他们会将您的最大利益置于其个人利益之上。作为您在家庭或企业层面的金融理财合作伙伴，专业理财师会通过深入的分析研究，以客观的视角为您做出所有影响您生活目标的理财决策。

转型和机会

许多美国人认可了《今日美国》在广告中传递的信息。2008年，金融理财行业已经取得了25年前无法想象的成就：金融理财师成为美国乃至全球最受尊敬的职业之一。求职招聘网站凯业必达招聘网（CareerBuilder.com）公布了2008年最具吸引力的30个职业，"金融理财师"排在第6位。微软全国广播公司（MSNBC）亦将金融理财师列入了"2008年最佳职业前20名"榜单。

2009年4月，CFP持证人珍妮·A.鲁滨逊（Jeanne A. Robinson）和小查尔斯·G.休斯在他们为《金融理财期刊》合作撰写的一篇文章中对理财行业取得的进展表示了赞赏："我们之中似乎有一种凝聚力在起作用，这说明我们正集体从理查德·瓦格纳所提倡的'像CFP那样思考'和埃莉萨·布伊所提倡的'像CFP那样感受'转变为'像CFP那样行事'。"

"像CFP那样行事"是什么意思？有人问。"永远把客户的利益置于首位，仅此而已。"

1990年，理查德·瓦格纳提出，如果想让金融理财师成为"真正的专业人士"，那么CFP持证人必须要像专业人士一样思考。10年后，埃莉萨·布伊告诉读者，是时候在"理财能力和共情能力"之间取得平衡了。

在金融理财行业诞生40周年之际，鲁滨逊和休斯激励读者将想法和感受转化为行动。曾经有一段时间，一些理财师将自己的工作重点平均分配给产品供应商和客户。而现在，新的道德准则明确指出，从今以后客户必须被置于首位。他们在文中写道：

> 要成为一名专业人士并专于一业，就是要在公共层面上成

为有分量的代表，就是要秉承为公众服务的理念……我们暂时将"行业化"这个终极目标放在一边，先朝着"专业素养"这个方向进步。让我们专注于自身所做的事情，而不是我们的地位。要接受一点，理财是一种职能，但一个以客户为中心的意见提供者才是我们的本质。要知道，给人留下持久印象的不是我们做了什么，而是我们是谁。而"我们是谁"这个问题的答案是"专业人士"。是时候开始如此行事了……开始像 CFP 那样行事。[7]

第六章

全球扩张

1969 年，一支 13 人小分队奔赴芝加哥，发起了金融理财变革。然而，即使是雄心勃勃的创始人，也无法预料到将近 40 年后在地球另一端——中国召开的盛会。

会议日期： 2008 年 10 月 31 日。

会议地点： 中国上海。

会议召集者： FPSB——成立于 2004 年，负责监督世界各地的 CFP 认证工作。

会议宗旨： 正式通过全球通用的金融理财行业标准。

参会人员： 来自 23 个国家和地区的金融理财机构的代表，他们代表了接近 120 000 名 CFP 专业人士，这些专业人士已为超过 2 000 万客户提供服务。

参会人员都深刻体会到了此次会议的重要性和紧迫性。FPSB 主席、来自南非开普敦的 CFP 持证人塞尔温·费尔德曼（Selwyn Feldman）向众人宣布："我们亟须建立一套将客户利益置于首位的标准。"他接着说道：

在当前市场动荡、前景不明的环境中，消费者有权力获得合格的、称职的、有职业道德的金融理财师给出的建议。我们坚信，凡是自称金融理财师的人，都应该达到严格的专业标准。令人欣慰的是，我们现在已经在全球层面确立了这些标准。

回想起来，金融理财行业几乎是以闪电般的速度从芝加哥扩张到上海。但是，对于亲身参与这场变革的人而言，这条道路崎岖而又曲折，前进的方向也不明朗。"我们的早期战略并不打算推动一场国际性的金融理财变革。"FPSB首席执行官诺埃尔·梅耶坦言。在某种程度上，从金融理财全球扩张的故事中，我们可以一睹一个概念、一种职业的演变历程，并且它们的时代已经到来。

初期尝试

最初，在洛伦·邓顿和芝加哥小分队的其他成员成立IAFC时，这个机构的名称更多地是在寄托众人的愿望，而不是在描述事实。和邓顿一起构思创始理念的詹姆斯·约翰斯顿回忆道："我们在协会名称里加入'国际'一词，是为了让这个刚起步的组织看起来更高大上。"然而，早在IAFC更名为IAFP之前，这个机构就已经吸引了不少国际成员。1970年年初，IAFC在加拿大、德国、西班牙和瑞士分别拥有114名、24名、6名和5名成员。他们当中许多人任职于投资者海外服务公司（Investors Overseas Services），这家庞大的共同基金集团不久后就在欺诈丑闻中土崩瓦解。阿根廷、刚果民主共和国、关岛、中国和泰国的金融人士也陆续寄来了入会申请和10美元会费。[1]

IAFP欣然接纳了所有远道而来的客人。协会的早期领导人唐纳德·皮蒂回忆说，来自澳大利亚、英国、法国、意大利和日本的人出席了 IAFP 早期的部分会议：

> 虽然我们没有刻意地吸引国际参会者，但《华尔街日报》
> （*The Wall Street Journal*）、《纽约时报》以及其他刊物对我们进行
> 了一些宣传，世界各地的人们开始得知我们的存在。他们参会是
> 为了进一步了解"金融理财"的概念。
>
> 我们张开双臂欢迎他们，也尽己所能地帮助他们，让他们将
> 金融理财变革带回自己的国家和地区。

20 世纪 80 年代中期，在执行董事休伯特·哈里斯的领导下，
IAFP 赞助了一系列世界级会议，将金融理财的重要理念传播到了海
外。CFP 持证人比尔·卡特参加了在蒙特卡洛举行的第一届国际会
议。他后来回忆起当时的情景：来自世界各地的发言人聚集在一起，
谈论与投资、理财和经济相关的话题。在接下来的数年里，IAFP 又
赞助了两届国际会议：一届设在澳大利亚，另一届在日本和中国。

"每个人的来回路费自理，"不远万里来到中国的皮蒂说，"这是
一场把美好的事物当作信仰、想在全世界弘扬金融理财理念的人所发
起的变革。"

跟随着 IAFP 的脚步，ICFP 也把目光转向了更为宽广的世界级
平台。自 1984 年起，ICFP 主办了数次国际研讨会。首次国际研讨会
在伦敦举行，ICFB 会员可以与国际金融专家交流，这次会议给 ICFP
会员提供了一个获取全球视野的机会，也是他们与海外金融顾问和基
金经理建立业务联系的一个途径。组织那次大会的 CFP 持证人刘易
斯·J. 沃克指出："有进取心的理财师无法偏安一隅，不会只顾经营
国内业务，也不会对更为宽广的外部世界视而不见。"

> 有进取心的金融理财师无法偏安一隅，不会只顾经营国内业务，也不会对更为宽广的外部世界视而不见。
>
> ——刘易斯·J. 沃克

瑞士、中国和日本也举办过国际研讨会。1987 年，最后一次国际研讨会召开。同年，ICFP 的《金融理财期刊》发行了第一期国际热点专刊，话题包括"国际分散投资的方法和理由"。

虽然对 IAFP 和 ICFP 而言，这些国际化的尝试性活动意义重大，但是当时缺乏将 CFP 认证项目传播到海外的可行机制。后来，随着一个新的机构、一位坚定不移的澳大利亚籍女士和一位来自田纳西州的先生的出现，这一历史性飞跃才得以实现。

金融理财登陆澳大利亚

来自澳大利亚的格韦妮丝·弗莱彻对金融理财的兴趣始于 20 世纪 80 年代初期。当时，弗莱彻代表她的雇主达尔服务公司（Dalserv）来美国宣传其家乡澳大利亚的投资机会。1982 年，弗莱彻成为 IAFP 的第二位澳大利亚籍会员——第一位是达尔服务公司的负责人杰夫·达尔科（Jeff Dalco）。达尔服务公司是首家获得澳大利亚政府授权，并以金融理财师身份提供投资咨询服务的公司。弗莱彻的传记作者朱莉·贝内特（Julie Bennett）于 2007 年在澳大利亚 IFA 杂志上发表的一篇文章中提到，弗莱彻曾表示，她认为 IAFP 是以帮助普通人实现财务目标为生的一群专业人士。弗莱彻还补充道，虽然理财顾问在澳大利亚由来已久，但他们通常是股票经纪人、人寿保险代理、银行家和会计师。据她所知，在 20 世纪 80 年代之前，澳大利亚从未有人提及过金融理财这个概念。[2]

IFA 杂志引用了弗莱彻的原话："IAFP 为投资咨询服务提供了一个新思路，它呼吁让资质齐全的顾问为客户提供优质且全面的金融理财建议……我认为这是一种非常具有前瞻性且合乎逻辑的做法，我也相信澳大利亚人跟美国人一样，确实非常需要这种服务。"

为了让外界知道澳大利亚是一个遍布投资机会的国度，弗莱彻开始参加 IAFP 在美国举行的会议，由此产生的开支通常由她自行承担。在此过程中，她结识了洛伦·邓顿、威廉·安塞斯、威廉·霍伊尔曼、弗农·格文（Vernon Gwynne）、小 E. 登比·布兰登、唐纳德·皮蒂等金融理财领域的风云人物。在 1983 年的一次 IAFP 大会上，弗莱彻宣布："在 1984 年之前，我要在澳大利亚成立一个 IAFP 组织。"

弗莱彻立即着手实现这一目标：她汇总并列出具有理财顾问资质的澳大利亚人名单，然后逐一发函邀请他们参会，以商讨在澳大利亚成立 IAFP 一事。她寄出了 600 封邀请函，回信却寥寥无几。更令她失望的是，最终赴约的那一小部分人投票否决了效仿美国模式成立 IAFP 组织的提议，而是决定成立一个完全由澳大利亚理财顾问组成的协会。虽然弗莱彻同意成立澳大利亚投资与金融顾问协会（Australian Society of Investment and Financial Advisers），但是她仍坚持组建澳大利亚 IAFP。1992 年，这两个协会合并为"澳大利亚 FPA"（FPA Australia，澳大利亚金融理财协会）。

在新成立的澳大利亚 IAFP 的首次会议上，唐纳德·皮蒂受邀发表了主题演讲。参会者高涨的热情令他难以忘怀。"澳大利亚的同行十分渴望了解我们在美国是如何进行金融理财实践的，"2009 年，唐纳德·皮蒂说道，"那是一次充满活力的会议。我见识到了澳大利亚人闻名于世的热情天性，他们执着于如何为客户和国人做更多的事情，这着实令人振奋。"

尽管如此,弗莱彻很快就意识到,只有在从业者接受了适当的教育之后,金融理财才能真正转变为一个行业。20世纪80年代中期,弗莱彻跟她的商业伙伴约翰·格林(John Green)共同创办了澳大利亚第一所金融理财教育机构——投资培训学院(Investment Training College)。为了帮助弗莱彻成立学校,远在丹佛的金融理财学院院长威廉·安塞斯免费赠予其教材。而用弗莱彻的话来说,她对教材进行了"澳洲化改编"。她不仅依据澳大利亚法律框架改编了教材,还确保了这些教材能够为未来的澳大利亚金融理财师提供高水准的教育。"威廉·安塞斯不仅给予我们鼓励和建议,还慷慨地提供了我们原本无力购买的教材。"弗莱彻后来说道。

一切准备就绪,只差一个为新晋金融理财师证明其资质的专业认证称号了。弗莱彻立刻想到了CFP认证项目:

> 有些澳大利亚人既不希望效仿CFP认证项目,也不愿承担向美国支付商标使用费的义务。他们无论如何也不想产生从属于美国的错觉。但我认为,毕竟美国在制定CFP认证标准方面有足足10年的经验,我们应当对这些经验加以利用。那个时候我并不觉得做个效仿者有什么问题。

然而,问题出现了。澳大利亚IAFP很快便发现,IBCFP持有澳大利亚的CFP商标所有权。尽管该机构并没有明确计划将CFP商标输出海外,但是它为了保护自己的产权,已经在多个国家注册了CFP商标,其中包括澳大利亚。此外,其他国家也纷纷向IBCFP咨询有关其认证项目授权和商标使用等问题,包括巴西、加拿大、法国、德国、英国、希腊、意大利、日本、新西兰和新加坡。[3]

尽管商标所有权归属于IBCFP,弗莱彻和澳大利亚IAFP成员依然坚持澳大利亚应该拥有自己的CFP认证项目。"我认识IBCFP董事会的一些成员，包括小 E. 登比·布兰登和 H. 奥利弗·韦尔奇。我告诉他们，我希望取得澳大利亚 CFP 商标的所有权。"弗莱彻说。在 1988—1990 年的两年时间里，澳大利亚 IAFP 与 IBCFP 一直在讨论如何实现这个目标。

1990 年秋季，IBCFP 和澳大利亚 IAFP 的代表在新奥尔良的万豪酒店会面，当时 IAFP 正在那里举办其年度成功论坛。当晚，时任澳大利亚 IAFP 总裁的弗莱彻和这个协会的首席执行官马丁·克尔（Martin Kerr）莅临了晚宴现场，双方期望能够敲定商标权归属和授权的协议。然而，据弗莱彻所说，IBCFP 带来了两名"神采奕奕的律师"，而澳大利亚 IAFP 没有委托任何代理律师。看到这种情形，弗莱彻顿感无望，只能告诉在场众人，她和克尔要暂时离开房间，好让 IBCFP 做出决定。弗莱彻后来回忆说："在等待的时候，我跟克尔说，我可能已经与梦寐以求的属于澳大利亚的 CFP 商标权失之交臂了。"

5 分钟后，弗莱彻和克尔被请回了房间，在那两名律师明显不在场的情况下，IBCFP 董事会主席、来自田纳西州孟菲斯市的 CFP 持证人小 E. 登比·布兰登向弗莱彻伸出手并表示，在美国，握手也意味着成交。布兰登说，经过一致表决，IBCFP 同意签署一份许可和成员组织协议，澳大利亚 IAFP 将成为美国以外首个获准向本土的合格候选人颁发 CFP 证书的组织。弗莱彻回忆道："周围的人都在拥抱庆祝。"

多年后，布兰登向弗莱彻透露，1990 年的那天夜里，在她离开房间后，他对其余董事说，这是他们将 CFP 认证项目推广到美国境外的重要机会。布兰登告诉众人："如果你们今晚同意成交，这就意味着我们向 CFP 认证项目的国际化迈出了第一步。而且，你们只有 5 分钟的时间来做出决定。"

律师们后来确定了协议的细节，包括澳大利亚的认证标准要如何与 IBCFP 为美国所制定的标准在大体上保持一致。1990 年 12 月，双方签署了许可和成员组织协议。协议内容包括：澳大利亚 IAFP 同意按照一定百分比将其从澳大利亚 CFP 持证人那里收取的年度注册费用支付给 IBCFP，而 IBCFP 同意承担在澳大利亚注册和维护 CFP 商标使用权的法务成本。此项针对成员组织的收费规定一直沿用至 2000 年才进行调整，修订版本规定，基于成员组织所在国家或地区的 CFP 持证人数来设置浮动收费比例。1991 年，澳大利亚 IAFP 更名为"澳大利亚 FPA"。截至 1993 年，在该组织的 4 798 名会员中，有 154 人取得了 CFP 认证称号。[4]

人物简介：格韦妮丝·弗莱彻

格韦妮丝·弗莱彻将金融理财行业带回了她的祖国，也因此被澳大利亚 *IFA* 杂志冠以"澳大利亚金融理财女性领袖第一人"（Australia's First Lady of Financial Planning）的荣誉称号。2007 年，她的努力得到了国家层面的认可——为了表彰弗莱彻"对金融理财行业发展做出的贡献"，她入选了女王寿辰授勋名单并获得了澳洲员佐勋章（AM）。同年，她成为首位获得"金融理财核心特殊服务奖"（Heart of Financial Planning Distinguished Service Award）的非美籍人士，这一奖项由 FPA 颁发，旨在表彰对本行业做出重大贡献的个人。

弗莱彻出生于悉尼一个由浸信会牧师和学校教师组成的家庭。她在二战期间任职于美国陆军，并在战争结束后进入了联合国，最后在以男性为主导的澳大利亚保险和会计行业开始了新的职业生涯。当时，社会普遍无法接受女性拥有任何类型的事业。

然而，弗莱彻很快就意识到了会计工作的局限性。"我意识到我只是在记录人们或企业在做些什么，"她在 2008 年说，"相比之下，金融理财的新概念是针对个人的，它鼓励人们精心规划自己的资产。"

在成立澳大利亚 IAFP 的过程中，弗莱彻发挥了关键作用。她担任了该组织的首任司库，后来是秘书、总裁和董事会主席。她是协会里唯一担任过所有高级管理职位的人。

2003 年，从金融理财实践的前线隐退后，弗莱彻致力于通过澳大利亚 FPA 的校园教育项目（Education in Schools Project）来提高国内中学生的金融知识水平，她还通过澳大利亚金融界女性协会（Women in Finance Association）为年轻女性提供理财指导。

2008 年，澳大利亚已有 5 430 名 CFP 持证人，弗莱彻也对金融理财变革进行了回顾。"金融理财的美妙之处在于它适用于任何一个国家，"她说，"提出金融理财概念的那些美国人都是很有远见的，他们也很慷慨和无私地与全世界分享了这一先进理念。"

"现在，我们需要开展更多的公益活动，设法让金融理财咨询成为一种普通人也能负担得起的服务，"她说，"我不希望金融理财被视为'财富管理'，我希望金融理财能首先教会人们如何通过储蓄来持有一定财富。"

日本进军金融理财

继澳大利亚之后没多久，下一个国家也叩响了 IBCFP 的大门。早在 20 世纪 70 年代初期，日本商界领袖就通过他们在美国的人脉听说了金融理财。其中包括川岛正条（Shojo Kawashima），他是野村证券投资信托公司（Nomura Securities Investment Trust）和后来的国际证券公司（Kokusai Securities）^①的高管。

1976 年，川岛正条参加了投资公司协会（ICI）举办的一次会议，其中一场关于将金融理财作为共同基金销售途径的专题讨论给他留下了深刻的印象。他的兴趣最终促使国际证券公司赞助了 IAFP 在京都举办的国际会议，参加那次会议的几名日本代表在两年后创办了JAFP（日本金融理财师协会）。

不久后，JAFP 就开始向其会员颁授 AFP（Affiliated Financial Planner，附属金融理财师）称号。但是，井端智（Satoshi Ihata）、三原敦史（Atsushi Mihara）、牧内三竿（Misao Makiuchi）、秋元哲雄（Tetsuo Akimoto）和首席执行官田中和夫（Kazuo Tanaka）等协会创始人在了解到 CFP 资质后，开始认为只有 AFP 称号是不够的。

"他们之所以对 CFP 称号感兴趣，是因为他们觉得 CFP 能提供更高级别的金融理财资质证明。另外，他们认为 CFP 证书在国际上的认可度更高。"佐藤铃江解释说。佐藤铃江是出生于日本的美国公民，她于 1990 年被 JAFP 聘请为独立顾问，负责与 IBCFP 协商在日本颁授 CFP 证书的相关事宜。后来，她还担任了 JAFP 在丹佛的驻美办事处主管。

佐藤铃江在 2008 年回忆说，针对日本的许可与加盟谈判对双方来说都是一个挑战。在起草国际协议方面，IBCFP 的唯一经验就是不久前才跟澳大利亚敲定最终的协议。于是，他们以这份协议为模板，在此基础上加以修订，使之契合日本的法律和文化。例如，IBCFP的持续教育要求对于日本的专业人士来说并不常见。"我们没有改变CFP 认证的任何基本要求，但是我们在所有细节上都来回改动了很多次，"佐藤铃江说，"当时为了节省开支，我聘请了一名只能在有限范围内为我们提供服务的律师。他问我们，为什么不直接创立自己的认

---

① 国际证券公司由野村证券与另外两家证券公司合并形成。

证称号。我告诉他，JAFP 理事会认为 CFP 才是全球认证的未来。"

> 金融理财对于世界上所有的家庭和个人都至关重要，它能让人们感受到财务健康带来的舒适。金融理财是一个不分国界的全球性行业。
>
> ——佐藤铃江

市场里程碑：日本市场崩溃

随着 CFP 持证人在日本金融市场站稳脚跟，他们发觉自己正面临着帮助客户应对艰难经济形势的挑战。1975—1989 年，日本迎来了经济大幅增长的时期，这在一定程度上源于高科技产业的迅猛发展和房地产估值的飙升。投资风格一向十分保守的日本民众开始进军股票市场。当时，一项被频繁提及的统计数据显示：55% 的日本人口（包括婴儿在内）在投资股票。但是，到了 1989 年年底，日本经济开始衰退。日本房价下跌了将近 40%，日经股票指数从繁荣时期的 38 000 高点暴跌至 2008 年的 7 000 点。担惊受怕的日本民众不再愿意借贷或消费，又把钱存入了日本邮政局（Japan Postal Agency）提供的传统担保储蓄账户中。之后，日本政府介入并斥资数十亿美元救助银行，稳定就业形势。但是，当经济刚出现复苏迹象，刺激计划便因担忧财政赤字而搁浅了，日本经济再度崩溃。随着新世纪的到来，日本仍在寻求复苏的道路上苦苦挣扎。

经过两年的谈判，IBCFP 和 JAFP 于 1992 年签署了许可和成员组织协议。1993 年，日本举办了首次 CFP 考试，有 241 名 JAFP 会员通过考试并成为 CFP 持证人——当时的 JAFP 约有 6 800 名会员。时任 IBCFP 总裁的比尔·卡特专程前往日本参加证书授予仪式，并签发了第一批证书。与他同行的是 ICFP 董事会主席理查德·瓦格纳和 IBCFP 前任董事会主席 H. 奥利弗·韦尔奇。

与此同时，JAFP 继续向日本的中级理财师颁发原有的 AFP 认证，并将 CFP 认证定位为高阶证书。严格的 CFP 认证标准可以反映在日本 2008 年的考试通过率上——仅有约 10% 的考生一次性通过了 6 个部分的考试。截至 2008 年，日本持有 CFP 证书的金融理财师有将近 16 000 人，持有中级水平 AFP 证书的约有 136 000 人。绝大多数（约 70%）日本 CFP 持证人任职于银行、保险公司和证券公司，只有 10%~12% 的人将自己归为独立从业者。

IBCFP 的管理

随着国际社会对 CFP 认证项目的兴趣日益增长，IBCFP 意识到需要以一种更好的方式来管理该项目的国际化活动。1991 年，IBCFP 成立了一个下属组织——成员协会委员会（Board of Affiliated Associations）。新组织由来自 IBCFP 的两名管理人员和各成员协会举荐的一名管理人员组成。于是，成员协会委员会成了一个 3 人组合：IBCFP 前任董事会主席小 E. 登比·布兰登担任成员协会委员会的第一任董事会主席；1991 年的 IBCFP 董事会主席 H. 奥利弗·韦尔奇担任第二位美方主管；最后一个席位由澳大利亚金融理财协会总裁兼 CFP 持证人格雷格·迪瓦恩（Greg Devine）坐镇。他们的工作内容是，审查美国以外的金融理财协会提交的授权议案，以及监督当前和未来协议的执行情况。

1992 年 9 月，来自 IBCFP、澳大利亚 IAFP 和 JAFP 的代表在加利福尼亚州的阿纳海姆市举行了成员协会委员会的第一次会议。同年，IBCFP董事会主席兼CFP持证人汤姆·L.波茨前往法国和澳大利亚，面向国际成员发表讲话。回到美国后，波茨在向同事讲述自己在国外的行程时说："与美国的理财师一样，（其余）各国的金融理财师同样希望提高他们所在领域的专业化水平，他们将IBCFP视为榜样。随着经济全球化，CFP证书在国际上的认可度自然也将扩大。可以预见，未来我们很有可能会与更多的国家和地区建立起联系。"

尽管波茨自信地预言会有更多的成员组织加盟，但在国际事业未来的方向上，并不是所有人都持同样的观点。1993年，当成员协会委员会第一次在美国之外的澳大利亚召开会议时，这个话题被提出来供参会者讨论。"我们今后要走向何方？"H.奥利弗·韦尔奇问大家，"我们是维持现状还是走向全球？"

在IBCFP内部，甚至有人提出要彻底解散成员协会委员会。在1993年的一次战略规划会议上，IBCFP的一些领导人提出了这一想法，他们认为国际活动不仅干扰了IBCFP董事会的国内议程，而且活动所产生的开销已经超出了IBCFP的承受范围。

时任IBCFP财务主管的CFP持证人蒂姆·科基斯出面反驳了这种观点。他在2009年回忆起此事时说道："我认为，抹杀我们迄今取得的成就和放弃我们的国际工作将是一个巨大的错误。"

世界各地的客户、理财师和金融理财组织都对CFP证书充满期待。他们敲着门，要求我们将他们纳入其中。我认为，我们有义务继续在制定专业金融理财标准方面树立榜样，并领导这场国际性的金融理财变革。没有人再提出反对意见，所以这一观点最终占据了上风。

IBCFP总裁比尔·卡特是支持科基斯的多数派中的一员。"基斯的演讲是我听过的最有说服力、最令人印象深刻的演讲之一，"卡特回忆说，"他质问在场的人，在这个全世界都在走向全球化的时刻，我们怎么能选择退缩呢？如果通过了这项解散成员协会委员会的提案，那么这场国际变革的行进轨迹将被彻底改变。"

敞开大门

20世纪80年代和90年代，美国的IAFP一直向国际会员敞开着大门。ICFP也于1993年向国际CFP持证人开放了会籍注册，第一批会员来自日本。IAFP和ICFP于2000年合并成立了FPA，新组织沿袭了向国际会员开放的政策。截至2008年，FPA的会员中包含来自41个国家和地区的代表。

FPA还开发了各类资源，方便理财师为客户提供跨境理财服务。在线资源库、在线交流论坛、年度会议和区域性聚会等活动都帮助理财师更加深刻地认识到与跨境客户合作的挑战和机遇。

1994年，在日本的一次会议上，成员协会委员会正式通过了在全球推广CFP认证的政策，并改名为"国际CFP代表委员会"（International CFP Council）。IBCFP也开始使用新名称：CFP标委会。1995年，CFP标委会只有两名在职员工，他们分别负责商标管理和国际事务；到了1997年，CFP标委会聘请唐·比尔斯（Don Bills）担任第一任国际事务主管，管理在丹佛办事处的一个小型国际部门——这是一个持续开支的部门。

全球扩张加速

由于 CFP 标委会坚持实施国际扩张政策，20 世纪 90 年代后期，越来越多的国家和地区加入了 CFP 资格认证变革。1995 年 6 月，CFP 标委会授权英国金融理财协会（IFP）在本国颁授 CFP 证书，后者成为欧洲第一个加盟国际 CFP 代表委员会的金融理财组织。

1996 年 1 月，加拿大金融理财师标准代表委员会（FPSC）也获得了颁授 CFP 证书的授权，紧接着是新西兰投资顾问与金融理财师协会（Association of Investment Advisers and Financial Planner）。在短短 8 年后，也就是 2004 年，加拿大便已经发展成为全世界 CFP 持证人口占全国总人口比重最高的国家。

各地区组织在与 CFP 标委会签署加盟协议后，便成为国际 CFP 代表委员会的成员。1997 年，法国和德国的金融理财组织加入国际 CFP 代表委员会。南非和新加坡则于 1988 年加入。同年，欧洲共同体商标局（European Community Trademarks Office）为 CFP 标识颁发了欧共体商标注册登记证书。

到了 1999 年，随着瑞士的加盟，美国境外的 CFP 持证人数已经达到了 18 067 名，约为美国持证人数的一半。美国境外持证人数最多的 4 个国家分别为加拿大、日本、澳大利亚和南非，它们分别拥有 10 677 名、2 454 名、2 162 名和 1 834 名持证人。随着 20 世纪接近尾声，共有 11 个国家和地区的金融理财协会持有与 CFP 标委会签订的许可协议，CFP 商标已在或正在 34 个国家和地区注册。如今，CFP 专业人士的队伍已经壮大至 52 723 人，他们的足迹遍布全球。

随着队伍的壮大，成员组织也更加渴望一场真正意义上的国际变革，而不是作为美国 CFP 标委会的一项业务分支。国际 CFP 代表委员会的成员开始不满足于现有的组织架构——在此架构下，即使所涉及的事项与美国毫不相干，国际 CFP 代表委员会做出的决定也必须事先通过 CFP 标委会的批准。"尤其是在欧洲，似乎有许多人在意 CFP 认证项目的美国起源问题，"JAFP 的佐藤铃江说，"有些成员组织认为我们应该独立自主，只有这样才能真正成为一个全球组织。"

考虑到成员组织一直在消耗 CFP 标委会的资金，CFP 标委会并不反对将成员组织剥离出来，但其对于剥离出去的新机构能否自给自足心存疑虑。2000—2001 年担任 CFP 标委会主席、2001—2002 年担任国际 CFP 代表委员会董事会主席的帕特里夏·霍利亨回忆说："虽然存在顾虑，但国际变革的扩张速度飞快，我们需要设计一套新的架构，使 CFP 认证项目真正走向全球。"她对扩张速度的评估完全应验了。不久，来自韩国、马来西亚、中国、印度、巴西和奥地利的金融理财组织分别签署了协议，获得了在自己的国家和地区颁授 CFP 证书的授权。截至 2002 年年底，全球 CFP 持证人共计达到 73 618 人，其中有 33 243 人来自美国以外的国家和地区（见表 6-1 和图 6-1）。

> 我认为，个人和家庭金融理财的重要性不亚于挑选伴侣和终身职业。
>
> ——路易斯·弗兰肯伯格，
> 2000—2004 年巴西金融理财师认证协会总裁

表 6-1 1996—2008 年 CFP 持证人数增长情况

加盟日期	国家/地区	1996年	1997年	1998年	1999年	2000年	2001年	2002年	2003年	2004年	2005年	2006年	2007年	2008年
1990年12月	澳大利亚	782	1 030	1 480	2 162	3 011	3 885	4 725	5 198	5 336	5 310	5 308	5 524	5 430
2002年3月	奥地利							19	54	82	88	110	139	182
2002年3月	巴西							0	61	60	55	97	185	294
1996年1月	加拿大		4 700	6 900	10 677	11 850	13 277	14 483	15 492	15 928	16 350	16 834	17 102	17 230
2006年5月	中国										0	488	1 448	3 414
2005年1月	中国台湾									0	148	345	514	580
1997年10月	法国				172	283	540	850	1 200	1 297	1 433	1 471	1 344	1 394
1997年10月	德国		23	227	349	451	601	694	880	921	973	1 009	1 102	1 092
2000年11月	中国香港						88	334	996	1 422	1 929	2 293	2 776	3 389
2001年10月	印度						0	0	54	90	134	235	328	505
2006年11月	印度尼西亚											0	152	327

加盟日期	国家/地区	1996年	1997年	1998年	1999年	2000年	2001年	2002年	2003年	2004年	2005年	2006年	2007年	2008年
2008年10月	爱尔兰													0
1992年5月	日本	810	1 025	1 276	2 318	4 007	5 860	7 967	10 037	11 614	13 061	14 751	15 012	15 802
2000年4月	马来西亚					9	24	961	2 580	2 320	2 581	2 689	2 588	2 508
1996年3月	新西兰		265	268	226	240	253	268	287	307	346	385	397	400
2000年6月	韩国						30	101	354	616	819	1 343	1 644	2 086
1998年12月	新加坡				3	3	91	212	370	505	539	548	537	671
1998年11月	南非				1 834	2 098	2 300	2 117	2 551	2 750	2 921	3 163	3 509	3 196
1999年4月	瑞士				99	140	239	280	287	287	235	242	267	276
1995年6月	英国	60	63	80	131	190	215	232	284	400	510	610	760	900
	FPSB代表委员会总计	1 652	7 106	10 231	17 971	22 282	27 403	33 243	40 685	43 935	47 432	51 921	55 328	59 676
	美国	30 129	31 939	33 120	34 656	36 307	38 408	40 375	42 973	45 755	49 117	53 031	56 511	58 830
	总计	31 781	39 045	43 351	52 627	58 589	65 811	73 618	83 658	89 690	96 549	104 952	111 839	118 506

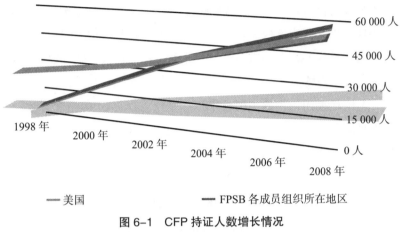

图 6-1　CFP 持证人数增长情况

资料来源：FPSB。

ISO 标准：互补还是竞争

1999 年，当时仍隶属于 CFP 标委会的国际 CFP 代表委员会派代表访问了布鲁塞尔，围绕采用 CFP 认证作为欧洲金融理财实践标准一事，与欧盟委员会进行了对话。欧盟委员会建议：CFP 认证标准如果能与 ISO 进行合作，那么将在欧洲拥有更大的影响力。随后，CFP 标委会同意推进这个计划。

ISO 总部位于日内瓦，这是一个由 140 个国家和地区的国家级标准机构组成的联盟，长期以来一直在全球范围内推动各类产品的技术与质量标准的制定，包括从摄影胶片到 PVC 管道的各种产品。然而，这将是该组织第一次为像金融理财这样的专业服务行业的从业者制定标准。

两年后，也就是 2001 年，16 个国家和地区派代表出席了"个人金融理财技术委员会"（ISO/TC 222）的首次会议——CFP 标委会担任该会议的秘书处。"个人金融理财技术委员会"的创立被视为一项开创性举措，因为这代表着 ISO 承认金融理财是一项独特的实践活动，而不是像 ISO 中的有些人所主张的那样，认为金融理财应当并入银行技术委员会。

美国代表团，也称美国技术指导小组（TAG），是一个由客户、金融理财师，以及来自 CFP 标委会、FPA、AICPA、NAPFA 和金融服务专业人员协会（SFSP）的代表组成的团体。

在接下来的 5 年里，来自 16 个国家和地区的 ISO 技术指导小组开会制定了一套各方都能接受的标准。在此期间，一些美国代表开始怀疑：ISO 标准是否会与 CFP 认证形成竞争关系？

FPA 国际关系主管劳拉·布鲁克（Laura Brook）总结了 2003 年的形势："许多参与 ISO 工作的美国人看到了机遇和风险。若是安排得当，新的 ISO 标准能够帮助定义一个新兴的行业，并让世界各地的客户受益；如果处理不当，该标准可能会成为 CFP 认证的竞争对手，从而削弱金融理财的品牌效应。"出于上述原因，FPA 决定继续参与推进相关标准的讨论。

最终，于 2005 年 9 月提交"个人金融理财技术委员会"进行表决的金融理财行业标准与 CFP 认证标准相差无几。但是，分歧仍然存在：ISO 政策规定其标准不得要求由第三方机构来认证，也不允许由 ISO 本身提供认证或标准实施服务。也就是说，理财师可以以个人名义购买 ISO 标准，以及对自己的能力进行自我评估，并对外宣称自己是否符合标准。FPA 虽然总体上支持制定全球标准，但强烈反对在已经设立了金融理财认证机构的国家和地区出现理财师自称合规的行为。FPA 的代表在 ISO 标准议案提交至美国代表团时投了反对票——这是美国代表团中唯一的反对票。而担任国际秘书处的 CFP 标委会没有参与投票。

2005 年 11 月，在表决是否通过 ISO 金融理财行业标准议案的过程中，16 个国家和地区里有 12 个投了赞成票，其中也包括美国。一个月后，《ISO 22222–2005——个人金融理财》（*ISO 22222-2005—Personal Financial Planning*）获准发布。

监管与立法

2004 年，马来西亚成为世界上第一个要求金融理财师必须持有专业资格证书才能执业的国家。[5] CFP 与 ChFC 成功入选官方认可的专业证书。当时，马来西亚金融理财协会（FPAM）副总裁的史蒂夫·L. H. 张（Steve L. H. Teoh）表示："马来西亚的综合性金融理财还很稚嫩，需要假以时日才能成熟。"尽管如此，但是他说："我认为，与美国或澳大利亚等目前较为发达的市场相比，我们从产品驱动型市场向解决方案驱动型市场转型所需的时间更短。"

截至 2004 年，CFP 认证还在立法领域得到了认可，例如，在中国香港、日本和美国，CFP 持证人无须再参加执业资格考试。到了 2006 年，南非和加拿大（确切来说包括魁北克省和不列颠哥伦比亚省）开始针对金融理财师制定并执行金融理财师监管条例。[6]

FPSB：从理念到现实

2002 年 10 月，CFP 标委会和国际 CFP 代表委员会组建了一个联合工作组，筹备成立一个新组织：FPSB。CFP 标委会将继续持有和管理美国 CFP 商标及认证项目，而 FPSB 将接管全球其他国家和地区的 CFP 资格认证事务。FPSB 的使命可以概括为：以"4E"——教育、考试、从业经验和职业道德为基础，制定和实行国际通用的能力标准、道德标准，造福广大消费者，提高世界金融理财的专业水准。各个国家和地区的具体认证标准将根据各地市场、监管要求和教育需求进行调整。

来自加拿大的约翰·卡彭特被任命为首任 FPSB 董事会主席。第一届董事会由 10 名成员组成：CFP 标委会提名 5 人，国际 CFP 代表委员会提名 3 人，最后两个席位分别预留给国际 CFP 代表委员会董事会主席和 FPSB 首席执行官。此外，各个国家和地区提供 CFP 认证服务的组织也将派代表入驻 FPSB 董事会设立的 FPSB 代表委员会（FPSB Council）。

联合工作组将 2003 年定为 FPSB 的开业时间，但事实证明，这个计划过于乐观。"FPSB 是一个需要进一步充实和完善的组织，这项工作耗费的时间超过了预期。"在第一届 FPSB 董事会任职并于 2005 年担任董事会主席的蒂姆·科基斯说道。

在 2003 年全年和 2004 年的大部分时间里，FPSB 董事会一直在与 CFP 标委会和国际 CFP 代表委员会进行磋商，它们一边建立 FPSB，一边逐步将国际 CFP 商标的所有权转入这个新的组织。来自澳大利亚并于 2003 年担任国际 CFP 代表委员会董事会主席的 CFP 持证人雷蒙德·格里芬（Raymond Griffin）回忆道："我们在 CFP 标委会的美国同僚痛苦地发现——然后忍痛接受了——一个事实，即不管他们愿不愿意承认，在一些国家和地区，CFP 认证项目的美国起源都已经成为 CFP 对外输出的阻碍。"

对此，科基斯却有着不同的看法。他表示，CFP 标委会的许多成员巴不得将国际业务拆分出去——在一定程度上，这是因为国际业务历来入不敷出。其收入的来源包含一项象征性的加盟费和一项以各地区 CFP 持证人数为基础的年度注册费用，而 CFP 标委会则需要为新的国际成员组织的成立提供人员和资金支持。

另外，CFP 标委会长期以来的一个顾虑是，如果未能妥善管理其他国家和地区的 CFP 认证事务，就可能使整个 CFP 标委会背上妨碍个人生计的罪名。除此之外，CFP 标委会的律师坚持要在 CFP 标委会和 FPSB 的谈判中保持公事公办的态度，以维护 CFP 标委会的非营利性质，而这一点进一步加大了将 CFP 商标所有权彻底转入 FPSB 的难度。

"2004 年 10 月 13 日，也就是我们在伦敦的一次会议上公开宣布 FPSB 成立的那天，我待在一间接待室里，左右两边各接听着一部手机。一边是 FPSB 的律师，另一边是 CFP 标委会的律师和董事会主席。我们争分夺秒地确认各个细节。"科基斯回忆道。

另一个阻碍是资金问题——FPSB 是否具备独立运营所需的经济基础？ CFP 标委会已经同意以 150 万美元的价格将国际 CFP 商标所有权以及 36 个国家和地区的业务转让给 FPSB，这笔钱包括 CFP 标委会的专项法律费用和其在 2003—2004 年因支持 FPSB 董事会运作而产生的费用。可是，一个刚刚成立的机构怎么可能拿得出 150 万美元呢？ FPSB 从各成员组织处募集了一笔捐款，但这只够支付一部分收购费用。

韩国金融理财标准委员会（FPSB Korea）是第一个主动站出来提供捐助的成员组织。最终，大部分成员组织纷纷解囊相助，但是 FPSB 还是需要通过贷款来补足差额。问题的关键是：FPSB 除了 CFP 商标以外没有任何抵押物。"我们不能冒险把 CFP 商标抵押出去，"此前任职于 CFP 标委会、现任 FPSB 第一任首席执行官的诺埃尔·梅耶回忆说，"万一 FPSB 倒闭了，我们不希望 CFP 商标落入某家银行的手中。"

蒂姆·科基斯提出了一个解决方案——多年来，他已经不止一次在关键时刻挺身而出。他从一家跟自己有过业务往来的旧金山银行那里争取到了给 FPSB 提供贷款的承诺。但是，这家银行提出了一个条件：它要求至少有两名美国居民为这项贷款做担保。

科基斯同意用他的个人资产做抵押。然后，他给家住印第安纳波利斯的金融理财师、CFP 持证人伊莱恩·比德尔打去电话，询问她是否愿意做贷款的担保人。

比德尔没有犹豫。从 20 世纪 90 年代起，她和科基斯就是好友兼同事，当时她也是 CFP 标委会实践标准委员会的主席，后来于 2002 年升任 CFP 标委会主席。与科基斯一样，比德尔深谙以 CFP 标识为基础制定全球金融理财标准的重要性。她甚至在任期结束前辞去了在 CFP 标委会的职务，于 2003 年年底加入 FPSB 董事会，以便集中精力帮助 FPSB 顺利运行——她任职于负责创立 FPSB 的过渡团队，先是作为第一届董事会成员，而后于 2006 年担任董事会主席。

"科基斯和我都深信 FPSB 会取得成功，也很清楚脱离 CFP 标委会对于 FPSB 而言至关重要。"比德尔在 2009 年表示，"但是我们也知道，如果没有贷款，那么这一切都不会发生。我在签署联合贷款担保的时候没有一丝顾虑，而且我们也打了一个漂亮的翻身仗。"在贷款后仅仅 3 年，几家成员组织以及少数个人出资分担了这笔债务，科基斯和比德尔的名字便从这笔贷款的担保人名单里抹去了。2008 年，FPSB 不仅还清了贷款，还设立了自己的商标保护储备基金。

最终揭幕

最终，CFP 标委会与 FPSB 于 2004 年 11 月的最后一天签署了法律协议，FPSB 也于 2004 年 12 月 1 日正式开门营业。FPSB 代表美国境外的 17 个金融理财成员组织，这些组织共计拥有 45 000 多名

CFP 持证人。①

在 2004 年的一次新闻发布会上，FPSB 董事会主席、CFP 持证人莫琳·楚（Maureen Tsu）评价了这个新生组织的意义："无论是对于世界各地的金融理财消费者，还是对于金融理财这个以 CFP 商标为中心的全球性行业的发展而言，这都是一个历史性的时刻。CFP 证书已经成了金融理财专业人士的金字招牌。"

FPSB 成立后不久，澳大利亚的雷蒙德·格里芬指出：

> FPSB 已经完全独立。这意味着，在最重视全球化的地方，这一点是我们的优势；而在重视其美国起源的地方，这一点仍是我们的核心竞争力。有了这个机制，我们就有了充分的条件去帮助全球数以百万计的人与 CFP 专业人士建立起联系，从而改善更多人的生活。

随着丹佛的 FPSB 总部对外敞开大门，很快又有 6 个国家和地区的金融理财组织加入了 CFP 资格认证运动，包括于 2005 年加入的中国台湾、于 2006 年加入的中国和印度尼西亚、于 2008 年加入的爱尔兰和泰国，以及于 2009 年加入的荷兰。其中，位于中国和爱尔兰的这两个新成员组织的加盟故事，深刻阐明了金融理财行业在其 40 岁诞辰临近之际，是如何渗透到世界各个角落的。

人物简介：蒂姆·科基斯

当蒂姆·科基斯挺身而出为启动 FPSB 所需的贷款做担保时，他为自己服务于美国乃至世界金融理财行业长达数十年的职业生

---

① FPSB 成员组织名单详见附录 F。

涯增添了一个新的高光时刻。

1973 年，刚从法学院毕业的越战退役军人科基斯在芝加哥一家银行的金融理财部门找了一份工作，仅仅因为那是他得到的入职邀约中待遇最好的一个。不久，他就发现自己所从事的是一个能够激发自身热情的行业。

1985 年，作为刚刚成立的 IBCFP（当今 CFP 标委会的前身）第一届考试委员会的一名年轻成员，科基斯成功地推动了以单次综合考试取代系列模块考试的进程。他认为，单一综合考试是认证专业资质的一个关键组成部分。后来，当国际化活动险些因盈亏问题被搁置时，作为 CFP 标委会候任主席的科基斯成功说服大家坚持国际交流。2002 年，他自愿加入了第一届 FPSB 董事会，并于 2005 年成为 FPSB 董事会主席，同时兼任 FPSB 中国指导小组（China Advisory Panel）的顾问和主席。2006 年，科基斯因其在独立咨询行业表现出杰出的个人领导才能，被授予了首届"查尔斯·R. 施瓦布影响力奖"（Charles R. Schwab Impact Award）。

科基斯在学术领域也做了不少突出贡献。在加利福尼亚州大学伯克利分校商学院（University of California Berkeley Business School Extension）任职期间，他参与开发并教授了美国首批获得认可的金融理财课程，该校还以他的名义设立了年度杰出教学奖。2009 年，科基斯仍以旧金山和洛杉矶一家著名财富管理公司——Aspiriant 首席执行官的身份积极从事金融理财活动。

1995 年，作为 CFP 标委会主席，科基斯曾回顾自己在金融理财这一新兴行业的经历。"当受邀加入第一届考试委员会时，我既不是 CFP 持证人，也不是 CFP 证书的狂热信徒，"他在 CFP 标委会的年度报告中写道，"但是我坚信，公众需要一个途径来帮助他们找到德才兼备的金融理财师，而实现这个目标的最佳方式是通过单一认证项目将金融理财行业凝聚在一起。"

东方雄狮

资料显示，在有历史记载的过去 2 000 年中，中国在相当长的一段时间里都是全球最大的经济体。[7] 但是，在金融理财变革早期，情况并非如此。当时的中国正处于计划经济体制下，其 GDP（国内生产总值）平均只有美国的 1/10 左右。

后来，从 20 世纪 70 年代末到 80 年代，中国的改革开放政策引导了以出口为导向的经济扩张。于是，在随后的几十年里，中国 GDP 迅速增长。[8] 当 2008 年全球金融危机爆发之时，中国已经成为美国公共和私人海外借款的主要融资来源。[9]

随着中国人民生活水平的提高，以及中心从计划经济向混合经济的转型，这种环境有利于金融理财行业在中国扎根。居住在北美的华人学者和专业人士率先在中国播撒下了第一批种子，因为他们看到祖国需要更高水平的专业金融培训。蒙特利尔市麦吉尔大学的金融学教授刘锋博士就是其中之一。1999 年，刘锋和他的同事向中国人民银行提议：由麦吉尔大学、上海银行业协会和华东师范大学共同出资，在上海成立一所金融学院。在获得批准后，学院开始运营，但是推出的课程在银行界反响平平。一年后，学院便关门停业了。"银行业监管严格，金融机构缺乏培养职员并使之成为更有能力的专业人士的动力，"刘锋在 2008 年回忆说，"他们把大部分预算放在电脑硬件和办公设施上，却没有在教育上投入足够的资金。"

尽管初期的尝试以失败告终，但由麦吉尔团队牵头进行的一项可行性研究表明，银行员工和管理人员的确需要接受更为专业的金融理财培训。随后，时任中国人民银行副行长的吴晓灵女士向著名教授刘鸿儒先生发出邀请，希望他能找到一个国际知名的、有关金融理财专业资质认证的教育项目。刘鸿儒教授被誉为"中国金融业之父"，曾担任中国人民银行副行长，是中国人民银行研究生院创始人、中国证监会首任主席和中国股市创始人之一。在他的认可和其学生蔡重直博士（一位经验丰富的银行家）的支持下，这个团队开始研究他们在美国参加会议和大学交流项目时听说过的 CFP 认证项目。

2004 年，蔡重直和刘锋参加了在伦敦举行的 FPSB 成立大会。此时，中国的研究团队已经成形并更名为中国金融理财标准委员会（FPSCC）。他们向 FPSB 提交了商业计划书，并在不久之后启动了 CFP 认证考生培训项目。2006 年，随着 CFP 认证项目的落实，中国金融理财标准委员会加入了 FPSB 成员组织的行列。

2005 年，时任 FPSB 董事会主席的蒂姆·科基斯回忆了双方达成合作关系的重要意义：

> 我们与中国人民银行及其他监管机构的高层领导共同出席了一场十分正式的会面。我们坐在矮几旁，身后有翻译，东道主提供了一丝不苟的高规格款待。作为起源于西方的金融理财活动，FPSB 想要表现出对与中国建立行业联系的重视。而中方则希望通过指派高层领导参加会议来表明他们对这一进展的重视程度。

为了将金融理财引入国内，中国金融理财标准委员会当时采取的战略是，首先针对银行职员进行个人理财培训，这样银行就能将个人理财作为一项新的业务提供给客户。刘锋表示："我们联系了中国最大的两家银行——中国工商银行和中国银行，并建议先启动 3 个共

180人的试点培训班。与此同时，我们必须以最快速度准备教材、招募授课教授——包括两名会说普通话、有授课背景和金融理财从业经验的台湾专业人士。"

第一期培训班大获成功。各家银行对培训结果十分满意，又有300名学员报名了培训班。然而，问题很快就出现了：很多学员感觉强化课程学起来过于困难。针对这个问题，中国金融理财标准委员会决定将认证项目分为两个级别：要求完成108学时的AFP和要求完成132学时的CFP。

截至2008年，中国共有26 000多名AFP持证人和3 000多名CFP持证人。其中，绝大部分CFP持证人（约95%）在银行工作，另外5%就职于保险业、共同基金、证券公司和会计公司，外加小部分以实现职业转变为目的的个人报名者。CFP持证人的平均年龄为32岁，男女人数近乎持平。中国金融理财标准委员会还启动了一个针对银行经理的教育项目——金融理财管理师（EFP），旨在帮助他们更好地了解在其手下工作的金融理财师能为客户提供什么服务。

刘锋总结了中国金融理财行业的进展：

在CFP认证项目进入中国之前，银行的重心主要放在推销产品和基础业务上，而金融理财培训拓展了行业的思路。现在，培训班的毕业生会问："我的客户有什么看法？我应该为客户做些什么？"而客户走进银行的时候也会要求由CFP或AFP持证人为他们服务，因为这些员工的表现远远优于没有取得证书的人。经过资格认证的员工，从前是优秀的理财经理，而现在是掌握丰富知识的银行家。有些银行甚至直接将高级经理的晋升机会与是否取得AFP或CFP证书挂钩。

我们引进了一种新的金融理财模式。人们把金融理财师当作一种类似于医生或会计师的职业。尽管如此，我们还有很长的路要走，因为我们的金融理财师还没有真正独立出来。他们在为银行或其他机构工作，因此利益冲突问题仍旧存在。我不确定中国的金融理财师需要多长时间才能变得更加独立，但是中国民众已经开始面临更为复杂的金融市场和金融产品。中国的富人和普通人都存在理财需求，金融理财师有很大的发展空间。

凯尔特之虎

与中国一样，1969 年之前的爱尔兰也是一片不适宜 CFP 认证项目扎根的土地。自存在之日起，这个国家在多数时间里都处于贫困之中，高失业率、大规模移民、苛税和政府动荡等问题一直持续到了 20 世纪 80 年代。随着大批高科技公司于 20 世纪 90 年代涌入，爱尔兰成为全球发展最为迅速的经济体之一——这一现象被称作"凯尔特之虎"。到了 2005 年，爱尔兰的人均 GDP 位列欧盟第二，仅次于卢森堡。[10]

由于爱尔兰从欧洲最贫穷的国家之一跃升为最富有的国家之一，同时其国内民众虽然"发了一笔大财"，但对财富管理的了解相对较少，所以在这两个因素的作用下，爱尔兰成为发展金融理财服务的潜在目标市场。然而，尽管爱尔兰有成千上万名财务顾问，但在 2008 年之前，严格意义上的金融理财行业从未在爱尔兰出现过。这些以银行、经纪公司、共同基金和保险公司的金融产品销售人员为主的财务顾问，一直由政府金融监管机构进行管辖。从 2007 年开始，这些财务顾问被要求持有 QFA（合格金融顾问）认证。这一认证的颁发单位是 QFA 委员会（QFA Board），该委员会是由爱尔兰人寿保险业协会（Life Insurance Association Ireland）、爱尔兰银行业协会（Institute of Bankers in Ireland）和爱尔兰保险业协会（Insurance

Institute of Ireland）共同持有的合营企业。

税务会计师、爱尔兰人寿保险业协会前总裁布赖恩·图兰（Brian Toolan）于 2008 年回忆道：

> QFA 得到了政府金融监管部门的重视，大部分 QFA 持证人给出的建议都是有用的，但并不全面，因为提供的建议没有照顾到客户金融事务的方方面面。我们希望市场中能有一个更高水准的认证项目，从而打造一个真正的金融理财行业，而不是一项推销金融产品的业务。这对我们来说将是一次巨大的飞跃。

CFP 认证引起了爱尔兰人寿保险业协会和爱尔兰银行业协会领导层的注意。"它正是我们一直在寻找的、强调综合金融理财的认证项目和行业标准，"图兰说，"另外，我们的民众具有很强的流动性，正需要一个可以在全球任何地方都能派上用场的国际证书。"

爱尔兰人寿保险业协会和爱尔兰银行业协会与 FPSB 开展了合作。随后，它们在爱尔兰设立了 CFP 认证项目，成立了爱尔兰 FPSB。该委员会于 2008 年获得了成员组织资格。接着，为都柏林大学金融学院的 CFP 考生提供研究生教育的计划也被迅速启动，爱尔兰首批 CFP 专业人士的认证典礼于 2011 年举行。这一批持证人大多是拥有 QFA 证书的专业人士，因此，其中许多人早已满足了 CFP 认证中的从业经验和部分教育要求。

2008 年，全球经济陷入混乱，而金融理财咨询服务尚未惠及爱尔兰。这年年中，爱尔兰成为全球首批宣布进入经济衰退的国家之一。爱尔兰各大银行陷入坏账困境，股市一跌再跌，作为爱尔兰人在传统意义上的投资首选，房地产也在迅速贬值。然而，图兰将爱尔兰面临的挑战视为 CFP 持证人的机遇。他表示："眼下没人知道下一步要往哪里走，所有资产类别都一片狼藉。但是，经济形势越艰难，优质的理财建议就越重要。对于爱尔兰金融理财师而言，这正是大好的机会。"

成功的必要条件

是什么让爱尔兰这样的国家成为金融理财的沃土？答案在于，民主资本主义与那些追求 CFP 认证的国家和地区的关联。

回顾那些设立 CFP 认证项目并成立了专业金融理财组织的国家和地区。虽然这些国家和地区有着迥然不同的文化、人权和宗教，但它们至少在一定程度上允许个人自由和资产私有。一个以民主资本为基础的自由社会能否长线制胜，取决于它是否有能力让越来越多的人成为资产的所有者。而 CFP 从业者将发挥推动作用，让每个人都有机会获得自己心仪的财产、商品和服务的所有权。

FPA 国际关系主管劳拉·布鲁克指出，金融理财要想在一个国家和地区扎根，有几个条件是必不可少的：稳定的经济、合理的通货膨胀水平、值得信赖的政府，以及一个致力于为金融理财师提供支持并向消费者推广理财服务的有力组织。此外，在那些还不能为国民提供金融安全感的国家，民众对个人金融理财的热情往往更旺盛。"这正是亚洲人民对个人金融理财如此感兴趣的原因，在许多亚洲国家，人们已经感受到了实现财务自由的紧迫性。"布鲁克于 2008 年说道。

同年，FPSB 首席执行官诺埃尔·梅耶表示：

> 如果有一定比例的民众在经济上处于需要金融理财服务的状况，且政府并未对金融理财行业严格管制，那么这个国家推广金融理财服务的时机便成熟了。
>
> 如果一个国家采取以客户为中心的金融监管模式，金融理财

行业就能帮助定义什么是公平、合理、客户至上的服务，以及金融理财师如何脱颖而出。

全球标准发布

截至 2007 年，美国的金融理财行业已有将近 40 年的历史。这一年，作为曾经参与创立 FPSB 的组织之一，美国 CFP 标委会也成为 FPSB 的正式成员组织，这彰显了美国 CFP 标委会与其余国际成员组织之间的平等地位。伊莱恩·比德尔表示："这就像金融理财行业走过了一个完整的周期。"一年以后，新一轮的周期循环又开启了——美国境外的 CFP 持证人数（59 676 名）首次超过了美国 CFP 持证人数（58 830 名）。

2008 年，FPSB 的诺埃尔·梅耶总结了他对金融理财行业未来的展望：

> 当代表着 23 个国家和地区的 FPSB 会员在上海全票通过了金融理财行业的全球能力标准和道德标准时，它表明 CFP 认证已经成为全球标准。放眼未来，我们将会看到：无论理财师生活在什么地方，他们都将受益于来自世界各地的新型金融理财理念。而且，无论何时，他们都会将这一道德准则置于首要位置——客户至上。

正如蒂姆·科基斯所说，无论生活在什么地方，有一件事始终未变："人们愈发清楚地认识到，他们必须对自己的财务状况负责。如果金融理财能够作为一个行业，随时满足他们的需求，那么这将是一项了不起的成就。"

第七章

理论应用、科技助力和行业进程

金融理财变革始于一个明确的目标：帮助美国的普通民众掌控他们的财务生活。然而，在金融理财行业的发展早期，这个目标几乎没有任何理论或研究方面的支持。随着金融理财师和学者不断提出新方法，并以此预测或解读投资成败、消费行为和咨询效果，人们的金融理财理论知识在变革中不断得到拓展。在各种金融理财会议及研讨会上，演讲嘉宾纷纷对行为经济学、全方位财务和资产配置等理论进行探讨。《金融理财期刊》杂志向读者介绍了丹尼尔·卡尼曼（Daniel Kahneman）、劳伦斯·科特利科夫（Laurence Kotlikoff）等顶尖经济学家，以及像晨星公司（Morningstar）的唐·菲利普斯（Don Phillips）这样的金融分析师。因此，如今的金融理财师在理论和实践方法上有了更多的选择，而且他们的教育机会远比过去丰富——除了早期就可以获得的在职培训，还能攻读美国及海外高校的学士学位和研究生学位。

此外，金融理财师还得益于计算机技术的普。如今，即便是小型理财公司或个体金融理财师，利用计算机也能够精简其运营流程，高效管理海量信息。

随着理论知识的发展和技术工具的迭代，金融理财师可以为客户提供更为丰富的服务。与此同时，许多金融理财师开始质疑，金融理财的意义是否已经超出了理论知识和科学技术的总和：它所触及的人类需求是否不仅仅是纯粹的货币范畴？

技术革命

在金融理财行业出现的前 10 年里，计算机对大多数金融理财师来说是遥不可及的，只有规模较大的金融机构才有能力购买大型计算机以供内部从业者使用。20 世纪 70 年代，金融理财师的办公室通常配备的是打字机、计算器、笔、橡皮章，以及堆积如山的纸质文件。这样的工作方式既费力又耗时，也大大限制了金融理财师能够服务的客户数量。

1981 年，IBM（国际商用机器公司）将个人电脑投入市场，这种台式机具备大型计算机的部分功能，因此金融理财师看到了从纸质文件和手写表格中解放出来的希望。于 1983 年年初推出的电子表格程序"莲花 1–2–3"（Lotus 1-2-3）是 IBM 个人电脑平台的第一款"杀手级应用软件"，它的销量很快就超过了此前的畅销软件——"可视计算"（VisiCalc）。同年，由亚帝文软件公司发布的"专业投资组合软件"（Professional Portfolio）成了首款专门为个人电脑设计的投资组合管理软件。与此同时，包括软桥、快速规划和伦纳德金融系统在内的数家 IT（信息技术）企业也专门为金融理财师开发了程序。早期的金融理财师热切期待使用这些技术工具，以此来实现日常后台工作的自动化，比如执行交易，这样他们能有更多时间开展研究以及与客户进行沟通。

并非所有的金融理财师都在被动地等待着商业软件的发布。一些金融理财师开始自行开发分析工具和专有软件，甚至有几位走上了创业的道路。最早开发金融理财软件的公司之一是于 1969 年在加利福尼亚州卡尔斯巴德市成立的金融概况公司，其创始人奥古斯特·C.汉施（August C. Hansch）在创立公司的 8 年后成为 CFP 持证人。他的儿子，同时也是 CLU、CFP 持证人的托马斯·汉施（Thomas Hansch）于 1986 年加入金融概况公司。在该公司成立之初，其业务包括收集和处理客户信息，并在此基础上策划理财方案；后来，汉施成功开发了一款名为"概况+"（Profiles+）的软件。2006 年，金融概况公司被新兴信息系统公司收购。新兴信息系统公司除了支持原有的产品"航线规划"（NaviPlan），还继续支持"概况+"和原金融概况公司的其他产品。"航线规划"是一款于 1990 年推出的软件，它最初的名称为 TIMS。

摇钱树软件公司是另一家较早涉足金融理财软件市场的公司，跟金融概况公司一样，它的创始人、CFP 持证人迈克·维特考斯卡斯（Mike Vitkauskas）也是一名金融理财师。1979 年，维特考斯卡斯为自己在俄勒冈州科瓦利斯市的业务开发了一款软件，这款软件是在"可视计算"的基础上开发的，可以在 64 K 内存的苹果 II 电脑上运行。两年后，在维特考斯卡斯担任 IAFP 俄勒冈分会会长期间，他的理财师同行开始向他索要该软件的副本。"在真正的需求出现之前，我回绝了所有人的请求。"他后来回忆道。"金钱计算器"（MoneyCalc）的最初版本是将大约 40 个应用程序和模板装在一张软盘上。该软件后来又出了一个基于"莲花 1–2–3"的 MS-DOS 版本，又更名为"轻松理财"（Easy Money）。第一款 Windows 单机版于 20 世纪 80 年代末推出，名为"银牌理财师"（Silver Financial Planner）。即使 20 年后，"银牌理财师"以及其他摇钱树系列产品仍在市面上销售。

20 世纪 70 年代末，CFP 持证人戴维·C.赫克斯福德（David C. Huxford）用一台没有硬盘、只有软盘驱动器的 TRS–80 II 电脑，开发出了一款最终被称为 dbCAMS+ 的热门程序。据赫克斯福德之子达斯蒂·赫克斯福德（Dusty Huxford）说，该程序的名称取自"数据库客户资产管理系统……外加其他功能"之意。达斯蒂于 1979 年开始从事金融服务软件的开发工作。他回忆说，他用 BASIC 计算机语言编写程序，并用一台零售价为 300 美元的全新惠普计算器来核验这些程序：

> 我们使用一款速率高达 300 波特的调制解调器，通过电话听筒将信息传输给 CompuTone/CompuServe（AOL 的前身），这是当时唯一可用的文件共享服务系统。我们提供一项电子公告板服务，用户组成员可以致电获得程序更新或共享文件。我们经常发表一些有关理解科技、拥抱科技的必要性文章，也鼓励理财师把电脑当作电话来使用。当时，在日常应用中使用电脑是一种十分超前的观点。

经过多次版本更新，dbCAMS+ 成了一个功能强大且可以升级的投资组合管理系统，拥有 8 000 多名注册用户。

1994 年，正处于事业巅峰时期的戴维·赫克斯福德在美航 427 号航班的坠机事故中，与其余所有乘客和机组人员一起不幸丧生。之后，达斯蒂和其继母特丽（Terry）继续经营位于马里兰州的金融计算机支持公司。2008 年 9 月，晨星收购了他们的公司，并将 dbCAMS+ 更名后并入了晨星的"原理"（Principia）产品线。

20 世纪 80 年代初期，计算机领域快速创新的节奏令一些理财师感到无所适从，然而这对另一些理财师来说却有着无法抗拒的魅力。"不是所有的金融理财师都在早期做出了明智的投资决策，"《金融理财期刊》杂志的前编辑和出版人、于 2004 年担任 FPA 执行董事和首席执行官的小马文·W.塔特尔说，"有些理财师花费数千美元购买新软件，而每当新一代产品面市，他们就淘汰旧版。"为了避免理财师因错误的选择而付出昂贵代价，各专业期刊不仅开始发表文章说明"如何选择新的技术工具"，还分析了"为什么做出这样的选择"。

1984 年，随着相当数量的理财师开始正式使用或打算使用台式电脑，《ICFP 期刊》信心满满地发表了一篇题为《计算机通信：一种新型金融理财工具》的文章。"可能与你的想法相反，你无须在电脑和外接设备上投入巨资，就能获得大部分在线通信服务。"文章如此向读者保证。[1]

> 即使是当前售价为 49.95 美元的 Timex-Sinclair 1000 也可以作为基础版的计算机和显示屏使用。你如果已经有了一台迷你机或微型电脑，就可以利用它进行通信……除了电脑，你还需要一台调制解调器、一张银行卡，有时还需要一个软件包。当你想和别人交流时，只要打开电脑并拨打一个号码，然后将电话听筒放在调制解调器上，这样你的电脑就能通过电话线与另一台电脑连通……最低只需花费 400 美元就能进入通信状态。

> 当你想和别人交流时，只要打开电脑并拨打一个号码，然后将电话听筒放在调制解调器上，这样你的电脑就能通过电话线与另一台电脑连通。
>
> ——1984 年的一篇向金融理财师介绍计算机通信的文章

这篇文章还介绍了 3 个可供理财师通过电脑调制解调器访问的"专用信息数据库"：道琼斯新闻检索服务、CompuServe 信息服务和资源电信公司的 The Source 资源库。

仅仅几年时间，办公电脑的神秘感和新奇感就消散了。1988 年 7 月，在《ICFP 期刊》的一篇文章里，戴维·C.赫克斯福德对所有使用 MS-DOS 操作系统的个人电脑用户深表同情：

跟我交谈过的大多数理财师都对他们的办公电脑感到失望。每个人都说电脑可以做很多事，可是用户却觉得电脑在多数时候并没有让管理操作变得便捷，反而对这类工作造成了阻碍。以在电脑里保存一张预约日程表这个简单的操作为例：这件事做起来非常简单，运行起来也不会有问题，但这是在仅用电脑来完成这一项任务的情况下。一旦你用这台电脑同时执行了另一项任务，那么日程表便无法访问了，而直接买一本预约日程簿反而更省事。[2]

最终，微软公司的 Windows 操作系统解决了这些问题。虽然 1985 年 11 月面世的 Windows 1.0 反响平平，但是在两年后发布的后续版本的受欢迎程度略有提升。随着 Windows 3.0 在 1990 年推出，金融理财师才真正享受到了多项任务同时处理所带来的便捷。CFP 持证人迈克·瑞安称其为一项突破性进展。

Windows 的图形界面提供了易于上手的操作程序，金融理财这个从信笺簿和铅笔起步，然后进入计算器和电子表格时代的行业很快就营造出了大量的收费理财方案的氛围。我记得在 20 世纪 80 年代末，在行业会议上，综合金融理财软件供应商几乎跟避税项目一样盛行。仿佛对于任何一个即将成为金融理财师的人来说，其第一要务就是为自己置办一款综合理财软件。

没过几年，金融理财师又面临一项新的挑战：进军互联网。

互联网最初被称为"阿帕网"（ARPANET），最早出现于 1969 年，但其使用范围仅限于军事和学术机构。20 世纪 80 年代末，电子邮件还是商务领域的新奇事物。当时，第一批民营互联网服务供应商开始向社会开放简单的搜索功能。1993 年，伊利诺伊大学的国家超级计算应用中心（National Center for Supercomputing Applications）推出了"马赛克"（后来被"网景领航员"取代）——万维网第一个真正意义上的浏览器。此后，搜索引擎大量涌现，一些颇有远见的企业开始注册互联网域名，并在网络上建立公司主页。

来自俄勒冈州波特兰市的 CFP 持证人查克·琼斯（Chuck Jones）是首批进军互联网的金融理财师，他于 1995 年 6 月建立了自己公司的网站。在《金融理财期刊》于 1996 年 6 月发表的一篇文章中，琼斯回顾了自己的互联网探索之旅：

> 1993 年 10 月，我们决定力争在 2000 年实现以互动方式完成客户季度报表的目标，当时我们所设想的实现途径是远程电视连接。两个月以后，我儿子从大学校园回到家说："爸爸，你一定要使用互联网。"于是，我们跟公司内部的一名计算机专家谈了谈，他为有机会成为一个爆炸性领域的先驱者而感到万分激动。于是，我们向这个领域发起了冲锋。

琼斯告诫《金融理财期刊》的读者："在进入信息高速公路之前，我们应该先花时间了解一下网络，再确定好自己的目标。"[3]

即使对于那些在接受网络方面落后一步的理财师而言，20 世纪 90 年代末也是一个充满奇迹的技术变革时期。1996 年 6 月，CFP 持证人埃德·麦卡锡（Ed McCarthy）在《金融理财期刊》上发表了一篇文章，他惊叹道：

> 16 MB 以上内存的奔腾个人计算机和 28.8 KB 的调制解调器已经成了理财师的标准配置。你每天都在使用在线服务收取电子邮件、更新客户的投资组合；你可以运行强大的计算机分析软件和多媒体程序；你可以用彩色激光打印机将内容翔实、颜色丰富

的图表打印在提交给客户的报告书上；潜在客户可以在访问了你的互联网主页后主动联系你；你还可以通过电子公告板与全国各地的同事交流想法……

还记得曾经那些不得不手工将每笔投资交易填入客户记录表的日子吗？往往在交易发生数周后，纸质报表才能邮寄到你的手中。随着客户数量的不断增加，你不得不将越来越多的时间用于数据输入……幸运的是，当今的大部分客户管理系统和投资组合管理系统都可以帮助理财师实现其个人计算机与远程系统之间的数据交换。

不可避免的是，疑虑和担忧悄然而至。作者南希·奥皮拉（Nancy Opiela）于1999年8月在《金融理财期刊》上发表了一篇文章，她写道：

理财师说，互联网正在对这个行业产生深远的影响，它改变了客户关系，促进了交流讨论。许多理财师表示，客户迫切希望能够在线获取个人的投资组合信息。这一点让俄勒冈州波特兰市的资本管理咨询公司（Capital Management Consulting）的CFP持证人玛丽莲·伯根（Marilyn Bergen）头疼不已。"我们担心保密性和安全性，但那些不停地向我们提出该要求的客户似乎对此漠不关心。他们完全不把安全性当回事。"[4]

2000年12月，在接受《金融理财期刊》的采访时，达拉斯市卡特咨询服务公司（Carter Advisory Services）的CFP持证人比尔·卡特指出了理财师普遍担忧的另一个问题："随着科技飞速发展，消费者的要求越来越高。如今，人们以为计算机无所不能，所以他们总想当天就得到答复，并且丝毫没有意识到自己的要求有多么苛刻。"[5]

人们对信息技术的要求越高，当技术无法满足时，痛苦也就越大。"9·11"恐怖袭击事件发生后，电网和手机网络中断，使受灾人群以及试图与他们取得联系的人们更加痛苦。4年后，也就是2005年9月，卡特里娜飓风再次证明，不论多么安全的信息系统，都无法完全抵御自然灾害的冲击。

2005年9月，新奥尔良的一家机构投资咨询公司——伊奎塔斯资本顾问公司（Equitas Capital Advisors，LLC）的首席运营官 S. 德比·吉斯克莱尔（S. Derby Gisclair）原本以为，断电只会持续一两天的时间，最多一个星期，因为他的公司与市政厅接入的是同一片电网。然而，他低估了形势的恶劣程度。"当卡特里娜来袭时，我们的职员都分散在美国东南部地区，"吉斯克莱尔回忆说，"谁也没有料到洪灾会让我们几个月都回不了家。"公司的首席执行官戴夫·托马斯（Dave Thomas）在巴吞鲁日设立了一个临时办事处，公司的首席技术官和信息技术顾问则集体搬到了休斯敦。由于信号塔损坏和呼叫量骤增，新奥尔良的电话区号不再可靠，固定电话无法正常接听，所以埃伊塔斯公司为员工配备了新的手机。为了保证手机通信顺畅，公司还在休斯敦设立了一个虚拟服务器，并努力在巴吞鲁日搭设了一条高速数据线。"我们在36个小时内将公司搬到了虚拟网络上，于一周内在巴吞鲁日设立了办事处，所有员工在两周内就回到了各自的岗位上并投入工作。"托马斯说道。

> 如今，人们以为计算机无所不能，所以他们总想当天就得到答复，并且丝毫没有意识到自己的要求有多么苛刻。
>
> ——比尔·卡特

并非所有受飓风影响的人都如此幸运。因卡特里娜飓风而流离失所的另一位金融理财师回忆说："我们都学会了发短信。"[6]

金融理财科技领域经过 40 年的发展，可供理财师选择的专业化产品五花八门、不胜枚举。2008 年，350 多名金融理财师参与了《金融理财期刊》开展的有关软件使用情况的调研。调研结果显示，"建立并保持有效的金融咨询业务的首要因素"是 CRM（客户关系管理）软件。这类软件能够协助理财师与客户保持联系。在该项调研中，97% 的理财师表示自己已用过 CRM 产品，而其中绝大部分人借助微软邮箱的客户端 Outlook 来实现客户关系管理这一目的——Outlook 从严格意义上说并不是 CRM 产品。在金融理财软件方面，新兴信息系统公司的产品——"金融概况"和"航线规划"最受被调查者的青睐。"摇钱树"、"专业金钱指南"（MoneyGuidePro）和"金仕达"（SunGard）也都分别拥有自己的忠实用户。但是，仍有 11% 的人称自己不使用任何金融理财软件。"大概这些人并没有在做金融理财工作，"该杂志评论道，"因为现如今我们很难想象，在不借助应用软件的情况下，专业人士该如何提供金融理财服务。"更令人不解的是，28% 的被调查者坚称，他们没有使用任何形式的投资组合管理软件。在使用投资组合管理应用程序的理财师中，最受欢迎的两款软件是"奥尔布里奇"（Albridge）和"施瓦布投资组合中心"（Schwab Portfolio Center）。《金融理财期刊》最后总结道："我们推测，部分金融理财师并不管理资金，而另外一部分理财师则是委托第三方来完成投资组合的管理和报告工作的。"

分散投资的益处：现代投资组合理论

早在得知 MPT（现代投资组合理论）之前，一些早期金融理财师就已经将 MPT 的简化版付诸于实践了。他们称之为"切勿将所有鸡蛋都放在同一个篮子里"。

尽管从精简后的基本原则来看，MPT 似乎是常识性的。但在 1952 年，MPT 是一项革命性的发现。那一年，美国兰德公司 25 岁的经济学家哈里·马科维茨（Harry Markowitz）发表了一篇论文，题为《投资组合的选择》（Portfolio Selection）。这篇文章得出的结论奠定了 MPT 的理论基础，即随着时间的推移，投资组合多元化能够降低投资风险并提高预期收益。

在马科维茨的研究面世之前，投资者的注意力一直集中在单一证券的风险和收益上。马科维茨转而将视线投向了资产组合，他写道，每一种可能的资产组合都可以在风险-收益空间中被绘制出来，而所有可能的资产组合构成的集合在此空间中定义了一个区域。沿着这个区域上边缘画出的一条线即为"有效边界"，也叫"马科维茨边界"。对于任何一个给定的风险值，位于有效边界的投资组合是潜在收益最高的组合。

马科维茨后来写道，MPT 的基本概念是他在阅读约翰·伯尔·威廉姆斯（John Burr Williams）的《投资价值理论》（*Theory of Investment Value*）一书时想到的。威廉姆斯在书中提出，一只股票的价值应该等于其未来股利的折现值。

但是，如果一名投资者只对证券的预期价值感兴趣，那么这名投资者也只会在意投资组合的预期价值；而要实现投资组合预期价值的最大化，投资者只需将资金一股脑地投入单一证券。我知道这并不是（也不应该是）投资者的投资选择。选择分散投资是因为投资者既关心收益，也关心风险。我们都知道，方差是风险的衡量尺度，而投资组合的方差主要取决于证券之间的协方差——这一点进一步加强了分散投资的可信度。鉴于有风险和收益这两项评判标准，我们自然可以假定投资者会在各种帕累托最优风险-收益组合中进行选择。[7]

因开创了 MPT，马科维茨和另外两位经济学家——芝加哥大学的默顿·H. 米勒（Merton H. Miller）和斯坦福大学的威廉·F. 夏普（William F. Sharpe）于 1990 年同时获得了诺贝尔经济学奖。

20 世纪 80 年代末，金融理财师迈克·瑞安参加了首届 MPT 伊博森大会。[8] 后来，他在宾夕法尼亚大学沃顿商学院取得了 CIMA（注册投资管理分析师）资质。瑞安观察到，理财界早在 20 世纪 70 年代就已经将 MPT 投入了实践。

> MPT 是由学术界研发出来的，并在 1972—1974 年全球性的经济衰退之后被引入商界。当时，许多养老金项目出现了严重的资金短缺问题。由于只有机构顾问可以访问进行投资组合分析所需的数据库，所以他们在这一领域占据了主导地位。但是，金融理财师很快就将 MPT 运用在了理财业务实践中。

> 从几个方面来说，这绝对是一桩好事：首先，理财师的客户因此受益，能够以更小的风险实现自己的财务目标；其次，对于那些希望从佣金模式转向基于服务费的 AUM（在管资产规模）模式，但是不知道如何转换收入的理财师而言，它提供了一种盈利模型。对客户来说，直接收费可能会造成负担。但是，基于不断增长的资产中扣除各项费用就能够避免客户产生不适感，同时可以为理财师带来不菲的收入。随后，金融市场迎来了长达 10 年的牛市，众多采用这一服务模式的理财师取得了意料之外的巨额收益。

然而，MPT 并非没有批评者。随着 2007—2008 年全球经济滑坡，金融理财师开始对传统的 MPT 提出疑问。CFP 持证人肯尼思·R. 索洛（Kenneth R. Solow）是马里兰州哥伦比亚市尖峰咨询集团（Pinnacle Advisory Group）的创始人兼首席投资官，他于 2009 年 1 月告诉《金融理财期刊》，他正打算弃用 MPT，并追随革新思想家的脚步，比如纳西姆·尼古拉斯·塔勒布（Nassim Nicholas Taleb）——专注于研究随机性和"黑天鹅事件"的影响。索洛指出："现代投资组合理论和资本资产定价模式建立在众多错误的假设上，其一便是风险应当以标准差来衡量，而标准差呈现正态分布。"[9]

概率论：蒙特卡洛模拟法

随着台式电脑运算速度的加快，金融理财师逐渐能够完成那些在手动操作情况下极度耗时的金融理财运算。其中便包括一项被称为"蒙特卡洛模拟法"（Monte Carlo simulation）的算法。该算法背后的数学公式是二战期间"曼哈顿计划"（Manhattan Project）的科学家为预测战争可能的结果而研究出来的。在金融理财领域，金融理财师可以借助蒙特卡洛模拟法判断某个退休投资组合是否可以为投资人提供终身保障。假设在 10 000 次模拟中有 8 000 次取得成功，那么该退休投资组合有 80% 的概率可以达成投资人的预期目标。通过调整投资组合、重新运行模拟算法，产生有利结果的概率有可能会进一步提升。

许多金融理财从业者通过 CFP 持证人 H. 林恩·霍普韦尔（H. Lynn Hopewell）于 1997 年 10 月在《金融理财期刊》上发表的一篇文章，第一次了解到蒙特卡洛模拟法。当时，林恩是弗吉尼亚州莫尼特集团（The Monitor Group）的总裁。作为《金融理财期刊》的第一位业内编辑，他给自己的文章取名为《不确定条件下的决策：金融理财行业的一记响叩》（Decision Making Under Conditions of Uncertainty: A Wakeup Call for the Financial Planning Profession）[10]——这是提倡将蒙特卡洛模拟法应用于金融理财行业的首批文章之一。这篇文章详细列举了蒙特卡洛模拟法的实际应用案例，并成功达到了推广的目的。"几乎是一夜之间，理财师纷纷开始采用蒙特卡洛模拟法。"林恩后来回忆道。[11] "林恩并不是蒙特卡洛模拟法的发明者，但他使理财师注意到了蒙特卡洛模拟法在这个行业中应用的可能性，说到底，他是在敦促理财师将这个方法应用于实践，"担任《金融理财期刊》编辑的布鲁斯·莫斯特（Bruce Most）在这篇文章发表时评价道，"这些'学术'基础对一个真正意义上的行业而言，是不可或缺的条件。"[12]

蒙特卡洛模拟法也遭到了一些人的反对，反对者大多指责蒙特卡洛模拟法软件并不适用于长期熊市。一个替代蒙特卡洛模拟法的常见方案是"统一收益率"预测：为投资组合中的每项投资假设一个预期收益率。但是，来自佛罗里达的 CFP 持证人丹·莫伊桑德指出，统一收益率预测忽视了假设的可变性。2003 年，他在接受银率网（Bankrate.com）采访时表示：

> 你可以挑选任意数字——如果对每年的收益率进行平均计算，那么呈现出来就是这样的。但是，现实往往不是这样的。蒙特卡洛模拟法有助于引入这种可变性，从而描绘出一幅更加生动和真实的画面。
>
> 实现平均收益率的概率为 50%。没有人希望自己退休生活成败的概率与掷硬币一样，人们想要的是成功率超过 50% 的理财方案。[13]

平衡法则：资产配置

20 世纪 80 年代后期至 90 年代，资产配置是金融理财领域的一大热门趋势。虽然人们对此存在争议，但资产配置业务更接近金融理财的本源——咨询服务。与 MPT 一样，资产配置理论也产生于一个常识性概念：为了风险最小化、回报最大化，资产应当被划分为不同类别，如债券、股票、房地产等。理财师在平衡资产类别时，需要理解客户的需求和目标。大多数资产模型认为，客户追求的是以下四大目标之一：保本、收益、增值，或者以上两个或多个目标的平衡。

CFP 持证人罗杰·吉布森（Roger Gibson）于 1989 年出版的《资产配置》（*Asset Allocation*）一书，这本书至今仍在重印和再版。吉布森指出，资产配置法则由来已久：写于公元前 1200 年至公元 500 年期间的犹太法典《塔木德》（Talmud）中有这样一句箴言，"每个人都应当将财产分成三份，一份用于购置地产，一份用于投入生意，一份用于储蓄"。[14] 吉布森评价说，分散投资是一条经过长期考验的投资原则。

人物简介：罗杰·吉布森

20 世纪 70 年代末，在罗杰·吉布森攻读卡内基梅隆大学的商学研究生课程期间，"资产配置"在金融理财领域是一个很少被人提及的概念。非但如此，许多金融理财师都借助市场择时理论来提高客户的投资组合收益，追逐"低买高卖"这个难以捉摸的目标。吉布森很有数学天分：他在大学主修的专业是数学，在匹兹堡的一些福利项目中担任过运营主管，并在 CFP 认证考试中取得了当年全国最高分。他在美国社会保障总署（Social Security Administration）工作时发现了自己的兴趣所在——在某期《基督教科学箴言报》（*Christian Science Monitor*）中，他读到了一篇关于金融理财学院的文章，并暗自下定决心："这就是我所要做的事。"随着学习的深入，他愈发质疑市场择时理论的正确性。他一直问自己：如果市场择时理论不可行，那么理财师管理客户投资组合的最佳方式是什么？如何降低投资市场的风险？哪些策略能够最大限度地提高客户实现其财务目标的可能性？

通过对这些问题的探索，吉布森形成了战略性资产配置的理念。为了将自己的理论付诸实践，在取得硕士学位后，吉布森放弃了多数同学选择的就业方向，转而进入了一家地区性的金融理财公司——阿勒格尼金融集团（Allegheny Financial Group）。"我的一腔热情驱使自己沿着这条道路不断前进。"吉布森后来回忆说。

> 我想开发一套投资组合设计流程，使客户也能参与到投资决策中。在很大程度上，理财顾问向客户提供的具备教育意义的服务是最为有效的增值途径，这种服务能够推动客户和顾问做出更好的投资决策。

整个 20 世纪 80 年代，吉布森到处宣传自己的理念，他在 IAFP 和 ICFP 的各类会议上发表讲话。

> 在我的讲话结束后，常常有顾问找到我，当看到我的客户在投资时完全不回避不良市场的时候，他们大为惊讶……对于主动让客户参与投资决策过程的做法，金融理财师是客户天然的伙伴。金融理财师群体对客户教育的认可度很高，因为对客户进行资产配置教育确实能为金融理财师带来相当高的回报。

1989 年，吉布森将工作重心从金融理财转向了投资咨询，并腾出了一点时间将自己的理念整理成册，出版了《资产配置：平衡财务风险》一书。实质上，这是一本将现代投资组合理论纳入实践的入门级读物，吉布森的出发点很好理解：

> 明智的投资组合设计需要平衡两个相互冲突的目标：一个目标是追求更高收益，另一个目标是避免过度波动。这种取舍体现在投资者做出的决策上：在生息资产投资与证券资产投资之间取得平衡。此外，利用多种资产类别更加分散的投资方法可以显著提高风险调整后的长期投资组合收益。

"这些都不是什么新概念，"吉布森解释说，"但我有幸选对了时机——率先出版了第一本关于这个理念的书。"这本书现在已经再版到第 4 版了，自初版推出以来一直非常畅销，并且已经在日本、德国、韩国和中国出版，不久还将在印度发售。

2003 年，《金融理财期刊》将吉布森列入了年度"风云人物"名单；文章写道，许多理财师认为，吉布森对分散投资和实践模型的坚持"拯救"了他们的公司。吉布森承认，2008—2009 年的金融危机是对资产配置理论的一次严峻考验。他表示："一旦全球性恐慌蔓延，所有主要证券类别将同时下跌。战略性资产配置能够显著降低风险，但并不能完全消除风险。正如前美联储主席保罗·沃尔克在许多年前所说的那样，'你无法对冲整个世界'。"

1986 年，《投资组合表现的决定因素》（Determinants of Portfolio Performance）一文将资产配置理念推到了理财师的视野中心。这篇文章的作者是加里·P. 布林森（Gary P. Brinson）、L. 伦道夫·胡德

（L. Randolph Hood）和吉尔伯特·L. 比鲍尔（Gilbert L. Beebower）。文章声称：大部分投资组合（超过 93%）的收益波动完全取决于其资产配置，与入市时机或证券选择无关。这项研究后来以 3 位作者姓氏的首字母"BHB"而为人所熟知。这篇发表在《金融分析师期刊》（*Financial Analysts Journal*）上的出色论文获得了著名的"格雷厄姆–多德奖"（Graham & Dodd Award），并几乎出现在金融服务领域的所有广告、营销宣传册和幻灯片演示中。

但并非所有人都认可上述观点。威廉·扬克（William Jahnke）拥有斯坦福大学的经济学学位和加利福尼亚州大学伯克利分校的 MBA 学位，在担任加利福尼亚州拉克斯珀市金融教育设计公司（Financial Educational Design Corp.）的董事长和首席投资官之前，他是富国银行（Wells Fargo）机构投资组合开发部的经理。他于 1997 年 2 月在《金融理财期刊》上发表了《资产配置骗局》[15] 一文，指出投资策略建议的组合只能解释投资组合总收益的 14% 左右。此外，扬克指责金融专业人士利用 BHB 研究随意推销各种投资产品，其中一些产品与客户的长期目标几乎毫无关联。

这篇文章立即掀起了一场长达数年的争论。布林森、比鲍尔和布莱恩·D. 辛格（Brian D. Singer）在后来的一篇文章中反驳了扬克的结论。这场争论也很快引起了金融理财师群体的注意。2006 年，争论持续发酵，《金融理财期刊》在这一年刊登了一篇对这场争议进行"回顾与和解"的长文。[16] 这篇文章的作者在结论部分写道：

> 除非坚信自己有能力选择那些可以带来更高"风险调整后净收益"的主动型投资经理，否则投资者首先关注的问题应该是：资产配置的选择，以及如何通过分散投资、低收费和对市场择时依赖程度较低的投资组合来落实具体的资产配置方案。

行为金融学

虽然资产配置、资产管理和 MPT 的成功均建立在概率公式和数学模型的基础上，但 20 世纪 90 年代末开始流行的行为金融学却彻底颠覆了人们看待这些问题的视角。行为金融学不再将投资组合的表现作为研究对象，转而研究人们面对财务决策时的表现。他们对风险的容忍度有多高？他们做出抉择的难易程度如何？最重要的是，哪种结果最有可能让人们满意？

心理学与早期经济学理论密切相关，包括 18 世纪作家亚当·斯密（Adam Smith）和杰里米·边沁（Jeremy Bentham）所提出的理论。后来这些理论逐渐淡出了人们的视线，取而代之的是建立在"人们总是理性地对待金钱"这一假设上的理论。两位心理学家——丹尼尔·卡尼曼和阿莫斯·特沃斯基（Amos Tversky）于 1979 年发表的一篇开创性论文扭转了在理性假设下进行讨论的风向。这篇文章是《前景理论：风险下的决策分析》（Prospect Theory: An Analysis of Decision Under Risk）。卡尼曼和特沃斯基运用认知心理学理论来研究经济决策，包括非理性的行为变数。

> 预期亏损给客户带来的忧虑，远远超过同等收益给他们带来的快乐。
>
> ——丹尼尔·卡尼曼

在前景理论试验中，卡尼曼和特沃斯基向实验对象提出了以下命题：

不考虑你持有的其他资产，给你 1 000 美元。现在请你从以下选项中做出选择：

　　A. 500 美元的确定收益。

　　B. 50% 的概率获得 1 000 美元收益，50% 的概率收益为零。

另一组实验对象手中的命题则是：

　　不考虑你持有的其他资产，给你 2 000 美元。现在请你从以
下选项中做出选择：

　　A. 500 美元的确定亏损。

　　B. 50% 的概率亏损 1 000 美元，50% 的概率亏损为零。

　　在第一组中，有 84% 的人选择了 A；在第二组中，有 69% 的人
选择了 B。在两道命题中，实验对象所得的净现金金额是相同的，然
而题干的措辞导致受访者产生了不同的理解。"简单来说，预期亏损
给客户带来的忧虑，远远超过同等收益给他们带来的快乐。"卡尼曼
于 2004 年在接受采访时说道。此次访谈的内容被刊登在《金融理财
期刊》上。[17]

　　1996 年，在特沃斯基逝世后，卡尼曼与经济学家理查德·塞勒
（Richard Thaler）合作，对"非理性"经济行为进行了更为深入的研究。
该研究使卡尼曼成为 2002 年诺贝尔经济学奖的获得者。"评审委员会认
为我将心理学的洞见融入了经济学，"卡尼曼在其诺贝尔奖自传中写道，
"虽然我并不想贬低自己的功劳，但我不得不说，这项融合工作实际上
主要是由塞勒和迅速集结在他周围的一群青年经济学家完成的。"[18]

　　卡尼曼曾在 2004 年的 FPA 大会上发表主题演讲，他指出："仅
需少做决策，我们就会是更成功的投资者。"

　　许多金融理财师认为，卡尼曼的见解为他们的客户服务模式指
明了一个很好的改进方向。来自加利福尼亚州卡梅尔市增效财富咨询

公司（Synergist Wealth Advisors，LLC）的 CFP 持证人葆拉·德沃斯（Paula de Vos）告诉《金融理财期刊》：

> 理财师的价值在于，他们能够以更为冷静的态度和更加客观的角度，制止客户做出一些可能损害投资效益的本能行为。在与客户探讨行为金融学后，客户会更愿意开口谈论个人情况，并为实现目标做出改变。[19]

CFP 持证人、CFA 迈克尔·庞皮安（Michael Pompian）是圣路易斯的一名投资顾问。他对 30 个国家和地区的 190 名金融顾问开展了一项调查研究，并根据该研究为《金融理财期刊》撰写了一篇分为上下两部分的行为经济学论文。"结果令人震惊，"他在《金融理财期刊》的 2008 年 10 月刊的文章中总结道，"93% 的顾问认为，个人投资者会做出非理性的投资决策，96% 的顾问成功地通过行为金融学改善了自己与客户的关系。"[20] 为帮助顾问将行为金融学应用于工作中，庞皮安提出了 4 种"投资者行为学类型"（Behavioral investor types，BIT）：被动保守型（Passive Preserver）、依赖追随型（Friendly Follower）、独立自我型（Independent Individualist）和主动增值型（Active Accumulator）。"在为客户制定投资方案前，掌握判断投资者类型的流程并将其付诸实践，能够提升客户坚持实行投资方案的可能性……同时……帮助金融顾问与客户建立更为紧密的联系。"庞皮安写道。

生涯规划和内部财务

行为金融学的研究和实践为 20 世纪 90 年代末的金融理财新形式

打下了坚实的基础。本质上，"生涯规划"①和"内部财务"②是同种概念的不同说法。二者均建立在金融理财的基本原理之上，却极大地提升了理财师服务的广度和深度。

这一发展与千禧年的精神相契合。在美国，二战后出生的"婴儿潮一代"足足有 7 700 万人。他们在金钱、投资、工作和退休等方面面临着与长辈截然不同的问题，而金融理财师则致力于寻找这些问题的答案。与前几代人不同，婴儿潮一代倾向于将退休视为一段充满活力的新征程，而不是工作和收入的突然终结。其中的许多人都表示希望继续工作，但是要在新的领域或更为灵活的条件下工作。许多人看好心理治疗和精神探索这两个领域。另外，与老一辈相比，他们背负着更为沉重的债务负担——房贷、车贷和信用卡。在这一代人中，经历过离婚和家庭重组的人比以往任何时候都要多。③

JD、CFP 持证人理查德·瓦格纳是最早从战略高度思考这些问题的理财师之一。他在 1995 年与人合伙设立了纳斯鲁丁项目（Nazrudin Project），这是一个旨在探索金钱的多重意义的智库。④瓦格纳更喜欢用"全方位财务"⑤一词来指代自己的想法。这种想法将有关金钱的力量和理财技能的"外在"前提，与亲密关系和社会禁忌

---

① 生涯规划（Life Planning）指探索人们内心渴望的完整人生，并通过理财使之实现的过程。乔治·金德进一步发展了这个概念，提出了生涯规划流程的 5 个阶段——探索（Exploration）、愿景（Evision）、阻碍（Obstacles）、知识（Knowledge）及执行（Execution），并将其合称为 EVOKE。——译者注

② 与着眼于技术、分析、数据、法律条文等的外部财务（Exterior Finance）相对，内部财务（Interior Finance）指的是人们在财务生活中更为抽象的内在方面，如情感、灵魂、美感、思想等能够为生活带来价值的事物。——译者注

③ 有关服务"婴儿潮一代"的更多论述，见本书第九章。

④ 详见"人物简介：理查德·瓦格纳"。

⑤ 全方位财务（Integral Finance）是理查德·瓦格纳受到肯·威尔伯（Ken Wilber）在《万物理论》（A Theory of Everything）中的观点的启发而提出的一种整体主义理财方式，即在理财过程中审查金钱以及与其相关所有方面。——译者注

的"内在"前提融合在一起进行分析。"从积极的角度来看，金钱的优点是，它可以让人们团结一心，维持和平，支持创新和服务，"瓦格纳在 2002 年发表于《金融理财期刊》的一篇文章中总结道，"而消极的一面是，我们用金钱代替了许多有内在价值的事物。"[21]

人物简介：理查德·瓦格纳

一般来说，一个宗教学专业的本科生身份也许无法为一个人从事金融理财行业带来明显的优势。但对于理查德·瓦格纳来说，这种跨界是完全合乎逻辑的。瓦格纳是纳斯鲁丁项目的联合创始人，也是内部财务概念的奠基者。"金钱是圣经中被频繁提到的第二个话题，"他指出，"无论你是否相信《圣经》是上帝真正的权威著作，你都要对这本真理之书心存敬畏。它记录的那些道理被致力于成为智者的人们奉为圭臬。"

在即将进入神学院时，瓦格纳说他受到了"反向召唤"。于是，他转而进入了俄勒冈州波特兰市刘易斯-克拉克学院，并在该校取得了法律学位。然而，从事法律行业并没有达到他理想中的期望。他所在的律所举办了一场假日派对，在与一些金融理财师交谈的过程中，他茅塞顿开。"当时我 31 岁，我意识到自己还没有见过哪名律师到了 50 岁还能够充满幸福感，"瓦格纳说，"我也意识到在自己的家庭乃至生活中，金钱扮演了多么重要的角色。"1982 年，他离开了律所，开始在人寿保险和金融理财公司上班；5 年后，他通过了 CFP 认证考试；又过了两年，他与一位同事合伙创办了自己的金融理财公司。

自踏入金融理财行业起，瓦格纳在形成自己对金钱和文化的认知的同时，也在各家金融理财组织中担任要职。1989 年，因抗议 IAFP 和 ICFP 合并失败，他退出了 IAFP，转而加入了 ICFP。在这里，他迅速晋升，先是进入了 ICFP 董事会，后来于 1992—1993 年担任 ICFP 总裁。1990 年，他在《金融理财期刊》上发表了一篇具有里程碑意义的文章《像 CFP 那样思考……》。在文章中，他将法律、医学等"成熟"行业的思维模式与相对来说"不够成熟"的金融理财行业的思维模式进行了比较。瓦格纳创造了"内部财务"和"全方位财务"的概念，并用这两个词来描述他理想中的理财实践。他认为自己创造这些术语的灵感来自《万物理论》的作者、整体意识的开创者肯·威尔伯。此外，其理念在形成过程中还受到了其他作品的影响，包括雅各布·尼德尔曼（Jacob Needleman）的《金钱与生命的意义》（*Money and the Meaning of Life*），欧元联合创始人、比利时经济学家贝尔纳德·列特尔（Bernard Lietaer）的《货币的未来》（*The Future of Money*）。

瓦格纳在丹佛的金融理财公司——"生活意义"（WorthLiving）得名于一位日本理财师的创意。该理财师罗列了客户所拥有的"具有生活意义的资产"，包括家庭、艺术、宗教、社群和教育，这些才是让生活变得有意义的资产。瓦格纳表示，自己的目标是"为平衡和实现个人与金钱关系的长远目标提供助力"。

他的另一个目标是"唱反调"。"金融理财行业发展到如今这个地步，简直是个奇迹，我不想再对它吹毛求疵，"他说，"但固步自封绝非明智之举。"他表示自己特别希望看到金融理财行业拥有更高的学术严谨性与更多情感和精神方面的培训。"如果说经济学家相当于现代的神学家，"他联想到自己早年的学术经历，

> 说道，"金融理财师就相当于牧师，我们肩负着一项重要的社会
> 功能，即帮助客户理解他们与金钱的关系。"

　　另一位生涯规划先驱是瓦格纳的早期合作人、CFP 持证人乔治·金德（George Kinder）。1996 年，金德开始围绕他提出的"金钱成熟度"学说在《金融理财期刊》上发表系列文章，后来还将这些概念汇编到了一本书里。[①]1996 年 4 月，金德和瓦格纳合作撰写了《金融理财期刊》新栏目"金钱与灵魂"（Money & Soul）的首篇文章——这篇文章可能会让更倾向于传统观念的读者感到费解。他们写道："不幸的是，我们作为金融理财从业人士而接受的培训往往忽视了金钱感性的一面。理解金钱的感性面应当成为理财行业从业人员的必备技能之一，这就是我们在'金钱与灵魂'中的关注点。"[22]

　　1996 年下半年，金德向《金融理财期刊》的读者介绍了"金钱成熟的 7 个阶段"：无知、痛苦、知识、理解、活力、愿景和"阿罗哈"（Aloha）。[②] 最后这个词源自夏威夷语，用于打招呼或道别，金德将其解读为"围绕金钱的、质朴的人情味"。金德这样总结自己的哲学基础："我认为人类的生存困境体现在我们与金钱的关系之中：在以美元为象征的财务世界里，我们要如何表达自身存在于这个世界的

---

① 详见"人物简介：乔治·金德"，第七章。

② 根据金德于 1999 年出版的《金钱成熟的 7 个阶段》（*The Seven Stages of Money Maturity*）一书，无知指自诞生起的童稚状态，没有任何金钱概念；痛苦指逐渐意识到自己的财富与他人存在差距以及工作是谋生的必要条件的过程；知识指学习包括储蓄、预算和投资在内的理财技巧的智力工作；理解指正视自己对金钱的情感，如（根植于'痛苦'阶段的）贪婪、嫉妒和怨恨的情感工作；活力指为达到财务目标而必须花费的（身体、情感和精神上的）精力；愿景指朝气蓬勃地朝着自己所在的群体的福祉和利益方向发展，无论是否有赢利动机；阿罗哈指一种富有同情心的善意，促使人们利用金钱行善而不期望任何回报。——译者注

内在本质呢？"[23]

人物简介：乔治·金德

乔治·金德曾写道，他一度以为自己跟大多数人一样，认为金钱和灵魂之间存在着深不见底的鸿沟。由于自己的论文遭到哈佛大学一位经济学教授的嘲笑，他逃避似地转入了英国文学系。在 1970 年毕业后，他放弃了哈佛大学文学博士学位的入学名额，选择迁居乡村，沉浸在世界宗教研究以及绘画和写作之中。他说："我曾听说这样一句话，'随心所欲，财运自来'，但没人愿意出钱让我随心所欲。"

虽然金德起初并不情愿，但在父母关切地敦促下，他只能跨越鸿沟，去了对岸那个由金钱驱动的世界。基于早年对经济学的兴趣，金德做起了股票分析师和报税代理人，并在 CPA 考试中取得了马萨诸塞州的第 3 名，最终成为剑桥大学一名个体税务会计师和 CFP 专业人士。这份工作给他提供了大量阅读、写诗和冥想的时间。整个 20 世纪 80 年代，金融理财行业继续蓬勃发展。"我发现自己有创业的天分。"金德后来说道。他也十分擅长找到问题的根源。"我的许多客户都在进行错误的投资，而且这些投资决策通常是在专业顾问的建议下做出的，"金德回忆说，"许多客户是大学教授，他们有些人上当购买了一些毫无用处的避税产品，还为此支付了一笔高得离谱的费用。我觉得自己有义务向他们推荐更好的投资机会。"因为他时常建议客户在财务问题上挖掘自身的内在想法，人们亲切地称呼他为"税务理疗师"。

1991 年，金德读了一本将他生活中的"金钱"和"灵魂"合二为一的书——雅各布·尼德尔曼的开创性著作《金钱与生命的意义》。1992 年，在华盛顿特区举办的 ICFP 个人经济峰会上，金德得到了一个发言机会。"他们把我分在了投资与储蓄组，"他回忆说，"我发表了一番天马行空的讲话。"令金德意外的是，在他下台后，前 ICFP 总裁马德琳·诺维克对他说："你是整场会议里唯一突破常规思维的人！希望明年也能在这里见到你。"

金德在那次活动中还找到了一个和他志趣相投的人——时任 ICFP 总裁的理查德·瓦格纳。瓦格纳表示自己也读过尼德尔曼的书，并且有能力让更多的人了解金德的思想。金德笑道："这就像《卡萨布兰卡》(Casablanca) 在结尾所写的那样，'一段美好的友谊开始了'。"他们一起成立了纳斯鲁丁项目，这是一个极具影响力的智库，致力于研究与金钱有关的精神问题和机能障碍。1998 年，金德的著作《金钱成熟的 7 个阶段》出版，他受邀在 ICFP 年会上发表主题演讲。他随后成立了金德生涯规划协会（Kinder Institute of Life Planning），提供为期 5 天的生涯规划（Registered Life Planning）认证项目的讲习班。

2006 年，金德凭借在行业内的"创新者和影响者"地位，获得了由 FPA 颁发的"金融理财之心杰出服务奖"。他将自己的理念贯彻于日常生活之中：尽管演讲日程安排得十分紧凑，但他每年还是会抽出一部分时间到夏威夷哈纳休养身心——他称之为"自我生涯规划的一部分"。金德的第 3 本书是一本诗歌摄影集，他从未放弃过文学研究。"直到今天，"金德说，"我依然能从威廉·布莱克（William Blake）、威廉·莎士比亚（William Shakespeare）和但丁·阿利基耶里（Dante Alighieri）身上得到很多启发。"

2000 年 11 月，随着对理财行业生涯规划感兴趣的人群达到一定规模，NEFE 决定以这个概念为主题，在圣路易斯市赞助开展一个为期一天的智库研讨会。参会者包括 CFP 持证人，退休规划和产出性老龄化①方面的研究人员和顾问，一位研究老年病学和与年龄相关的就业问题的教授，人力资源顾问和公司高管，一位财富和慈善事业顾问，一位牧师兼职业专家，一家经纪公司的副总裁，以及生涯规划专家。会议召集者在 2002 年发表的一份报告中写道："随着理财行业的成熟，至少有坊间证据表明，这个行业的侧重点可能会从金融理财转向（人们的）金融和非金融需求这个更为全面且人性化的视角。"²⁴ 参会者一致认为，转型的第一步是"对有关生涯规划专业对话的多方面信息和定义进行彻底核查"。

> 随着理财行业的成熟……这个行业的侧重点可能会从金融理财转向（人们的）金融和非金融需求这个更为全面且人性化的视角。
>
> ——NEFE 生涯规划会议报告，2000 年 11 月

"生涯规划"定义的提出者是研究员、作家、退休准备与生涯规划顾问卡罗尔·安德森（Carol Anderson）和非常规智慧公司的创始人乔伊斯·科恩（Joyce Cohen）。非常规智慧公司主营产出性老龄化、职业转型和退休准备三大业务。他们在一份研究报告中写道：

> 生涯规划是一种综合性规划，适用于所有年龄段——无论是青壮年还是临近退休年龄的人。它依据的理念是：最成功、最令人满意的退休生活源于整个成年时期做出的一系列决策。这些决

---

① 产出性老龄化指的是在一个社会中，老年人发挥个人能力从事无偿或有偿的产品生产或服务工作。——译者注

策应该是着眼于未来的、经过深思熟虑的。

许多人注意到，"金钱""金融""财富""投资"等词并没有出现在这版定义之中。正如安永会计师事务所（Ernst & Young）的个人财务咨询部主管、CFP 持证人肯·劳斯（Ken Rouse）在其著作《给钱定好位》的引言中所说："欢迎加入一场关于金钱的讨论，但这场讨论以你为出发点，而不是金钱！"[25]

在这场主题为"生涯和退休规划在金融理财中的实际应用"的 NEFE 智库研讨会上，参会者在一个重大问题上达成了一致：金融理财师应当参与到生涯规划这一学科的发展之中。正如其中一位参会者所说："我们经常谈到'活在当下'这个概念，而生涯规划也在当下，或者说它早已处于进行时。不管我们是否参与其中，它都会发生。"

在之后的几年里，随着生涯规划逐渐被主流金融理财领域接受，理财师继续重新定义和探索这一概念及其实际应用。"我们可以称之为'精神个性'（Spiritanality）、生活新面貌、遗产和退休规划，"2004 年 5 月，CFP 持证人、CIMC、CRC 刘易斯·J. 沃克在《金融理财期刊》中写道，"你在词典里查不到'Spiritanality'，因为这是一个创造出来的词，用来表现'个性'（Personality）和'精神境界'（Spirituality）。"[26]

从生涯规划技术的整体发展情况来看，这个行业逐步走向了一条更为严谨的道路。CFP 持证人罗伊·迪利伯托和财务生涯规划协会（Financial Life Planning Institute）的联合创始人、非理财人士米奇·安东尼（Mitch Anthony）共同编制了一份检核单，帮助理财师跟进并了解客户生活中的各种事件。安东尼列出了 50 多项"可预测的、对财务有多方面影响的"人生转折事件，而迪利贝托则将这份清单运用到了他在费城的理财实践之中。他们于 2003 年公布了他们所取得的成果：这份清单不仅帮助迪利贝托"避免了不愉快的意外情况"，还"让客户学会筹划未来，应对那些在足龄退休、子女教育之外不可预知的事情"，比如配偶或父母突发疾病或意外致残。[27]

2008 年 6 月，卡罗尔·安德森和博士、CFP 持证人迪安娜·L. 夏普（Deanna L. Sharpe）公布了一项研究成果，这项研究的设计更为严谨。除了安德森和夏普，合作方还包括生涯规划联盟（Life Planning Consortium）的成员。生涯规划联盟是一个由金融理财师和宣传人员组成的临时联盟，其组织者是亚利桑那州一家咨询辅导公司——金融对话（Financial Conversations）的总裁安德烈亚·怀特（Andrea White）。针对沟通要素这一关键问题，安德森和夏普对部分理财师及其客户进行了调研。[①] 受访者的回答形形色色，但从总体上说，对于倡导生涯规划的人而言，该项调研的结果是令人鼓舞的。由此，安德森和夏普明确了"生涯规划方法典型的 5 项沟通任务"。他们认为，理财师如果完成这 5 项沟通任务，就能够在金融理财关系中直接提升客户信任度和投入程度。这些任务类似于金融理财六步规范流程，二者之间最大的差异体现在以下第 4 项和第 5 项：

- 在提供金融服务之前，理财师与客户相互界定责任范畴。
- 理财师帮助客户确定个人财务目标。
- 理财师通过系统化流程帮助客户明确其价值标准和目标优先级。
- 理财师尽己所能了解和深挖客户的文化期望、性格类型以及家族价值观。
- 理财师说明财务建议是如何配合与支持客户的价值标准、目标、需求和优先事项的。

---

① 该项研究由 FPA 联合主办，CFP 标委会提供资金，其指导方针主要源于 CFP 标委会确立的实践标准。安德烈亚·怀特将调查问卷转换成了电子格式，并创建了数据采集流程。

有趣的是，安德森和夏普发现，事实上客户更加看重理财师在了解其文化期望、性格类型和家族历史方面付出的努力。[28]

生涯规划、行为金融学、资产配置和其他理论基础能否帮助金融理财成为一个公认的正统行业？答案是肯定的，但是作用有限。正如本书第八章所写的那样，实践标准和教育要求等其他方面的发展可能更为重要。但随着相关知识体系的日益完善，理财师不仅有了更为广泛的实践技术手段，还更加清晰地理解了自己的使命。

实践模型的激增

在最初的设想中，金融理财是一项综合性服务：理财师不仅要制订理财方案，还要向客户提供有关税务、退休储蓄、薪酬福利、投资等其他问题的综合性建议。大多数理财师的确提供了全方位的金融理财服务，但新的工具和技术使他们在业务构建上有了更大的发挥空间。一些理财师成了专家，而另一些人则对"综合性"这个概念进行了延伸，提出了包括"生涯规划"和"全方位财务"在内的新名词。

在金融理财服务的发展初期，资金管理几乎不被视为综合性金融理财服务的一部分，除非这种服务的提供者是隶属于经纪交易公司的金融理财师。1988年，SEC的一份报告提道：

> 在大多数情况下，金融理财师并不负责管理客户资产，他们提供的服务主要是为客户制订理财方案，就该方案的实施提出建议，帮助客户完成与之相匹配的特定金融产品的买入或卖出。[29]

诚然，并非所有金融理财师都跟上述定义中的描述一致，SEC的报告还指出：

对于部分金融理财师而言，服务流程的最后一步是展示理财方案，金融理财师会在此时得到一笔服务费作为酬劳。然而，更为典型的情境是，客户拿到理财方案之后，在执行过程中往往需要购买金融理财师特别推荐的投资或保险产品。因此，金融理财师可能会与某家经纪交易公司、某家保险公司，或同时与这两者存在联系。金融理财师为客户服务所取得的报酬可能更多的源于其产品销售佣金，而不是通过展示理财方案获得的服务费。[30]

一些理财师并不希望自己被视为产品销售人员，他们往往选择仅收服务费的从业模式。仅收服务费模式在 20 世纪 80 年代赢得了从业者的青睐，当时台式电脑已经得到普及且其功能相对完备，因此理财师可以切断与经纪交易公司（及其大型计算机）的联系。在这之前，仅收服务费的理财师十分罕见——印第安纳波利斯比德尔金融咨询公司（Bedel Financial Consulting）的总裁、CFP 持证人伊莱恩·比德尔说：

> 在我刚成立公司的时候，（因为不收取佣金）国内到处都有人跟我说："你太傻了，白白放弃摆在你眼前的赚钱机会。"他们也许是对的，但我就是不愿意那样做。我通过仅收服务费模式开展金融理财业务，而很多理财师来自保险或经纪行业，收取佣金是他们工作的一部分。[31]

20 世纪 80 年代末到 90 年代初期，仅收服务费模式的一种变体出现了。AUM 概念的兴起促使理财师开始扮演资产管理者的角色，并从自己管理的客户资产中获得收益。理财师的优势是显而易见的，但是这个趋势令一些观察者感到担忧。1995 年，在《今日 CFP》（CFP Today）的一篇文章中，时任 NEFE 总裁的威廉·安塞斯提醒道，这种趋势是否明智，是否会在市场长期低迷、资产价值贬损时期使理财师后悔莫及，目前尚无定论。他说："别忘了，你们是为公众提供综合性理财服务的金融理财师，而不仅仅是资产管理人员。"[32]

在《金融理财期刊》1996 年 2 月刊的一篇评论文章中，CFP 持证人埃德·麦卡锡问道："我们迷失了方向吗？"20 世纪 80 年代，他写道："综合性金融理财是从业者衡量自己与客户的关系的标准……这种深度分析往往会产生综合性的理财方案——厚厚的一沓文件，其中详细的分析和建议动辄达到 50 页甚至更长的篇幅。"随着业务重心转向 AUM，"很多资深的理财师都承认，自己已不再制订详尽的书面方案了，特别是综合性理财方案。这种情况已经有好几年了。"麦卡锡写道，这种变化的"黑暗面"在于，部分理财师正在失去与其根系的联系，且很有可能沦为资产管理领域的一分子。[33]

> 部分理财师正在失去与其根系的联系，且很有可能沦为资产管理领域的一分子。
>
> ——埃德·麦卡锡评价资产管理，1996 年

在 AUM 模式下，利益冲突是固有的：只有当客户的资产真正处于"在管状态"时，理财师才能获益。例如，即使客户通过持有不动产或贵重金属也能获得收益，而理财师为避免失去收取资产管理费的机会，很有可能不愿做出这样的推荐。AUM 模式的另一个缺陷是：它建立在客户的资产价值总是会上升的假设上。在始于 20 世纪 90 年代的漫长牛市期间，这个假设的确成立。但是 2008 年开始的严重经济衰退，使遵循 AUM 模式的理财师被迫反思自己的方法能否带来长期性的盈利。

此外，一些金融理财师采用的是服务费和佣金相结合的模式，同时有少部分人会额外收取一笔私人聘用金。还有些人按工作时长收

费，比如加勒特理财网络公司的创始人、CFP 持证人谢丽尔·加勒特（Sheryl Garrett）。加勒特理财网络公司是一家致力于使金融理财服务惠及中低收入群体的全国性企业。加勒特将自己的商业模式比作"一家即来即办、治疗脚踝扭伤和打流感疫苗的诊所"——它能够帮助客户解决日常生活中的各类琐事。[34] 与之截然相反的是财富管理机构，它们致力于为高净值客户提供全面详尽的投资策略、遗产规划、慈善建议和其他服务。

还有一些理财师结合其他学科开展工作，他们与律师、心理学家、会计师等各个领域的专业人员合作，专注于为特定行业的人群服务，如医生、牙医和工程师。其中一项进展恐怕是在 40 年前金融理财诞生时所有人都未曾预料到的，即"自豪理财师"（Pride Planners）的成立。该团体由 3 名 CFP 专业人士于 1999 年创立，致力于为同性恋群体、其他非传统型客户及其家人提供服务。[35] 自 2001 年起，自豪理财师每年召开两次会议。

在许多理财师看来，专业化和完善的知识体系的形成似乎昭示着这个行业终于走向了成熟。但与此同时，公众是否也持有相同的看法，这一点仍然不甚明了。事实上，理财师群体的进一步多元化，是否会妨碍这个群体达成建立一致的公众形象的共识？随着金融理财行业进入第 5 个 10 年，想必围绕这个问题以及其他与行业定义相关问题的讨论和争议仍将持续下去。

第八章

对行业地位的追求

从一开始，在领导者的设想中，他们所要建立的金融理财不仅仅是一项事业，更是一个行业。刘易斯·G.卡恩斯曾说："为了从业者和大众，我强烈渴望提升行业水准。"这也解释了为什么在 20 世纪 70 年代，他自愿花费数百个小时从零开始开发 CFP 课程，并担任金融理财学院首任校董会主席。与卡恩斯和洛伦·邓顿共事的詹姆斯·约翰斯顿则梦想着培养出一批能够更好地服务消费者的新型金融专业人士。他们及业内同僚在谈及 CFP 专业人士时，总是坦然地使用"profession"一词（意为"对从业者的受教育水平要求较高的行业"）。1974 年，ICFP 通过了初版章程和细则，其中的一项道德准则规定："CFP 行业的崇高理想意味着，CFP 不仅要对个人负责，还要对社会负责……CFP 持证人应当遵守所有法律，维护行业的尊严和荣誉，践行这个行业的自我约束准则……"

　　在金融理财诞生 40 年后，这个行业的愿景实现了吗？金融理财是否拥有与法律、医学和神学等传统行业相同的地位？它是否如同某些从业者所说的那样，是名副其实的"400 年来首次出现的行业"？[1]同样地，生活在 2009 年的金融理财师是否希望他们的职业被视为一个行业，并承担这一地位所附带的义务呢？

对于上述所有问题，各方仍存在不同意见。20世纪80年代至90年代，任职于多家金融理财组织全国董事会的比尔·卡特在2008年的一番话道出了许多人的心声："我们正处于一个行业的襁褓阶段。但是，我们是不是一个真正的行业，我们自己说了不算，决定权在公众手上。如今，当你询问消费者他们会去哪儿寻求金融理财建议时，大多数人表示他们会去咨询CFP从业人士。"

当然，客观的评判标准也是存在的。人们普遍认为一个行业应当具备这些要素：教育、考试、从业经验、职业道德和纪律、证书或执业许可、公开透明的薪酬制度、政府监管、公共和社会效益，以及公众认可度。在金融理财领域，前4个要素被合称为"4E"，即教育、考试、从业经验和职业道德，它们一起奠定了CFP证书的颁授基础。

对金融理财师的教育

一个行业建立的首个要素就是，其成员应当具备丰富的理论知识并掌握建立在这些知识基础之上的技能。知识、学习和培训共同构建了一个行业的基石。詹姆斯·约翰斯顿在1969年领悟了这个道理，于是劝说洛伦·邓顿将教育作为他们事业的一部分。约翰斯顿说："我认为，彻底革新这个行业的办法是，教导从业者坐下来与客户交谈，讨论客户的理财目标，然后分析客户的整体情况，而不是仅仅背诵一套机械的推销话术，在完成销售后一走了之。"

约翰斯顿最终说服了邓顿。新成立的SFC在章程中提及如下目标：

设立一家教育机构，推出面向非共同基金和非保险行业人士的认证项目，以此证明特定个人所具备的能力和志向，并以金融咨询的形式向公众提供客观的财务指导与帮助。

他们设想中的教育机构就是日后成立的金融理财学院。刘易斯·G.卡恩斯和其他志愿者开始编撰学院的第一套 CFP 课程。课程以自学指南的形式呈现，由 6 部分组成：基础知识、资金管理、金融资讯、投资模型、有效金融理财的相关注意事项，以及咨询与消费行为研究。虽然以今天的标准来看，其早期的课程稍显单薄，但它是开创性的，因为它提倡为客户及其财务管理提供综合性服务。此外，它还提纲挈领地列出了金融理财规范流程的核心内容。

金融理财规范流程

金融理财师把金融理财描述为一个以客户，而不是以产品或一次性事件为中心的流程。多年来，这一流程的定义不断演变和发展。

20 世纪 70 年代

金融理财学院教育委员会的刘易斯·G.卡恩斯、詹姆斯·约翰斯顿、赫尔曼·W.尤尔曼，以及其余志愿者在教材的第 2 课中介绍了金融理财流程：

1. 收集并评估财务和个人信息。
2. 为财务目标和理财方案提供咨询服务。
3. 落地执行理财方案。
4. 协调理财方案中涉及其他人的各项要素。
5. 根据内外部变化，持续更新长期理财方案。

20世纪80年代

1983年，IAFP在推广金融理财从业者注册中心的宣传册中推出了由6个步骤组成的金融理财流程。这个以客户为中心的流程为制订成功的理财方案提供了行为指导。

对客户来说，有三个关键步骤：

1. 通过收集和评估相关个人信息和财务数据，判断现状。

2. 确定财务和个人目标。

3. 找出阻碍实现目标的财务问题。

对金融理财师来说，有三个后续步骤：

4. 提供符合特定标准的书面理财方案。

5. 实施或协调实施正确的策略，确保客户实现目标。

6. 对理财方案进行定期复盘和调整，确保客户按照预期轨迹前进。

20世纪90年代至21世纪初

1995年，CFP标委会开始为金融理财流程制定标准。2008年，CFP标委会将金融理财流程定义为包含以下6个要素中的部分或全部要素的流程：

1. 建立并明确与客户的关系。

2. 收集包括目标在内的客户资料。

3. 分析和评估客户当前的财务状况。

4. 制订并提交理财方案和（或）替代方案。

5. 落实理财方案。

6. 监督方案进展。

随后，志愿者继续补充课程内容：增加了有关税务规划、避税、养老金和分红制度的内容，补充了更多案例分析，并对教材内容、课外读物和教学方法进行了反复的评估与改进。

1979 年，金融理财学院聘请威廉·安塞斯出任院长。在安塞斯的领导下，学院的课程得到了完善，各项流程不断改进，学术人员招聘到位，CFP 课程的知识面也得到了拓展。同时，学院还致力于传播持续教育理念，但直到 1980 年，ICFP 开始代表学院监督和授予持续教育学分，学院才建立了一套跟踪毕业生持续教育情况的体系。ICFP 推出的政策要求持证人每年接受 30 小时的持续教育，并依靠诚信制度加以落实；到了 1986 年，学时增至每年 45 小时。不遵守规定可能会导致会员的状态从"正式会员"下降到"准会员"，ICFP 保留了核查相关文件的权利。

为了向学员提供持续教育的机会，自 1981 年开始，ICFP 每年召开一次研讨会。该研讨会主要面向资深理财师，他们可以获得关于"数字化管理"和"CFP 从业者应该了解的税务知识"等课题的教育指导。5 年后，ICFP 又推出了一个针对新手理财师的面授项目。在为期一周的活动中，学员被逐一分配给 CFP 导师，并以两两配对的形式开展案例研究。2000 年，ICFP 和 IAFP 合并成立 FPA，研讨会和面授项目仍作为重点项目被保留了下来。

教育机会增加

随着 1985 年 IBCFP 的成立，CFP 持证人享有了更多受教育机会。此外，凭借 CFP 商标所有者的身份，IBCFP 可以授予或撤销金融理财师使用 CFP 标识的权利。这标志着 CFP 从教育证书转向了专业证书。

1986 年，IBCFP 针对那些想要注册其教育项目的高校制定了课程标准。这些标准形成了一个大致框架，其中涵盖的知识包括个人金融理财。注册校方可以在这个框架下开发自己的课程，并为完成课程的学员颁发结业证书、学士学位或硕士学位证书。成功完成注册课程的学员将有资格参加 CFP 认证考试。截至 1987 年年底，除金融理财学院外，在 IBCFP 注册过课程的机构数量已经达到 24 家，其中包括阿德尔菲大学、佐治亚州立大学、普渡大学、圣迭戈州立大学和得克萨斯理工大学等。[2]

IBCFP 还允许那些持有特定资格证书（如 CFA、CLU、ChFC、商学或经济学博士学位、CPA 或律师从业执照）并从事金融理财工作 3 年以上的个人跳过教育要求直接报名参加 CFP 考试。同时，IBCFP 开始对完成与 CFP 课程同等学业的学员的成绩单进行审查。经审查并证实成绩达标的学员即可报名参加 CFP 考试。

1987 年，IBCFP 公布了金融理财学院的一项研究结果，这项研究的主题为 CFP 持证人专业技能职业调查分析。这项研究邀请了 2 000 多名正在执业的金融理财师参与调研，以确定他们在工作过程中所涉及的任务和所用到的知识范围。调查结果被拆分为 6 大板块：金融理财基础知识、保险规划、投资规划、税务规划、退休规划与职工福利，以及遗产规划。此后，调研中的这些类别基本保持不变。一年之后，也就是 1988 年，IBCFP 根据职业调查分析确定了主题领域，为 CFP 持证人制定了持续教育要求。如今，这项要求规定持证人需每两年完成 30 小时的持续教育，其中包含至少 2 小时的 CFP 标委会道德与实践标准学习。

1987 年职业调查分析的研究结果为 1990 年修订的注册教育机构示范课程和 CFP 考试内容奠定了基础。此后这项调查分析工作均由独立的科研机构负责，约 5 年开展一次。在 CFP 标委会看来，这项定期开展的调研能够确保 CFP 标委会的教育要求符合金融理财行业当前的实践情况，能够满足执业人士所需的知识——这些知识使得执业人士能够"在没有监督的情况下向公众提供全面的金融理财建议"。以 2004 年为例，这一年的调研确定了 89 个金融理财主题，包括现金流管理、保险需求分析、员工认购股权、投资策略、所得税基础原理与计算、合格理财计划规则与可选项目，以及针对非传统关系的遗产规划。

2000 年，得克萨斯理工大学开设了第一个金融理财博士学位。为了帮助更多高校开设该学位，CFP 标委会和金融服务学会于 2004 年达成合作，计划开发一套示范课程。为了体现学术界的最优理念和给准备从事个人金融理财事业的学员提供优质课程，组织者鼓励参与这项工作的科研学者畅所欲言，无须拘泥于 CFP 标委会列出的主题范围。

另一项学术工作致力于促进金融理财知识体系的发展。1979 年，《ICFP 期刊》①开始刊登供学术界和从业群体阅读、经过业内人士评审的文章。1991 年，金融服务学会和金融咨询与理财教育协会等学术团体也陆续在经专家评审的期刊上发表有关金融理财的研究性论文。³ 为了表彰研究者的贡献，CFP 标委会给那些在学术上、从业者或消费者出版物上发表经典研究报告和观点的作者颁发了奖励金。1994 年，CFP 标委会开始为个人金融理财领域的原创性研究项目提供津贴和奖励。

2006 年，CFP 标委会参照其他认证机构的条件，重新评估了其教育标准，并对多个标准进行改进，其中包括要求 CFP 认证申请人持有学士学位。这项要求于 2007 年生效。

截至 2008 年年底，全美注册金融理财教育项目的数量达到 341 个，分别由 213 所高校提供。其中，200 个项目会在完成后授予

---

①《ICFP 期刊》后来更名为《金融理财期刊》。

学员结业证书，91 个项目授予学员本科学位，46 个项目授予学员研究生学位，还有 4 个项目授予学员博士学位。[4]

> 极少有人像我们一样，从零开始建立一个行业，并担负为行业未来奠定良好基础的重任。
>
> ——理查德·瓦格纳

认证考试：掌握度的证明

构成行业的第二个组成要素是具有检验的能力，能够对希望进入该行业的人在理论和实践知识掌握程度上进行区分。而对于大多数行业而言，这种检验通常以考试的方式进行。

1972 年，金融理财学院教育委员会的志愿者完成了首次 CFP 考试的筹备工作，试卷共由 150 道论述题组成。随后，备考课程在全国各地开设，均由金融理财从业者和具有相关研究生学位的人员讲授。

金融理财学院的课程分为 6 个科目：金融理财概论、风险管理、投资、税务规划、退休与职工福利、遗产规划，学员需要在完成一个科目的学习后，才能参加该科目的考试。IBCFP 向金融理财学院以外的教育机构的合格考生开放考试时选用这种由 6 个科目组成的系列考试形式。

然而几年后，IBCFP 开始考虑将分 6 次进行的系列考试改为一次完成的综合性考试。IBCFP 领导人小 P. 肯普·费恩和蒂姆·科基斯都是这一革新的倡导者。科基斯回忆说："如果我们想让 CFP 作为一种职业证书而受到尊重，那么这项考试必须是一种一次完成的综合性考试。"

10 小时的综合性 CFP 认证考试于 1991 年正式推出。IBCFP 执行董事罗伯特·戈斯称这次考试革新是 "CFP 认证的一个重大里程碑"，并补充说："新的考试流程类似于律师考试和 CPA 考试。"《IBCFP 简报》（*IBCFP Bulletin*）于 1992 年 11 月刊登的一篇文章解释道："（考试的）目的已经从教育考试转变为 1987 年职业调查分析所定义的一种衡量金融理财从业能力的测试。"

截至 2009 年，CFP 考试继续反映着最新的职业调查分析结果，同时也在由金融理财师和学者组成的志愿者的协助下进一步完善试题。CFP 组织者编写的试题都通过了相关性、公平性、有效性和可靠性分析，并由金融理财从业者进行了模拟作答测试。2008 年，共有 6 908 人参加考试。自 1991 年以来，这项考试的平均通过率为 57%。

从业经验

在金融理财业发展的早期，多数从业人士在取得 CFP 证书之前就已经具备了多年的相关从业经验，因此他们认为没必要证明自身的能力。

随着 IBCFP 的问世，从业者证明其从业经验的需求得到了满足。1989 年，IBCFP 补充了一项 CFP 认证要求：学士学位持有者需具备 3 年的个人金融理财行业相关从业经验，而无学位者则需要有 5 年的相关从业经验方可取得证书。这项规定于 1999 年又被修订，将个人金融理财过程中的督导、支持和教学工作也列入了相关从业经验。自 2007 年起，CFP 认证开始要求申请者必须拥有学士学位，因此 5 年相关从业经验的要求不再适用。2008 年，由 CFP 标委会设立的一个专项小组再次审查并确认了 3 年相关从业经验的要求。

如何获得相关从业经验是一个亟待解决的问题。时任 CFP 标委会对外关系主管的安妮·克恩（Anne Kern）在 2005 年年初指出：

> 我们看到越来越多的人选择在这个领域开创自己人生中的第一份事业，他们都在寻找合适的入门岗位。许多资深理财师往往会与规模较小的独立理财公司合作，而这些公司又难以提供大量岗位给那些具备教育背景但缺乏相关从业经验的年轻毕业生。

为了帮助年轻的理财师积累经验，CFP 标委会鼓励就职于企业的资深理财师设立实习和初级岗位——无论其所在企业的规模如何。此外，通过投票表决，CFP 标委会决定将在 CFP 从业人员监督下完成的公益性金融理财工作也纳入其经验要求的范畴。

FPA 则通过在线招聘、在线上传个人简历，以及在地方、区域和全国性会议上举办职业发展讲座等方式，为年轻的理财师群体提供支持。各地分会努力通过当地会员为新晋金融理财师安排实习岗位。新晋理财师还可以通过参与为期一周的 FPA 驻校项目，获得 3 个月的从业经验学分。

道德标准：初期发展历程

一个行业的第 4 个决定性要素是，是否奉行高标准的道德准则。正如 ICFP 于 1982 年发布的一份题为《职业道德的相关概念》的报告中所说：

> 专业人士的一个显著标志是主动承担对公众的责任……而真正意义上的道德操守，绝不仅仅是遵守明文禁律。相反，它要求我们坚定不移地奉行高尚的行为准则，即使牺牲个人利益也在所不惜。

金融理财行业的先驱深知道德标准的重要性。洛伦·邓顿的金融咨询学会的章程中写道：应该对那些遵纪守法、符合金融咨询道德标准并切实向公众分享知识财富的人予以表彰。

IAFP也通过了一项道德准则与协议，并将遵守该准则与协议列入了入会条件。同样，金融理财学院也制定了自己的道德准则，它于1975年明确的办学宗旨之一便是"宣扬、定义、维护和促进职业行为道德标准"。同年，金融理财学院表露了其强制执行道德标准的意愿。因为一名CFP毕业生在法律和道德上存在问题，校董会拒绝向其授予CFP称号。直到他完成了加利福尼亚州法院提出的赔偿要求且缓刑期满后，校董会才重新考虑了他的申请。"校董会可以自由裁度是否授予CFP称号，"时任校董会主席的刘易斯·G.卡恩斯说，"这意味着，并不是说学员只要圆满完成了学院课程，就自然享有获得CFP称号的权利。"[5]

道德准则也是于1974年通过的ICFP初版基本章程和附则的组成部分，但这项准则缺乏有力的执行手段。1975年，CFP持证人戴维·金抱怨道："我们无法处罚、暂时开除或谴责某一名CFP持证人，即便他犯下了重大盗窃罪。"戴维·金后来在1977—1979年担任ICFP总裁，在1984—1985年担任金融理财学院校董会主席，在1985年担任IBCFP首任董事会主席。

到1977年，道德准则已历经数轮修改，但执行该准则的唯一办法仅仅是谴责或开除违反规定的成员。第一次开除事件发生在1978年，ICFP在得知一名成员因违反几项证券法规而被吊销了保险执业许可证，而且可能面临刑事指控以后，开除了该成员。ICFP的相关材料中记录了这名成员的上诉权利。

ICFP一直坚持审查可能存在的违反道德准则的行为，直到1988年，它才将道德准则的执行工作移交给成立于1985年的行业标准制定组织——IBCFP。本·库姆斯提醒ICFP的会员，在新成立的

IBCFP 的管辖下，监管会变得更加严厉。他说："对违规者的处罚将不仅仅是剥夺其会籍，还有可能是取消其 CFP 资格。"

金融理财学院也准备将其道德准则的执行工作移交给 IBCFP。学院总裁威廉·安塞斯的办公桌上有一个投诉信箱，里面装着一些公众对往届学员不当行为的投诉。"据我所知，学院从未撤销过任何一名毕业学员的 CFP 称号，"他后来回忆说，"但我们知道，现在是时候做出改变了。"

道德标准：新的监督机制

1985 年，IBCFP 刚刚成立，建立并执行道德标准是它的首要任务。到 1986 年 6 月，它已经通过了一项道德准则，这项准则基于 7 项基本原则：正直诚信、客观公正、专业胜任、公平合理、保守秘密、专业精神和恪尽职守。这 7 项原则在 2009 年仍然有效。

正如库姆斯所预测的那样，对违规者的惩罚的确变得更加严厉：谴责、暂停、撤销或驳回 CFP 认证标识的使用权。戴维·金曾在 1986 年表示："我们首先要做的一件事情就是证明我们有能力保护公众，避免他们因为 CFP 持证人做出违反道德准则的行为而受到伤害。"

> 行当与行业的区别在于后者受良知约束。
>
> ——小查尔斯·G. 休斯 [6]

这个新成立的机构在同行审查制度的基础上，制定了纪律处分规则和程序，并开始认真调查投诉案件。早期备受关注的案件之一发生在 1987 年：安东尼·佐尔格曾是金融理财学院第 2 任院长，后来他成了加利福尼亚州一家涉嫌贪污的股权公司的高管，并因邮件诈骗罪被判入狱 4 年。IBCFP 永久性地取消了佐尔格使用 CFP 认证标识的资格。截至 1991 年，已有 44 名金融理财师因违反道德准则而被永久取消了使用 CFP 认证标识的资格。[7]

后来，为确保程序的公平性与正当性，CFP 标委会进一步改进了纪律处分规则和程序。修订后的规则和程序规定，相关持证人有权对投诉做出答复，提供有利于自身的人证和物证，委托法律顾问代表为其辩护，以及对判决提出上诉。

2008 年，CFP 标委会公布，纪律道德委员会年均受理 80 起案件。2007 年，基于合理理由，CFP 标委会工作人员着手调查了约 1 300 起案件，其中 72 起交由纪律道德委员会审查。在这 72 起案件中，有 7 名持证人被永久禁用 CFP 标识，6 人被暂时除名，6 人遭到公开警告处分。

> 金融理财是一个行业，但并非所有金融理财师都当得起专业人士的称号。
>
> ——刘易斯·J. 沃克

在剩下的 53 起案件中，有的受到了非公开批评的处分，有的被裁定驳回。1987—2008 年，共有 306 人被永久性地取消了使用 CFP 认证标识的资格。[8]

2009 年，第一位非持证人"公众"代表加入了 CFP 标委会的纪律道德委员会，在此之前，委员会全体成员都是 CFP 持证人。CFP 标委会表示，这一改变是借鉴了其他成熟行业的做法。

在 2008 年《CFP 标委会报告》（*CFP Board Report*）的一篇文章中，CFP 标委会针对其纪律处分程序写道：

纪律道德委员会对判决和处罚做出的改变以及上诉程序的设计，反映了 CFP 标委会对程序公平性和正当性的关注。对于极端案例，纪律道德委员会不惜处以永久撤销 CFP 标识使用权的最高处分，这体现了 CFP 标委会维护证书信誉和保护公众权益的决心。

道德标准：强化道德准则

20 世纪 90 年代初，IBCFP 开始修订《道德准则和职业责任》。这项工作由 CFP 持证人杰克·布兰金希普牵头，他后来成了 CFP 标委会（由 IBCFP 于 1994 年更名而来）的总裁。他在 2008 年说："我们希望它能比以往任何时候都更有力地表明，CFP 持证人的首要任务就是对客户负责。如同我们现在所知道的那样，这是受托标准的开端。"

布兰金希普在全国各地推行新准则时遇到了不少阻力。"金融理财师说'你们为什么要这么做？这不是在给我惹麻烦吗？我没办法达到这个标准'。"他后来回忆说，"显然，他们中的许多人仅仅将金融理财视为一种产品交付方式，而不是一个向客户提供咨询服务的行业。"

与布兰金希普一样，比尔·卡特也在负责起草新道德准则的专项委员会任职。他于 2008 年回忆称："初版道德准则受到了 CFP 持证人的排斥，里面有太多'你不应该'，所以我们不得不回过头来修改这些语句。"

道德准则最终于 1993 年通过，其中提出了一些新的披露要求。当年担任 ICFP 董事会主席的理查德·瓦格纳写道：

面对新的披露要求，CFP 群体并没有畏缩和逃避。相反，他们完全遵循诚信和目标要求……CFP 持证人主张充分披露、严守法律精神，以及完全接受受托责任。[9]

1995 年，这个不久前更名为 CFP 标委会的组织申明了一项使命，宣告它将作为行业监管机构启动一个新的项目：为行业制定实践标准。这些标准讲述了 CFP 持证人在提供涉及金融理财流程 6 大要素的专业服务时的最佳实践方案，以及每项标准与道德准则之间的联系。对于业务包含金融理财或金融理财流程要素的持证人而言，实践标准是强制性的——尽管 CFP 标委会只是鼓励所有金融理财专业人士遵循这些标准。2002 年，实践标准的最终版本生效，直至 2009 年，它们仍然具有约束力。[①]

道德标准：确立受托义务

CFP 标委会对道德准则的又一次重大修订始于 2005 年，并最终于 2008 年通过。新增内容主要是一项针对金融理财服务受托人的"谨慎义务标准"（Standard of care）。新的道德准则将受托人定义为"以其认为的符合客户最大利益的方式并抱着最大诚意行事的人"。

强调受托责任既是此次修订的动机，也是使它区别于前几版准则的主要特征。但是，将金融理财师作为受托人一事已经存在很长一段时间。事实上，IBCFP 的第一份道德准则便提到过"受托人"一词，虽然它只出现在代理客户资产的特定情境下。"CFP 专业人士在代理客户资产时，应承担规定的谨慎义务。"准则中写道。[10]

---

① 有关实践标准的更多信息，详见本书第四章。

但是，部分金融理财师坚持认为，受托责任远远超出了代理客户资产的范畴。在 ICFP 于 1985 年召开的研讨会上，参会者同意在监管意见中规定：在 SEC 注册成为投资顾问的 CFP 从业者为受托人。ICFP 认为，金融理财服务通常包括投资建议，这是《1940 年投资顾问法》中的"谨慎义务"所规定的内容。"这是思想上的突破，也是提高 CFP 从业标准的开端。"杰克·布兰金希普表示。

1987 年，担任 ICFP 总裁的 CFP 持证人小查尔斯·G. 休斯明确指出，专业的金融理财师会将客户利益置于首位：

> 金融理财师若是首先担负顾问的角色，并使人们普遍认识到这一点，那么金融理财将实现成为一个被广泛接受的行业的目标……然而，鉴于现代金融理财植根于销售业务，因而实现咨询服务和产品交付的分割是一项艰巨的任务……这是一种思维模式和态度的转变，就像是脑海中有一个小开关被"咔嗒"一声打开。金融理财师的自我认知、工作安排、对客户的看法，都会发生根本性的转变。客户至上将变成一种恒定意识，甚至变成一种思想包袱……这是一个艰难的转变，难得要命。但当这种转变发生时，客户和顾问都能意识到。[11]

两年后，时任 ICFP 总裁的布兰金希普坚决主张 CFP 从业者应发展一种以受托责任为核心的"行业文化"。布兰金希普在那段时间的几次演讲中都阐明了这一点："其他人也可以选择是否承担受托责任……但 CFP 持证人必须接受受托人的角色。公众希望如此，法院希望如此，我们本身也必须要求如此。"

经过近 20 年的时间，布兰金希普关于金融理财师受托人身份的理念才被写入准则。在 CFP 标委会的《职业行为标准》（*Standards of Professional Conduct*）修订版中，第 1.4 条明确规定了以下义务：

持证人应始终将客户利益置于自身利益之上。当提供金融理财服务或交付金融理财过程中涉及的具体要件时，持证人应对客户承担由 CFP 标委会规定的受托人谨慎义务。

这将谨慎义务的底线由上一版规定的"合理和审慎的职业判断"提高到"始终将客户利益置于自身利益之上"。然而，受托标准的执行范围仅限于金融理财服务。

谨慎义务在 FPA 的推动下又向前发展一步。2008 年 8 月，FPA 董事会通过了一项决议，针对所有 FPA 会员（无论是否是 CFP 持证人）确立了谨慎义务标准。

所有金融理财服务需依照以下谨慎义务标准实施：

- 将客户的最大利益置于首位。
- 以应有的谨慎和最大的诚意行事。
- 不得误导客户。
- 充分且公正地披露所有重要事实。
- 披露并秉公管理所有实质性的利益冲突。

在写给会员的一封信中，FPA 总裁、CFP 持证人马克·约翰尼森（Mark Johannessen）写道："谨慎义务标准体现了 FPA 的信念，即无论业务模式、薪酬结构或专业资质如何，我们这些坚称自己是金融理财师的人都会承担起受托责任。"

尽管业内存在一些反对新受托标准的人，但另一些人则对新标准推崇备至。鲁滨逊和休斯在 2009 年这样描述 FPA 的谨慎义务标准："再见了，'诱饵和调包术'！无论你如何在客户关系中偷梁换柱、妄图借此逃避受托责任，这些把戏的本质都终将大白于天下。"[12]

人物简介：杰克·布兰金希普

20 世纪 80 年代和 90 年代，有一个词让许多金融理财师一听就来气：受托人。当听说这个词要用在自己身上时，他们认为这是在"招惹不必要的麻烦"。而且，这些金融理财师在表达自己的对立情绪时丝毫不留情面。布兰金希普记得，在发表关于将金融理财师作为受托人的讲话时，他看到一些金融理财师带着怒气离开了会议室。他回忆说："一些人甚至把硬币和小番茄丢向讲台以示抗议。"

但是，布兰金希普从未放弃或屈服。他坚守着两个核心信念：CFP 证书应该是唯一的金融理财证书，CFP 从业者应肩负起受托责任。他在 2008 年的一次采访中表示："无论是过去还是现在，我的观点都是，CFP 证书代表的是一种不能轻易推脱的责任。"

布兰金希普的这些坚定信念并不是一朝一夕形成的。1964 年，当他从南伊利诺伊大学获得经济学硕士学位时，这名海军退伍老兵从未考虑过要成为一名金融理财师。他先是在卡特彼勒拖拉机公司的商业经济部工作，后来又在一家证券公司担任股票经纪人。据他所说，这家证券公司将他调到了位于纽约的全国培训部，他在那里负责的其中一个项目是编写一本 40 页的手册，这本手册主要讲的是"股票经纪人在与客户合作时如何采取整体性策略"。大约在那个时候，布兰金希普听说了位于丹佛的金融理财学院。"因此，当我在 1974 年创办自己的公司时，我决定要取得 CFP 称号，"他说，"一方面，我想接受全面的金融理财教育；另一方面，我认为这个证书能够帮助我在同行竞争中脱颖而出。"

他表示，从那以后，推广CFP称号几乎成了他的一种执念。"我觉得自己有必要成为金融理财变革的一员，正如我们所说的那样——在努力推动行业向前发展、提高CFP称号的地位的同时，我们将成为一项伟大事业的一部分。"布兰金希普在金融理财组织中的职位迅速上升：1982—1983年，担任IAFP圣迭戈分会会长；1989—1991年，担任ICFP总裁兼董事会主席；1994—1995年，担任CFP标委会总裁兼董事会主席。

"有些人无法理解我为什么在这件事上表现得如此狂热，"他说，"在CFP持证人受托责任的问题上，我绝对属于少数派。我们围绕这个词纠结了很长一段时间，但我还是决定把它用到我的讲话里。然而，在CFP标委会于1993年推出的道德准则修订版中，这个词一次也没有出现过，尽管这版准则奉行的理念是CFP持证人首先要对客户负责。"

15年后，CFP标委会于2008年出台的道德准则修订版中正式采纳了受托标准，这证明了布兰金希普的观点的正确性。"这向世界表明，CFP专业人士会将客户利益置于自身利益之上，"布兰金希普说，"这也是我长久以来的心愿。"

统一称号

每个行业通常都会设法建立注册处或证件颁授制度，通过授予合法身份使其成员有别于他人。金融理财行业面临着一个艰难的抉择：哪一种注册方式、会籍或称号可以帮助个人充分证明其金融理财专业人士的身份？

对于许多 ICFP 会员而言，答案只有一个：CFP 认证。然而，包括早期 IAFP 领导人在内的一些金融理财师对此持反对意见。他们坚称，CFP 并不是一种认证，只是受到法律认可的能力和道德行为标准。

就连第一批 CFP 持证人也不知道如何理解这个问题。金融理财学院首届毕业班成员本·库姆斯回忆道："我之所以来参加学院的第一届授予仪式和随后的会议，是为了搞清楚我的身份是什么，或者说成为一名'CFP 持证人'意味着什么。"

库姆斯与其他 ICFP 成员很快成为将 CFP 资格认证作为行业标杆的热心倡导者。同为金融理财学院首届毕业班成员的小 P. 肯普·费恩也是这些倡导者中的一员。1987 年，时任 IBCFP 董事会主席的费恩撰写了一份白皮书，简要论述了为什么金融理财师应当统一围绕 CFP 这个称号而凝聚在一起。[13] 他表示，此事刻不容缓："我们必须抓紧时间避免各类认证项目之间的竞争加剧，以及消除公众对金融理财证书有效性的困惑。"

费恩详细阐述了 CFP 资格认证相对于同类竞争者的优势所在。首先，IBCFP 只会向那些在教育和经验上达到要求，以及通过了多项严格考察的申请者授予使用 CFP 称号的权利；其次，CFP 资格认证作为金融理财专业人士的"主流"认证方式，得到了公众的广泛认可；最后，CFP 标识是唯一受法律保护的金融理财认证商标。费恩强调："IBCFP 能够有效地监管职业素养的 4 个基本组成部分，即教育、考试、从业经验和职业道德。"费恩以"同一个行业、同一个称号"总结了他的观点，这句话很快就成了一个响亮的口号。[①]

一年后，也就是 1988 年，SEC 认可了 CFP 证书，并指出："CFP 似乎正在成为这个领域认可度最高的认证称号。"[14]

---

① 有关费恩白皮书的更多信息，详见本书第四章。

人物简介：小 P. 肯普·费恩

1988 年，在一次全国性的金融理财师会议上，小 P. 肯普·费恩上台发表了题为"同一个行业、同一个称号"的演讲。费恩构想了一幅将 CFP 称号由教育证书转变为职业证书的蓝图。根据当时《金融产品新闻》（*Financial Product News*）的报道，费恩说："当务之急是要尽快选择一条正确的道路，一条通向职业化的道路。"

费恩的儿子保罗（Paul）也是一名金融理财师。他记得父亲说过这样一句话："我将不再以 ChFC、CLU 和 CFP 持证人小 P. 肯普·费恩的身份为人所知，我是 CFP 持证人小 P. 肯普·费恩。"

要说谁在这个行业内最具有影响力，费恩当仁不让。费恩是金融理财变革的先驱、首位注册 CFP 课程的学员，也是 1973 年首届毕业班的一员。他成立了 IAFP 的第一个地方分会——田纳西州诺克斯维尔分会，协助创立了 IBCFP，并担任这个组织的董事会主席；他还是 ICFP 的创始人、总裁和董事会主席。"费恩是这场变革的早期狂热分子，"金融理财学院首任校董会主席刘易斯·G. 卡恩斯回忆说，"他热情地从各个层面支持着这场变革的每一项进程，他是一位当之无愧的行业领袖。"

费恩早年是一名工程师，后来转行成为一名股票经纪人。他曾经说过，这是他当时能得到的最接近金融理财师的工作。他很快了解到，对于股票经纪人来说，在活跃的交易中才能获利最多。"对股票经纪人来说，'长期'就是当天下午 5 点。"1987 年，他在接受《诺克斯维尔新闻前哨》（*Knoxville News-Sentinel*）的采访时说。同年，他被《金钱》杂志列入了美国"最佳金融理财师"名单。

在遇到洛伦·邓顿时，费恩正在寻找以客户为中心的教育项目。"我认为金融理财可以满足我们的愿望，"他说，"我也赞同邓顿关于设立金融理财认证称号的主意。"[15]

1990年，费恩在接受《金融理财期刊》的采访时说："取得CFP认证称号完全改变了我的行事风格。"客户对他的印象在短短几年里就从推销员变成了顾问。不过他指出，这个行业还有很长的路要走。除非CFP的足迹遍布每个村落，否则我们很难被视为专业人士。

1993年，ICFP设立了"小P.肯普·费恩奖"，以表彰对金融理财行业做出特殊贡献的个人。ICFP提名费恩为第一位获奖者——当时，费恩正在与癌症抗争。一年后，费恩逝世，享年54岁。

2008年，保罗·费恩谈起父亲时说：

> 父亲为金融理财变革贡献了大量的精力和时间。他也因此错过了很多球赛和家庭聚餐，但作为家人的我们从不后悔，因为我们明白他是多么希望金融理财能够发展壮大，并达到一个行业的最高标准。

那么费恩的愿景实现了吗？"金融理财行业的前景广阔，但有些人仍将金融理财视为一种销售工具，"保罗·费恩说，"我们仍在努力实现目标，即在统一的监管环境下，团结在一个专业教育项目和CFP认证称号周围。但我觉得父亲会感到欣慰，因为我们正朝着正确的方向前进。"

然而，在接下来的几年里，费恩的愿景时常与现实发生冲突。1990 年，他家乡的报纸《诺克斯维尔日报》(*Knoxville Journal*) 引用了一位不知名的评论家的话，称 CFP 资格认证是"一个正在找寻行业归属的商标"。就连倡导者也不得不承认它的局限性。同年，本·库姆斯在接受《金融理财》9 月刊的采访时，就 CFP 资格证书的价值评价道："它要么毫无价值，要么是无价之宝。这取决于每一位 CFP 持证人的奉献与敬业精神。"

1992 年，时任 IBCFP 总裁的 CFP 持证人汤姆·L.波茨博士写道："我们在未来几年面临的最大难题是，如何将 CFP 持证人与那些缺乏职业道德和胜任能力的金融理财从业者区分开。"[16]

库姆斯、波茨和其他 CFP 倡导者一直坚守着自己的信仰，并且在这些年取得了一些意义重大的胜利：

- 1994 年，在美国最高法院的一项裁决[①]中，法官引用了 CFP 标委会关于 CFP 认证价值的陈述意见，并肯定了其在授予 CFP 称号之前对候选人进行严格审查这一行为。
- 1995 年，NCCA（美国认证机构委员会）认可了 CFP 标委会的认证项目，这是官方首次对金融服务认证项目进行认可。CFP 标委会之所以获得 NCCA 的认可，主要是因为 CFP 标委会阐明了 CFP 认证是基于法定测试要求和普遍接受的认证标准的。
- 1997 年，IAFP 董事会通过了一项认可 CFP 认证的决议。
- 1998 年，美国地方法院的一项裁决声明，CFP 认证是"独特而知名"的。
- 2002 年，美国专利商标局批准了 CFP 认证标识，这为 CFP 认证项目提供了更加坚实的保障。

---

① 详见本书第四章。

> CFP 标委会的崇高道德标准及其对其道德标准的积极践行，包括公开发布纪律处分信息，是令 CFP 称号有别于其他认证称号的关键因素。
>
> ——玛丽莲·卡佩利·迪米特洛夫（Marilyn Capelli Dimitroff），
>
> 2009 年的 CFP 标委会主席

群雄角逐

"单一称号"的赛场几乎从一开始就挤满了选手，但多年来，CFP 称号有两个强劲的竞争对手。

一个竞争对手是 PFS，颁授单位是 AICPA 的个人金融理财部门，授予对象是具有个人金融理财服务经验且符合 AICPA 规定的其他资格要求的注册会计师。

另一个竞争对手是 ChFC，该称号由美国学院授予，在 1982 年作为专业称号而设立。2008 年，取得 ChFC 称号的人数较上一年同比增长了 18%，可见其认可度正在逐年提升。2009 年 2 月，美国学院的一份新闻稿称 ChFC 是"金融理财最高标准"，并将其誉为"对金融理财专业人士而言最可靠、认可度最高的证书"。但是，这番高度评价忽略了一个事实——区别于 CFP 称号，ChFC 资格认证的内容并不包含综合考试、受托责任和道德标准的执行。

然而，上述只是众多称号中的两个。2008 年，FINRA 在其网站上列出了 80 多个金融服务称号，并郑重声明，将这些称号列入榜单绝不暗含任何推荐之意。声明指出：

> 并非所有认证称号都具有相同的意义或需要等量的努力才能获得。……有些称号规定了正式的认证程序，包括考试和持续教育，其余称号也许只能表明持证人已缴纳会费，还有一些不过是营销手段。[17]

认证标准的第三方认可被视为区分合法称号和那些只不过是营销噱头的称号的一种方式。截至 2008 年，尽管其他组织正在试图取得第三方认可，但只有 CFP 标委会这一家金融服务认证机构已经成功获得了第三方认可。

薪酬模式

多年来，在努力使金融理财成为一个被认可的行业的过程中，金融理财师一直在争论：薪酬模式是否是一个决定性因素。NAPFA 自 1983 年成立以来，一直提倡采取仅收服务费的金融理财服务模式，并且要承担受托责任。相比之下，ICFP、IAFP 和后来的 FPA 都认为，无论是服务费、佣金还是某种组合收费，这些都不是关键问题。相反，关键问题在于金融理财师的诚信和奉献精神，即向客户充分披露薪酬的获取方式，并将客户利益置于首位。

1987 年 11 月 8 日，在《诺克斯维尔新闻前哨》发表的一篇文章中，小 P. 肯普·费恩解释道，1975 年，在刚开始从事这项业务时，自己主要采取的是基于佣金的服务模式，虽然后来转向了主要基于服务费的服务模式，但一个"值得尊敬的人"无论采取佣金模式还是服务费模式，都能够为客户提供优质的建议。他表示，关键在于"将客户利益置于首位"。

讨论的另一个焦点是如何应对理财关系中的利益冲突问题。在《金融理财期刊》1989 年 10 月刊的一篇文章中，CFP 持证人 H. 林恩·霍普韦尔写道：

> 为什么这个行业存在这些薪酬标签（服务费、服务费加佣金、仅收服务费、费用抵交）？一个主要原因是，这些标签会向客户透露与薪酬相关的利益冲突。但是，与薪酬相关的利益冲突是唯一需要沟通的重要信息吗？

林恩主张建立一个"利益冲突目录"，并附上处理这些冲突的指导方针。他总结道：

> 毕竟，专业精神并不取决于是否得到政府许可，是否有一个自律组织，以及你的名字后面是否跟随着一串由字母组成的认证头衔，而是取决于你的所作所为。只有如同专业人士一般行事，我们才会成为专业人士。更好地处理利益冲突将改善我们的行为。

专业精神并不取决于是否得到政府许可，是否有一个自律组织，以及你的名字后面是否跟随着一串由字母组成的认证头衔，而是取决于你的所作所为。

——H. 林恩·霍普韦尔

JD、CFP 持证人理查德·瓦格纳在 1990 年的一篇文章《像 CFP

那样思考……》中正面阐明了自己对薪酬问题的看法：

> 我认为，针对基于佣金的服务模式的争论并不是说收取佣金的金融理财师会故意损害客户利益，也不是说收取佣金就是坏的，收取服务费就是好的。相反，对这两种金融理财师来说，通过转销产品赚取利润差额的不良后果在于，它掩盖了我们这个行业真正的影响力与潜力。特别是，我们已经因此忽视了服务方式的发展。[18]

1992 年，时任 ICFP 董事会主席、CFP 持证人马德琳·诺维克也持类似立场：

> 金融理财师对薪酬模式的选择属于业务或营销方面的决策，而非道德决策……无论采用何种薪酬模式，专业精神取决于个人诚信，并非第三方薪酬。[19]

不过，金融理财师群体在这个问题上仍然存在分歧。一些人建议进一步向客户披露薪酬情况。2000 年，CFP 标委会提议修改其道德准则中的披露要求。新规定将要求对服务费和佣金模式的薪酬（无论是按照百分比还是按照以固定金额收取），以及客户的总成本进行"合理的"细分。

这些改革举措成了争论的焦点。在它们被发布到 CFP 标委会官网后，金融理财师的评论如潮水般涌来。新规则的支持者大多采取的是仅收服务费的薪酬方式，而反对者主要采取服务费加佣金或仅收佣金模式。[20]

作为回应，CFP 标委会对这一要求进行了修订，抹去了有关特定百分比、固定金额和总成本的规定。新修订的第 401 条规定于 2003 年生效，它要求所有 CFP 持证人必须向客户披露利益冲突和薪酬结构。而第 402 条规定则更进一步，它要求参与金融理财的 CFP 持证人在金融理财服务开始之前，提供针对实质性信息的书面披露，包括利益冲突和薪酬结构。然而，由于具体报酬金额在服务过程中不容易被知晓，所以它并不在披露要求之中。需要披露的是所有报酬的来源——佣金、管理资产的收费比例、介绍费、小时费等。

同年，CFP 标委会在《指导意见 2003-1》（Advisory Opinion 2003-1）中明确了"仅收服务费"一词的定义，规定 CFP 持证人要想对外宣称自己的薪酬方式为"仅收服务费"，那么所有向客户收取的报酬都必须完全来源于服务费。CFP 标委会于 2008 年发布的道德准则修订版进一步阐明了"仅收服务费"的定义：仅以固定费用、单位费用、小时、百分比或基于绩效收费的形式向客户收取服务费用的客户工作模式。

截至 2009 年，在 CFP 持证人应当采用哪些业务模式或薪酬方式的问题上，CFP 标委会仍然保持中立。"CFP 标委会的'职业行为标准'要求 CFP 持证人向客户披露薪酬结构以及与客户选择的业务模式相关的任何利益冲突信息。"负责职业审查和法律事务的执行董事迈克尔·P. 肖（Michael P. Shaw）解释说。CFP 标委会于 1999 年针对美国 CFP 持证人的薪酬方式进行了调研，发现 40% 的持证人采取服务费加佣金的组合模式，25% 的持证人采取仅收服务费模式，25% 的持证人采取仅收佣金模式，剩余 10% 的持证人领取固定薪水。2009 年，针对 FPA 会员进行的一项研究发现，31% 的人表示自己的薪酬完全源于服务费，19% 的人称自己的薪酬大部分源于服务费，35% 的人称自己采取服务费加佣金的组合模式，8% 的人是交易性薪酬，6% 的人基于固定薪水（"交易性"的定义为"佣金、12-1b 服务费等"）。

政府监管

2009 年，尽管美国金融理财师工作的各个方面，例如提供投资建议或销售保险产品，都受到法律的约束，但并没有一条法律是为监管金融理财师的行为而制定的。正如康奈尔大学法学院教授乔纳森·梅西（Jonathan Macey）在《金融理财期刊》2002 年 6 月刊的文章中所说的那样：

> 金融理财是一个行业，就这一点而言，几乎人人都可以轻易进入这个行业。不过，这并不是说金融理财师的活动不受监管……只是制订综合理财方案这一核心业务不受监管……受监管的应该是金融理财师在实施金融理财方案时可能涉及的某些工作流程或组成部分……[21]

金融理财师的核心业务应该受到监管吗？数十年以来，金融理财师在这个问题上争论不休，即便当业内组织试图协助或干预监管机构做出影响金融理财行业的决定时，这种争论仍然没有停止。例如，1987 年，针对"政府在金融理财监管中应当扮演何种角色"的问题，IBCFP 认为自己的角色是"通过参与相关讨论，和监管部门开展合作"。[22]IBCFP 领导层甚至暗示，其认证标准有可能成为监管依据。1992 年，担任 IBCFP 总裁的汤姆·L.波茨在 IBCFP 的年度报告中写道：

> 最终，那些具备提供优质服务所需的教育、从业经验和职业道德的人，可能会成为政府官员寻求帮助的对象，而 IBCFP 的综合考试可能成为政府注册项目或许可项目的标准。

1993 年，即将更名为"CFP 标委会"的 IBCFP 开始自称是 CFP 从业者的行业监管组织。与政府认可的自律组织不同，"行业监管组织"在美国法律中并未得到明确的定义或认可。IBCFP 在 1993 年的年度报告中阐明了自己的立场：我们希望，未来的法规都建立在 IBCFP 为金融理财专业人士制定的认证标准和经验之上。[23]

截至 1993 年年底，CFP 标委会称，它已与超过半数州的监管机构人员会面，并且会在金融理财师相关认证和监管问题上分享自己的专业知识。上述努力的成果之一是，数家监管机构在其许可要求中做出了面向 CFP 持证人的部分豁免规定。例如，2003 年，美国保险监督官协会批准豁免 CFP 持证人在领证前接受教育的要求；同样，NASAA 也出台了豁免规定，同意 CFP 持证人无须参加 NASAA 系列 65 和系列 66 投资顾问资格考试。

尽管有迹象表明金融理财已经得到了政府的认可，但是这个行业显然还有很长的路要走。2001 年，当被问及监管机构如何看待金融理财行业时，法学教授乔纳森·梅西对《金融理财期刊》说：

> 它们没有看法。因为它们彼此界限分明——证券监管机构只管证券，保险监管机构只管保险，所以，监管机构并不真正了解金融理财是什么，也不像那些正在从事这个行业的人一样，将金融理财视为一个整体性行业。[24]

2008 年，CFP 标委会已经放弃了"行业监管组织"的名号。"CFP 标委会是美国唯一使用这个词的机构。"CFP 标委会首席执行官凯文·凯勒解释道。他补充说，这个词具有误导性，"它让一些人以为 CFP 标委会监管的是整个行业，而不仅仅是持有 CFP 证书的个人"。

那一年，CFP 标委会从丹佛迁到了华盛顿特区，部分原因是为了在政府制定对金融理财和金融理财服务获取途径有影响的政治决策时，CFP 标委会能够在决策过程中起到更大的作用。CFP 标委会在 2008 年的年度报告中表示：

> 现在，就在这些话被记录下来的时候，联邦政府的行政和立法部门正在做出决定，这些决定将影响金融理财行业的未来及其服务公众的能力。随着行业监管理念的兴起与发展，为了确保 CFP 标委会能继续为公众和 CFP 持证人发声，做到以下两点至关重要：其一，在华盛顿特区赢得一席之地；其二，让我们的声音被听见、被听清。

至于行业内的会员制组织，如 IAFP、ICFP 以及后来的 FPA，凭借 501（c）（6）组织的地位，他们能够代表金融理财师群体游说政府官员。早在 1977 年，IAFP 和 ICFP 就以其他行业的许可条例为蓝本，共同订立了规范金融理财师的立法草案。然而，该草案从未被正式纳入政府的行业管理法律之中。

1984 年，IAFP 成立了一个政治行动委员会。1986 年，IAFP 和 ICFP 参加了首次以金融理财为主题的国会听证会。这项工作是出于普及知识的目的而开展的——大多数政府官员并不明白金融理财是什么。"他们似乎觉得我们都是卖保险的。" 1985 年，担任 IAFP 总裁的 CFP 持证人亚历山德拉·阿姆斯特朗回忆说。

20 世纪 80 年代的另一个显著特点是，两个组织存在意见分歧。其中一个争论焦点是自律组织的问题，IAFP 支持将自律组织视为统一各州监管的方式。然而，ICFP 反对成立一个联邦立法性质的自律组织，它认为自律组织"会侵害客户与顾问的关系，也偏离了让大众最终接受金融理财并将其视为一个行业而非一种交易或业务的目标"。与 IAFP 不同，ICFP 主张在现有的投资顾问法规下推广登记和充分披露制度。

直到 NASD 提议由它来担任金融理财师的自律组织，IAFP 和 ICFP 才达成了一致。IAFP 最终放弃了自己对自律组织的提议，这两个组织都承认，有必要在监管机构面前形成统一战线。[①]

虽然 ICFP 反对自律组织的概念，但它的确建议 CFP 从业者应当确保其所在的公司是在 SEC 注册的投资顾问公司。ICFP 还建议各州统一标准立法，并主张在执业许可未涉及的领域实行自我监管。

2000 年，在 IAFP 与 ICFP 联合创立 FPA 时，政府游说工作仍是重点。2007 年，FPA 取得了一项重大胜利。当时，一家联邦上诉法院做出了有利于 FPA 的判决，这迫使 SEC 撤销了一项规定。这项规定对证券经纪交易商进行了豁免，允许其无须根据《1940 年投资顾问法》（这项法案明确规定了受托责任）进行登记，即可提供金融理财服务。[②]

然而，金融理财师的监管问题仍然没有得到解决。2007 年，这个问题在 FPA 的一次圆桌会议讨论中被再度提出，讨论内容发布在 FPA 的《金融理财期刊》杂志上。[25] 当被问及是否应该改变金融理财的监管结构时，小查尔斯·G. 休斯答道："金融理财成为一个真正行业的捷径似乎是争取国家的许可。"

德美利国际证券公司的总裁汤姆·布拉德利（Tom Bradley）警告说，虽然监管在未来是一个"深刻而有趣的话题，但我们绝对不能对过度监管掉以轻心"。贝勒大学金融学教授兼金融服务课程主管、IBCFP 前总裁汤姆·L. 波茨表示，他"希望看到类似于 CPA 那样对从业经验有所要求的许可制度"。对此，休斯反驳道："在我看来，最好的立场就是尽可能开拓思路，绝不安于现状。"

2008 年，FPA、CFP 标委会和 NAPFA 组成了一个联盟，探讨金

---

① 详见本书第三章。
② 详见本书第五章。

融理财业实现监管认可的最佳方案。三个组织联合发表了一份协议声明，当中写道：

> 我们的愿景一致，并将在国会监管改革期间通力合作，以达成以下目标。
>
> 金融理财师将在承担受托责任和信息充分披露的情况下向公众提供金融理财服务，并始终以客户的最大利益为第一要务。
>
> 制定针对金融理财服务的监管条例，以区分不同的专业人员是否满足要求，包括由 CFP 认证制定并执行的考试、教育、从业经验和职业道德 4 项基本实践要求。

针对上述声明，个人财务专栏作家米歇尔·辛格尔塔里（Michelle Singletary）在 2008 年 12 月 11 日的《华盛顿邮报》中写道：

> 令我感到振奋的是，美国三大金融理财组织已经表示，它们正在协力推进更多针对消费者的保障措施……在规范金融理财行业这件事上，政府所能做的就是，清理行业内遍地开花的认证称号并要求使用统一称号……经联邦监管和许可的金融理财师的定义应当明确：金融理财师承担着为客户最大利益而非为理财师自身盈亏着想的受托责任。

同年，杰克·布兰金希普表示："我热切期盼某个主权机构能够颁布法令，特许 CFP 持证人从事金融理财业务。在此之前，这还不是一个名副其实的行业，因为真正的行业是有准入门槛的。"

到底什么是金融理财

在《金融理财期刊》2001 年 12 月刊的一篇文章中，作家谢利·李提出了一个问题：到底什么是金融理财？这个存在已久的问题回答起来并不容易。尤其是当金融理财正走在通往政府监管的道路上，这个问题更加需要谨慎作答。2002 年，乔纳森·梅西提醒金融理财师，他们面临的难题是"如何以适当的精确度定义'金融理财'，使其既不宽泛也不片面"。[26]

早在 25 年前，ICFP 就认识到了这一挑战，当时 ICFP 正试图与 IAFP 一起制定监管金融理财从业者的立法草案。"最大的问题在于对'金融理财'和'金融理财师职责'这两个概念的定义。"1977 年的一份会议纪要中写道。

2000 年，来自旧金山的 CFP 持证人诺曼·M. 布恩（Norman M. Boone）呼吁同行重新思考金融理财的这种定义：决定一个人能否以及如何通过恰当方式管理财务资源来实现人生目标的过程。布恩认为，这个定义过于笼统，照这么说，就连他的水管工都可以从事金融理财业务。"政府可能会对我们这个行业进行监管。这为我们确定统一定义，并让公众广泛接受这一定义提供了理由，"他写道，"确定金融理财的定义并将其传播出去，是推动我们这个行业向前发展的关键一步。"[27]

8 年后，CFP 标委会在其道德准则最新修订版中对这一定义进行了延伸：

"个人金融理财"或"金融理财"指的是决定一个人能否实现以及如何通过恰当方式管理财务资源来实现人生目

标的过程。

金融理财将金融理财流程与金融理财目标相结合。CFP持证人在判断是否真实地提供金融理财服务或金融理财流程所包含的实质要素时，应考虑的问题包括但不限于：

- 客户对聘用 CFP 持证人一事的理解以及意愿。
- 多个金融理财目标的关联程度。
- 数据收集的全面性。
- 建议的广度与深度。

即使这些要素没有同时提供给客户，或不在同一时间段提供，或分别为多个不同目标提供，这仍有可能构成金融理财服务。而提供书面理财方案并不属于金融理财业务的必要步骤。

创造社会效益

"Profession"（尤指对教育水平要求高的行业）一词包含了更高的社会职能或公共效益的概念。医生的工作改善了公众的健康状况，律师的工作促进了司法的公平正义。那么，金融理财呢？金融理财师的工作是否创造了社会效益？

对于这类有关专业精神的提问，我们的回答要么是自信满满的"是的"，要么是更为谨慎的"尚未达到"。在不谈及利他主义的情况下，FPA 和 CFP 标委会都间接提到了金融理财师的一些社会职能。CFP 标委会的使命是"通过颁授 CFP 证书并将其奉为金融理财行业的公认卓越标准，使公众从中受益"。FPA 并未将"社会效益"列入其目标，而是将"构建金融理财价值体系、推动金融理财行业发展"作为首要任务。FPA 还为会员的公益性活动提供支持，并于 2001 年设置了公益服务主管一职。[①]FPA 的一些地区分会明确将社会效益列入了其宗旨之中。例如，北加利福尼亚金融理财协会（FPA of Northern California）的宗旨是：让公众认识到，金融理财的价值在于帮助大家实现目标和梦想。圣迭戈金融理财协会（FPA of San Diego）的宗旨是：通过卓越的金融理财工作，提高圣迭戈居民的财产安全性。当然，也有一些分会将其使命仅限于推进金融理财流程发展或服务分会成员。

NEFE 和金融理财基金会在社会效益问题上采取了更为直接的举措。NEFE 成立于 1992 年，是一家致力于"全心全意改善所有美国人财务状况"的非营利性私人全国基金会。1992—1997 年，NEFE 是金融理财学院的控股公司；1997 年，在将学院所有权转让给阿波罗集团后，NEFE 将这笔出售款连同过去数年的积蓄都用于资助研究项目和公共服务项目，包括对移民、灾民和贫困人群等美国人在金融教育需求方面的研究。NEFE 还于 1984 年通过了金融理财学院设立的高中金融理财项目，免费为该项目提供由 7 个知识模块组成的学生手册、教师指南以及其他教学工具。

金融理财基金会的使命是"将金融理财师群体与有需要的民众联系起来，帮助他们掌控自己的经济命运"。这一使命主要通过支持公益性咨询服务和外联活动实现。金融理财基金会还赠款资助了一系列相关项目和活动，包括北亚利桑那大学美洲印第安人经济发展中心（Center for American Indian Economic Development）的金融扫盲示范项目，罗格斯大学开设的基础投资知识自学课程，面向非裔家庭的

---

① FPA 公益事业详见本书第六章。

公共电视连续剧《财智》（*Moneywise*），以及为参加"城市年"（City Year，Inc.）志愿服务组织的年轻人提供金融基础课程。此外，该基金会将相当一部分拨款投入到了 FPA 及其国家金融理财支持中心（National Financial Planning Support Center）。该中心是一个 501（c）（3）组织，负责开展 FPA 公益事业。

在关于社会效益的理论层面上，一些教育家试图将金融理财与社交能力联系起来。圣迭戈州立大学在对金融理财项目的介绍中包含了对金融理财行业社会效益的赞许：

> 金融理财师不必是女侠或超人，但他们不仅能够在大多数客户不愿讨论的领域与他们进行细致的交流，还能够在大家恐惧和陌生的理财领域激起人们采取行动的欲望。金融理财在很大程度上是一个建立在人情世故之上的行业。金融理财师必须有能力理解复杂的社会和经济趋势，种类繁多的产品和服务，以及由杂乱无章的税法、高深莫测的遗产法和由晦涩难懂的投资理论组成的盘根错节的知识体系。同时，他们还必须具备人际交往能力和从事金融理财所需的专业技术才能。

圣迭戈州立项目主管、PhD、CFP 持证人汤姆·沃肖尔（Tom Warschauer）对金融理财的社会效益有不少见解。2002 年，沃肖尔在《金融服务评论》（*Financial Services Review*）杂志的一篇文章中，将金融理财与更为成熟的医学行业进行比较："如果人们认为医学是在优化健康状况，而不仅仅是医治'某某症'患者，那么它包括诊断、治疗和预后。同理，金融理财也可以被视为在优化个人或家庭的经济状况。"[28] 沃肖尔还指出，金融理财"本质上是一种中产阶级需求"，而"金融理财行业发展的关键要素是中产阶级的规模和富裕程度"。[29]

从理论上说，这个说法也许是正确的。但许多资深金融理财师表示，现实情况并非如此。"我们也许具备'行业'的部分特征，但是不具备其核心特征。"理查德·瓦格纳在 2009 年说道。

我们还需要培养强烈且始终如一的使命、意义和目的意识，才能够享有与其他真正的行业同等的地位。但是，金融理财师确实肩负着使命：帮助社会和个人应对金钱所产生的前所未有的影响力。履行这项使命意味着我们正在为一个卓越的、空前的且意义非凡的目标而努力。而完成这项使命将意味着我们足以形成一个真正意义上的行业。

公众和媒体的认同

"金融理财是一个行业吗？"寻求答案的不仅仅是金融理财师。社会舆论在这场讨论中发挥了同样重要的作用。在金融理财的历史上，这个答案大多时候都是"不"。然而最近十年，这个问题的答案已经逐渐改变。

这个新行业从一开始就面临着这些难题：如何向公众解释金融理财，CFP 持证人意味着什么，以及这个行业究竟有什么地方值得消费者关注。在《金融理财期刊》2009 年 4 月刊的《像 CFP 那样行事……》一文中，珍妮·鲁滨逊与小查尔斯·G. 休斯写道："金融理财变革的起源是分销，换言之，就是销售。诚然，自佣金模式出现以来，有人认为金融理财仅仅是一种具有独创性的金融产品分销体系。不幸的是，仍然有许多业内人士和机构也这样认为。这导致整个金融理财师群体的声誉从一开始便饱受质疑。"

20 世纪 70 年代至 80 年代，许多财经记者和专栏作家对金融理财行业内部的滥竽充数者进行了严厉抨击。1987 年 10 月，也就是在催生了最初几家金融理财机构的芝加哥会议召开近 17 年后，《金钱》杂志告诫读者：“金融理财几乎是一个没有门槛的行业，任何政府机构或专业协会都无权将不合格者拒之门外。”

然而，舆论已经开始转向，这在很大程度上要归功于 IAFP 和 ICFP 早期采取的一系列公关举措。①1987 年，《金钱》杂志还刊登了美国“最佳金融理财师”名单。榜单中有超过 86% 的理财师是 CFP 持证人。杂志同期发表的另一篇文章进一步建议读者，在寻求理财服务时应认准持有 CFP 证书的理财师。

在 1987 年以后的 10 年里，所有主要金融理财组织都更加努力，旨在提高公众对行业价值的认知度和认可度。例如，1993 年，ICFP 在华盛顿特区举办的“个人经济峰会”将金融知识的传播作为此次会议的核心内容。这一信息开始传到有影响力的媒体耳中。例如，1994 年，《价值》杂志将 CFP 专业人士纳入“美国最佳金融顾问200 强”榜单。1996 年，该榜单中有 173 人为 CFP 持证人。

10 年间，长久萦绕在新闻和财经媒体人士脑海中的对 CFP 证书价值的疑虑基本上烟消云散。在《福布斯》官网的“顾问网络通讯录”页面，我们可以找到 CFP 标委会官网的直达链接——“寻找CFP 专业人士”。《华尔街日报》的财经专栏作家乔纳森·克莱门茨（Jonathan Clements）曾在 2006 年告诉读者：“如果要在金融理财领域寻找一个接受过全面培训的人，那么认可度最高的全能型人才就是CFP 持证人。美国约有 50 000 人持有该证书。”[30] 就连在 70 世纪 80 年代中期曾撰文批评金融理财师的《新闻周刊》资深专栏作家简·布赖恩特·奎因，也在 2008 年发表了一篇关于如何选择金融理财师的专栏文章：

----

① 详见本书第三章。

值得信赖的金融理财师的名片上至少印有以下三种认证称号的其中一个：CFP（国际金融理财师，最知名的资格证书）、ChFC（特许财务顾问，利用保险实现财务目标的理财师）或PFS（个人财务专家，由美国注册会计师协会持有）。这三种认证称号的持有者都接受过正规的课程培训并已通过了高难度的考试。[31]

但是，从 FPA 和 CFP 标委会开展的调研来看，公众对 CFP 证书的认可和接受程度并不一致。1999 年 9 月至 10 月，科纳普公司和威尔斯林环球公司对正在起步阶段的 FPA 进行了一项调查，询问了来自不同收入群体的 1 000 名美国人对金融理财价值的看法。调查结果显示：绝大多数受访者对 CFP 证书有所耳闻，其中 70% 的受访者认为 CFP 证书很重要，其余大部分受访者往往把 CFP 证书与特定技能和教育成就联系在一起。

2003 年，FPA 对 1 020 名成年受访者进行了另一项调查，询问他们对自己未来的财务情况有多少信心，是否有寻求理财帮助的想法，以及向谁寻求帮助。2/3 的受访者表示，他们"非常熟悉"或"比较熟悉"金融理财服务。这一比例低于受访者中熟悉会计、税务服务或保险的人数比例，但高于熟悉遗产规划服务的人数比例。在这些受访者中，39% 的人表示自己对金融理财服务有着积极或非常积极的印象？然而，只有 24% 的人曾接受过金融理财师的服务。

此后，FPA 每年都开展针对消费者的调查。2006 年 2 月，在美国和世界经济显现出衰退迹象之前，这项调查结果仅比 3 年前略有好转。在受访者中，有 25% 的人称自己在过去一年中接受过金融理财师的服务，64% 的人曾找过保险代理人，约 18% 的人称目前正在与金融理财师合作，但只有 12% 的人表示自己"比较"或"非常"熟悉 CFP 资格认证，而在过去两年，这一比例为 15%。相比大多数未曾与金融理财师有过接触的人，最有意愿与金融理财师建立合作的人群的显著特征为：较为年长（55 岁或以上），较为富有（28% 的受访者称家庭年收入超过 10 万美元），且多为本科以上学历水平。[32]

CFP 标委会于 2004 年进行的两项研究基本上验证了 FPA 的调查结果。CFP 标委会将调查对象分为高收入消费者（平均净值为 56.7 万美元）和普通消费者，并对二者分别开展调查。在高收入消费者中，CFP 资格认证已经取得了相当程度的认可和尊重：

> 它仍然是认可度最高的金融理财证书，在所有金融服务证书中仅次于 CPA。超过一半的高收入消费者对 CFP 资格认证有所了解。此外，在各个金融领域客户对 CFP 专业人士的满意度均高于其他类型的金融顾问。

在普通消费者的调查结果中，其对应数字仅略低于前者。

2008 年，由不同机构发布的两项独立研究揭示了金融理财行业面临的挑战和机遇。一方面，根据 SEC 对 654 个美国家庭和 6 个焦点小组[①]进行的一项研究显示，不管是投资老手还是投资新手，他们都很难说出投资顾问和经纪交易商的区别。[33]受访者虽然对经纪商和投资顾问提供的差别化服务已有大致了解，但并不清楚两者承担的具体法律责任。即使是拥有多年雇佣金融专业人士经验的受访者，也时常对两者的职位、公司类型和服务报酬感到困惑。然而，尽管存在这些困惑，但受访者表示，他们非常满意金融专业人士提供的服务，同时也认可投资咨询服务的价值。

2008 年，由 FPA 委托、阿默普莱斯公司赞助、哈里斯民意调查

---

① 6 个焦点小组分别为投资顾问、经纪商、金融咨询师或金融顾问、金融理财师、完全不了解、不完全了解。——译者注

公司开展的另一项研究则进一步强化了金融理财的积极印象。哈里斯民意调查公司调查了 3 022 名家庭收入或可投资资产超过 50 000 美元的受访者，并将其分为 3 类：从不与金融理财师合作的自我指导型，偶尔与顾问或理财师接触的建议接受型，与专业金融理财师合作并持有书面方案的综合理财型。在进行这项研究时，尽管金融市场遭遇剧烈波动，但消费者的信心也接近历史最低点，但"综合理财型"受访者却表现出了超乎常人的乐观，"与那些没有获取付费的专业服务人员相比，他们对自己财务前景的信心几乎是前者的两倍"。

继续前进

2009 年，当被问及金融理财是否已经是一个行业时，杰克·布兰金希普给出了两种答案。一方面，他说是的，因为 CFP 持证人必须达到并保持对知识体系的熟练掌握，拥有学士学位，通过 10 小时的考试，满足经验要求，遵循道德准则，并满足行业的客户受托标准。

但是另一方面，他话锋一转，说答案也是否定的，因为任何人都可以说自己是金融理财师，而且业内没有负责监管从业者的专门机构，也没有任何政府部门颁布法规来裁定一个人是否有从事金融理财服务工作的资格。在证明金融理财从业者的资质等级上，业内也没有任何一种证书拥有高于其余证书的认可度。

综合对比来说，否定答案大过了肯定。"金融理财尚未达到一个行业的高度。"布兰金希普说。

本·库姆斯对此表示赞同："金融理财虽然已经形成了一套被普遍接受的知识体系、一套道德准则与实践标准，以及一套纪律处分程序。但这些标准并未在公众中取得一致认可，也没有一套公共机制来要求从业者强制执行这些标准。"

不过，一些资深金融理财师的看法较为乐观。"20 年前，公众并不认为金融理财是一个行业，"迈克·瑞安说，"今天，我相信它在公众眼中确实是一个行业。当然，我们还不够成熟，必须努力维持比以往更高的专业标准，否则可能会轻易葬送我们历尽艰辛才取得的成绩。"

蒂姆·科基斯的语气甚至更加肯定："只有业内人士还在问这个问题，而其他人，包括媒体和消费者在内，都把金融理财是一个行业当成一件理所当然的事。"

也许，未来几年的金融理财师会把关注焦点放在由鲁滨逊和休斯提出的"像 CFP 那样行事……"的建议上：

> 我们不能自称金融理财是一个行业，因为它应由公众来定义。因此，也许是时候把金融理财是否是一个行业的问题留给公众了。而我们的任务是，像专业人士那样行事，并承担相应的责任。

第九章

今后 40 年

随着金融理财行业即将进入第 5 个 10 年，全球市场的扩张、专业水平的提升、公众认可度的提高和知识基础的深化等一系列成就似乎预示着成功仍将延续。但是，2008 年全球金融危机的到来给欣欣向荣的金融理财行业笼罩上了挥之不去的阴霾，同时促使世界各地的金融理财师开始反思：在一个可能需要数年时间才能恢复元气的金融体系中，自己能做些什么。

当然，年长的金融理财师早已见识过市场的下跌和周期性震荡，但许多年轻从业者对长期经济衰退一无所知，甚至想不出理由去质疑大型金融机构。面对众多在经济衰退中蒙受了巨大损失的客户的求助，金融理财师将如何调整给予客户的咨询建议呢？在人均寿命更长、人数庞大的"婴儿潮一代"临近退休年龄的经济困境中，金融理财师又将扮演什么角色？考虑到急剧变化的经济环境，金融理财师还可以做些什么来实现行业最初的目标——为那些制订并遵循优质理财方案的人带来富足生活和财务保障？

资本主义制度可行吗

2008 年秋季，全球金融界的一连串坏消息刚好发生在于 10 月 4 日在波士顿召开的 FPA 年度会议期间。整整一周时间，全球股市接连遭受重创。道琼斯工业平均指数暴跌 18%，标准普尔 500 指数下跌 20%，而美国股市在 5 个交易日中均以创纪录的交易量低收。FPA 在当时发布了新的职业标准，呼吁所有金融理财师承担起受托责任。10 月 8 日早上 5 点，时任 FPA 总裁的马克·约翰尼森正准备从波士顿出发，去参加媒体庆典，庆祝 FPA 和金融理财行业的里程碑事件。与此同时，他看到了有关金融市场动荡的新闻报道。全球金融市场都在急剧下跌，印度尼西亚股市更是在单日下跌 10% 后暂停了交易。"这让我惊愕不已，"约翰尼森后来回忆说，"它让人们的关注焦点从金融理财师职业标准上移开了。"

10 月 11 日，国际货币基金组织（IMF）负责人警告称，世界金融体系正处于"系统性崩溃的边缘"。面对长期且严重的萧条和衰退，日益加深的悲观情绪似乎成为一种普遍甚至是唯一的情绪。最糟糕的是，几起备受瞩目的欺诈案严重动摇了公众对金融理财师的信任。12 月，基金经理伯纳德·麦道夫（Bernard Madoff）承认自己谋划了一场庞氏骗局，数万名投资者共计被骗 500 亿美元；得克萨斯州金融学家、斯坦福金融集团创始人 R. 艾伦·斯坦福（R. Allen Stanford）被 SEC 指控利用一家离岸银行发行的高收益定期存单实行诈骗，涉案金额达 80 亿美元；纽约著名律师马克·德赖尔（Marc Dreier）被指控参与了一桩 4 亿美元的对冲基金骗局；两名来自纽约的基金经理被指控至少挪用了 5.53 亿美元。在这些诈骗案中，受害者既有个人投资者，也有专业机构，甚至包括多家大学捐赠基金会和职工养老基金会。

2008—2009 年，事态的发展越发令人不安，以致资本主义制度本身也受到了质疑。宾夕法尼亚大学沃顿商学院的校刊《沃顿知识在线》（*Knowledge@Wharton*）刊登了《旧题新议：资本主义制度可行吗》（A Question Revisited: Is Capitalism Working）一文。这篇文章的作者是《时代》杂志前商业主编乔治·M. 泰伯（George M. Taber），他指出了资本主义制度的致命弱点："……商业繁荣与萧条的周期性循环，换言之，就是贪婪与恐惧的周期性循环。"泰伯紧接着写道："令人痛苦的显见事实是，银行家和其他金融从业者对这场危机的中心地带——投资衍生产品的风险知之甚少，甚至可以说是浑然不觉。"

亿万级投资人、索罗斯基金管理公司创始人乔治·索罗斯（George Soros）的说法更为直白。2009 年 2 月，他在一群经济学家和银行家面前指出："市场原教旨主义[①]理念正在遭受质疑，因为事实已经证明，金融市场是低效的，它不受所有可获得的信息的驱使，而是受多种偏见的影响。"[1]

金融理财行业的"新变化"

金融理财变革的种子是在 20 世纪 40 年代末的美国经济大动荡时期播下的。自 20 世纪 30 年代逃离纳粹主义的魔爪后，奥地利经济学家约瑟夫·熊彼特（Joseph Schumpeter）一直在哈佛任教，直到 1950 年去世，他的学术理论对美国经济学思想有着深远的影响。熊彼特普及了"创造性构建"（Creative Destruction）这个术语，用它来说明伴随根本性创新出现的重大转变过程。在二战结束 25 年后，为

---

① 市场原教旨主义（Market Fundamentalism）认为市场无须政府干预便可自动恢复平衡。——译者注

了开辟一条能够帮助人们理解并实现财务安全的道路，一群人聚集在芝加哥一个不起眼的酒店房间里，这场会面将根本性创新带到了人间。

从各项数据来看，当时的经济形势并不稳定：从 1968 年 12 月到 1970 年 5 月，道琼斯指数下跌了 36%。后来，道琼斯指数又在 1973—2002 年先后经历了 4 次暴跌，跌幅分别为 45%、27%、36% 和 38%。但是，这几次衰退与 2008 年年末和 2009 年上演的"重大转变"截然不同。

CFP 持证人哈罗德·埃文斯基在 2009 年年初表示："这次事件与 21 世纪初科技泡沫的破灭有所不同，跟'大萧条'也不是一回事，但它将对客户以及金融理财师造成永久性的心理影响。"

> 这次事件跟"大萧条"不是一回事，但它将对客户以及金融理财师造成永久性的心理影响。
>
> ——哈罗德·埃文斯基

2008—2009 年，全球经济正在经历大规模的根本性变革与挑战，而这些变化将在未来数年重新勾画世界经济和金融版图，并很有可能改变金融理财师的实践和业务模式。那些被一部分观察者称为"新变化"的现象包括：随着消费者和企业纷纷摆脱债务，一段漫长的去杠杆化时期到来；消费向储蓄转变；在商品价格下跌一段时间后，人们开始担忧通货膨胀的回归。20 世纪 90 年代，美国经济的增长在很大程度上依赖"人为"驱动因素，对消费者和企业来说，即为成本低廉、供应充足的信贷易于获得。在经济低迷时期，债务从消费者和企业转移到政府，这可能导致政府未来在"偿还期"内增加税收。正如经济学家约翰·梅纳德·凯恩斯（John Maynard Keynes）所说，随着 2009 年的到来，美国也陷入了经典的"节约悖论"：2009 年 1 月，美国的个人储蓄率从一年前的 0.1% 飙升至 5%。[2] 多年来，消费者一直被指责花钱太多、储蓄太少，而如今风向一转，他们又被怪罪没有为振兴经济付出足够的努力。与此同时，政府大量注资引发了民众对 2010 年及未来若干年物价上涨的担忧，通胀幽灵再度降临。

在微观层面，个人和家庭也苦不堪言。美国联邦储备银行的数据显示，2008 年，美国个人净资产的缩水致使 4 年的经济收益付之东流，美国家庭共计损失约 11 万亿美元，仅退休资产一项就下跌了近 25%（从 10.3 万亿美元降至 7.86 万亿美元）。

面对这些数据和经济衰退问题，个人如何保障自身购买力，而不仅仅是获得一笔固定收益？在离退休只有 3 年的时候，个人如何配置投资组合才能实现资产增长？分散投资还有效吗？一些金融理财师和新闻工作者试图基于"生涯规划"的传统视角，从情感和家庭经历等软性因素中寻找答案。2009 年 3 月，《旧金山纪事报》（*San Francisco Chronicle*）刊载的一篇题为《研讨会唤醒人们的金钱意识》（Workshops Raise Consciousness About Money）的文章论述了人们成年后的生活状态是如何受到在童年时期形成的金钱观的影响的，无论他们是否已经经历过危机。[3] 资深金融理财师迪娜·卡茨向《金融理财》杂志投稿阐述了这种策略的意义所在：

> 在实践过程中，面对市场动荡和经济衰退，我们总是将客户的注意力重新集中在规划问题上。"是的，我们知道眼下市场相当不稳定，"我们说，"但是，请让我们检查一下您的意外保险，以确保在出现灾祸时，您的生活有充分保障。"我们在数月间不断尝试降低市场波动带来的影响，但很快这种策略也行不通了。那些沉浸在悲观情绪中的客户根本不关心我们是否为他们重新评估了风险管理方案。[4]

《金钱》杂志前资深编辑、《金融理财》杂志现任（2009年）总编玛丽昂·阿斯内斯（Marion Asnes）表示，投资者也许已经意识到自己的财务生活一直浑浑噩噩。阿斯内斯还表示，更糟糕的是，在20世纪90年代和21世纪前10年的牛市期间，一些金融理财师可能成了这种浑浑噩噩的财务生活的帮凶。"有很多假设情形是客户没有预料到的，而金融理财师也没有帮助客户做好准备，"阿斯内斯在2009年的一次采访中说，"也许金融理财师自身都没有做好准备。成功往往会使人迷失自我。"

马克·蒂伯金（Mark Tibergien）对此表示认同。蒂伯金是一位受人尊敬的业界权威人士。他曾是美国摩实会计师事务所的顾问，并在2009年担任珀欣顾问公司的首席执行官。他表示：

> 金融理财师与客户的处境相同，可能都无法按计划退休。我们正在进入一个对财务顾问来说极为不利的时期——利润空间被压缩、理财环境更为严峻、客户可能存在不满情绪。过去10年，大家时常挂在嘴边的话是：财务顾问不需要真正了解市场和投资管理，他们可以将这些工作外包出去，他们的价值在于处理人际关系。但是，现在又有多少人能够证明他们作为"人际关系管理人员"而收取服务费的合理性？

长尾效应

2004年，《连线》（Wired）杂志总编里斯·安德森（Chris Anderson）创造了"长尾"（long tail）一词，用来描述许多小型市场聚集起来形成一个大型市场的现象。[5] 对早期金融理财行业而言，"长尾"指的是长期存在的严峻问题。而在2009年的金融理财行业中，

"长尾"指的是比以往数量更多的一类人——他们资产较少、储蓄不足，却有着有史以来最长的寿命。其中许多人的积蓄并不足以保证其在自然死亡之前一直过着安稳的生活。

市场里程碑：婴儿潮一代的老龄化

即使是在 2009 年的经济衰退之前，美国 7 700 万婴儿潮一代齐齐走向退休的步伐便已经预示了一场机遇与风险并存的浪潮。2010—2030 年，美国 65 岁及以上人口预计将增长近80%；到 2030 年，20% 的美国人将超过 65 岁，而这一比例在1990 年 6 月只有 12.5%。[6] 未来最显著的趋势之一是，持续工作到 60 ~ 70 岁的婴儿潮一代的比例将不断上升。1977—2007 年，美国 65 岁及以上人口的就业率增长了 101%，这个年龄段的女性就业率增长了 150%。尽管 75 岁及以上的就业人数相对较少（2007 年仅占就业人数的 0.8%），但这一群体的收益增长最为显著，在 1977—2007 年，收益增长了 172%。此外，老年人并不一定选择兼职。在老年工作者当中，全职工作者占了大多数，这一占比在 2007 年为 56%。[7]

长寿带来的长尾效应是令退休领域的专家最为头疼的问题。波士顿学院退休研究中心（Center for Retirement Research）主任兼管理学教授艾丽西亚·芒内尔（Alicia Munnell）博士表示，2009 年，1/3 的 65 岁女性有望活到 90 多岁。"维持 30 年的生活需要大量资产，"芒内尔说，"但人们对此完全没有做好准备。"芒内尔团队发布的《2009 年美国退休风险指数报告》（2009 National Retirement Risk Index）描绘了一幅发人深省的画面：即使工作到 65 岁，并将包括反向抵押住房所获的收益在内的一切金融资产年金化，仍将有 61% 的婴儿潮晚期一代（生于 1955—1964 年的一代人）在退休后无法维持以往的生活水平。[8]

> 维持 30 年的生活需要大量资产，但人们对此完全没有做好准备。
>
> ——艾丽西亚·芒内尔

2007 年，在美国所有年龄段的人群中，只有 30% 加入了 401（k）计划[①]；在 50～59 岁的人群中，这一比例仅略高一些，为 34%。[9] 年龄在 50 岁以上、工作年限为 10～20 年、年薪为 80 000～100 000 美元的人群，其平均账户余额在 2007 年年末的股市崩盘之前为 111 840 美元。[10] 虽然处于这个年龄段的一部分人还有养老金固定收益计划，但 40% 的人既没有存款，也没有加入养老金固定收益计划。[11] 这并不意味着 401（k）计划能够在经济崩溃期间得到良好执行，芒内尔指出："从 1997 年 10 月的高峰期到 2009 年 3 月，养老金固定收益计划的资金总额缩水了 2.7 万亿美元。这种缩水让人们确切地认识到了这样一个事实：雇员承担着养老金固定收益计划的所有投资风险。每个人都必须对这一切进行反思。"

虽然金融理财师已经对人口老龄化所带来的挑战有了心理准备，但 2008 年的经济趋势可能会对他们的业务有很大影响。其大部分客户将面临资产流失的严峻现实，也许更多人会在老年看护问题上寻求帮助，有些人还需持续为子女提供帮助［一家名为扬克洛维奇（Yankelovich）的组织于 2007 年开展的一项调查显示，60% 的空巢

---

① 401（k）计划也称"401（k）条款"，指美国《1978 年国内税收法》中的第 401 条 K 项规定，是美国一种特殊的退休储蓄计划。——译者注

老人仍在向子女提供经济支持]。[12] 许多人会依赖金融理财师来帮助自己应对接下来一二十年最棘手的问题之一——医疗费用。富达国际投资公司在 2009 年的一项研究表明，自 2002 年以来，退休后的人们在医疗上的花费上涨了 50%。除去医疗保险免除的部分，一对于 2009 年退休的 65 岁夫妇大约还需要 240 000 美元来支付他们在退休期间的医疗费用。[13] 其他研究者得出的预估数值甚至更高：在退休期间，医疗保险的保费和自付部分的医疗费共计可达 295 000 美元，而活到 95 岁的人的花费可能高达 550 000 美元。[14]

就连最老练、最精明的资深金融理财师也受困于金融市场崩溃的意外后果。在佛罗里达州科勒尔盖布尔斯市开展业务的哈罗德·埃文斯基表示，他的公司及同类型的公司拥有大量资产净值相对较高的客户，这些客户一直不觉得自我防范型长期看护风险有什么问题。"现在他们不这么认为了，"埃文斯基说，"我直到最近才想通他们为什么突然转变了想法。"即使是拥有大量资产的客户，也需要重新评估他们的长期看护风险。《2009 年美国退休风险指数报告》称，以 2009 年的美元价值计算，人们每年花在养老院上的额外支出高达 77 000 美元，而只有不到 15% 的老年人有能力承担这笔花销。[15]

面临老龄化困境的不只是金融理财师的客户，金融理财师群体也在迅速老龄化。CFP 标委会的数据显示，2008 年，有 30% 的 CFP 从业者年龄在 50 ~ 59 岁；其中，年龄在 60 岁以上的从业者的比例为 15%，预计到 2017 年，这一比例将增长到 38%。以 2007 年为基准，到 2027 年时，CFP 从业者的数量将因死亡而减少 42%，在剩下的从业者中，将有近 2/3 的人超过 60 岁。[16] 在覆盖面更广的金融服务领域，从业者数量也在不断减少。2001 年，FINRA 注册代表有 674 000 人（其中一部分也是 CFP 从业者），而到了 2009 年，这一数字下降到了 659 000。此外，1998—2007 年，持有终身执照的代理人数量下降了 20%。[17]

以 2007 年为基准，到 2027 年时，CFP 从业者的数量将因死亡而减少 42%，在剩下的从业者中，将有近 2/3 的人超过 60 岁。

谁来满足走向老龄化的婴儿潮一代的复杂需求呢？面对寿命延长和通货膨胀所带来的挑战，正在步入老年的客户能否理解安全与确定的区别？"资产清算"会成为金融理财师的主营业务吗？理财能否抵御危机过后的"现金为王"的投资理念？更重要的是，"退休生活"会变成什么样子？

老龄化浪潮来袭

2011 年 1 月 1 日，第一批婴儿潮一代就将年满 65 岁。这些二战后一代在他们 60 多岁以及之后的岁月中，将使金融理财行业乃至整体文化面临重新定义产品、服务甚至退休概念的考验。他们已经对"变老"和"步入老年"的时间定义表示质疑，即便有时他们也希望两种观念并行。

2008 年，嘉信理财集团和一家市场研究公司 Age Wave 针对各个年龄段共计 4 000 人开展的一项调查研究表明，人们普遍认为"老年"阶段应该始于 75 岁，但他们同时坚信，社会保障福利应该从 63 岁开始提供。[18] "令人吃惊的是，受访者认为他们在'变老'前 12 年就应该享受'老年'福利，" Age Wave 的总裁兼首席执行官肯·戴奇瓦尔德（Ken Dychtwald）博士说，"但这种想法是极为不切实际的。人均寿命一直在增长，我们不能期望自己在六十三四岁时退休，然后依靠积蓄维持剩下 20 年的生活。" [19] 戴奇瓦尔德表示，抱有这样的幻想无异于自取灭亡。

大多数人在财务上缺乏责任感和自主能力。我们（婴儿潮）这代人能否对自己的财务状况负责呢？答案是否定的。遗憾的是，我们开始美化放纵和及时享乐主义，但又不能指望政府包揽一切。现实是残酷的，政府在社会保障和医疗保险方面提供的补助将会减少，而筛选条件会更加严苛，这让我们面临的挑战更为艰巨。对高净值人群而言，福利将更加有限；对年长者而言，为老年生活做好打算的需求越发迫切。他们不仅要知道如何去做，还需要接受相关培训。

嘉信理财集团和 Age Wave 的研究还发现，人们普遍认为婴儿潮一代对社会有积极影响，他们是社会意识最强、工作效率最高但不是最自我放纵的一代。这种似是而非的"赞誉"也被出生于 1983—2002 年的"Y 一代"继承。[20]

戴奇瓦尔德说，公众对华尔街和金融媒体失去了信心，这种信任赤字加剧了危机。"人们比以往任何时候都更需要帮助、指引、规范和好的建议，可他们不知道该向谁求助。"他说道。

戴奇瓦尔德研究老龄化和退休问题已有 35 年。他的第一本书《老龄浪潮》（*Age Wave*）[21] 曾引发了一场围绕退休的全国性对话：探讨退休对婴儿潮一代意味着什么，以及美国老龄化对商业、社会和文化意味着什么。他在 2009 年出版了《向着目标：在工作和生活中从成功走向卓越》（*With Purpose: Going From Success to Significance in Work and Life*）[22] 一书，书中说老年人的未来从未如此美好过。

"在长大后想要成为什么样的人这个问题上，我们已经形成了一种定式，但这种定式很有可能是错误的。"戴奇瓦尔德在 2009 年年初接受《橙郡纪事报》（*Orange County Register*）采访时表示，"我认为眼下除了经济崩溃，可持续的企业和生活方式也正在消失。我从未见过如此多处境不同的人在同时问一些关乎自己和所爱之人的重要问题：我们真正在乎的是什么？我们想要过什么样的日子？"[23]

戴奇瓦尔德表示，老龄化和退休问题的应对之策也许是金融产品的良性转型，即侧重保险产品，减少对股票和债券的投入。戴奇瓦尔德指出，即便是在股市暴跌的时候，保险行业也在推出新产品——新的年金计划、新的长期看护产品。他补充说，公众可能很快就会开始将保险公司视为他们的养老金供应者。

当马斯洛遇到退休问题时

"退休是一种非自然情形。"培训师兼理财顾问米奇·安东尼在2001年出版了开创性著作《新退休理念》(*The New Retirementality*)[24]，书中写道，金融理财可以帮助个人"停止谋生、开始生活"。安东尼称自己的理念为"当马斯洛遇到退休问题时"，该理念以精神病学家亚伯拉罕·马斯洛（Abraham Maslow）的人类需求层次理论为基础：生理需求、安全需求、心理需求、尊重需求和自我实现需求。2009 年，安东尼与 CFP 持证人刘易斯·J.沃克合伙成立了人生节点顾问有限公司，并将"马斯洛对话"作为金融理财行业在未来 20 年的核心关注点。

沃克和安东尼曾说过，2009 年及以后，金融理财师从事的是"人生节点管理行业"，他们必须关注婴儿潮一代对晚年生活的需求和愿望。但安东尼认为，这不仅仅是在鼓励客户过度自我陶醉。

　　最终，我们都需要参与到一场对话中，讨论如何开发一项持续性收入。这项收入持续的时限要与我们所剩的寿命相当，而且它的增长速度需要超过正在稳步侵蚀我们存款的通货膨胀的增长速度。据我所知，完成这项任务的最好办法就是（在金钱层面）

运用马斯洛需求层次理论，一步步为生活建立起收入来源。[25]

根据沃克的说法，婴儿潮一代的老年人与金融理财师之间的交流将是一项"艰难的工作"。他说："金融理财师必须学会如何进行'右脑'讨论——从数据处理转向情感沟通。在大多数情况下，这种对话的另一方将是女性。事实上，我相信金融理财行业在未来几十年的发展将主要由女性来驱动。"沃克提到了未来学家埃米·奥伯格（Amy Oberg）和乔·布兰（Joe Bourland）的研究——他们认为，在一个被年长女性重塑的社会中，男性金融理财师需要培养新的技能。他们指出："在逐渐兴起的服务经济中，从业者所需的技能包括沟通、关怀、同理心和咨询。这些高感触技能一直被认为是女性的长项，所以在未来的若干年里，男性金融理财师可能会对经济领域的变化感到难以接受或无法理解。"[26]

> 我相信金融理财行业在未来几十年的发展将主要由女性来驱动。
>
> ——刘易斯·J.沃克

戴奇瓦尔德也认为，老年客户将在人生节点问题上寻求更多的帮助。他说："几年前，当问即将退休的那一代人希望从金融理财师那里得到什么时，我们得到的答案是，帮他们规划好未来并想好如何筹集足够的资金来实现这些。这意味着金融理财师要对成年、退休、离婚、成为祖父母以及其他人生阶段的问题有更深层次的了解，但这并不是金融理财行业当前的专长。当我参加金融理财会议时，所有问题都是关于产品和销售的。如果你问金融理财师，空巢老人和新晋祖父母在心态上会有什么不同，他们就会像被车灯照到的野鹿一样不知所措。"

鲍勃·维雷斯（Bob Veres）是一名顾问、作家和长久以来在业内备受尊敬的"智者"，他将刘易斯·J.沃克为婴儿潮一代及之后几代人所设想的未来视为"富有成就的时代"。维雷斯解释说，理财将不可避免且越来越多地与客户的个人目标和偏好联系起来。"无论是现在还是将来，金融理财行业都将越来越倾向于让这项服务的技术个性化或者以个人为中心，这是金融理财行业最真实的写照。"维雷斯指出，"我们的社会正磕磕绊绊地从以消费者或单一消费为基础的模式转向以满足综合需求为基础的动态模式。对于那些想进入'富有成就的时代'的人来说，寻求金融理财师的建议和咨询将是一个关键途径。"

　　沃克认为，未来的金融理财实践将远远超出财务管理的范畴，更多地向"资源平台"倾斜。他说："金融理财师需要在老年看护、财产维护、宠物护理、旅行和慈善事业方面解答客户疑问，或具备这些领域的相关专业知识。"

　　部分金融理财师则持怀疑态度。马克·蒂伯金反驳道："互联网就是一个资源中心。"

　　我为什么要每年为此花费数千美元？信息是最容易获取的东西。但是，如果判断、分析、建议和指导等服务能够使金融理财师和客户学会进一步使用这些信息来管理财务生活，而客户愿意为这些服务支付费用，那就要另当别论了。说到底，客户希望专业人士能像医生、会计师或律师那样发挥作用，也就是做点实事。

重塑咨询服务模型

自翰威特咨询公司（Hewitt Associates）于1997年开始跟踪401（k）

账户以来，2009 年 2 月，个人投资者第一次将投资于股票的 401（k）资金降至一半以下（48%，2007 年为 69%）。大部分资金现在都被投入固定收益和现金工具，包括货币市场基金。[27]

"本质上，我们已经失去了最大的客户——市场。客户在向保守型投资倾斜，且预计将来会有更多人加入这一行列。对于现金比重较大的投资组合，你肯定不能像过去那样收取 AUM 费用。"哈罗德·埃文斯基表示。

> 我们已经失去了最大的客户——市场。对于现金比重较大的投资组合，你肯定不能像过去那样收取 AUM 费用。
>
> ——哈罗德·埃文斯基

然而，即使客户需求转向人生节点保障的倾向越来越明显，埃文斯基仍然坚信定额收取的私人聘用金并不会成为未来的趋势。事实上，埃文斯基的公司曾尝试引入聘用金收费制度，但"我们对这个制度的解释和宣导工作完全失败了，我们似乎没办法让它奏效"。他认为理财公司在未来数年的一个必然趋势是：为高净值客户提供服务并扩大公司规模，以便更多地充当家族理财办公室对话促进者的角色。"公司必须大幅扩大规模，这样才能让探索性对话这样的服务具有成本效益。"他解释道，"尽管我们在获取必要资源上遇到了一些困难，但我们能够提供的东西仍然远远超过几名金融理财师所能完成的。"

2008 年，珀欣顾问公司和摩实会计师事务所发布了题为《加速前进：未来的顾问》（Fast Forward: The Advisor of the Future）的报告。虽然这份报告主要关注的是 RIA（Registered Investment Advisor，注册投资顾问）公司，但其结论也涉及金融理财行业的其他机构。该报告预测，受到公众对独立、客观的理财建议的需求的推动，截至 2012 年，大多数 RIA 公司的规模将增长近两倍，收入将增加 350 亿美元。该报告的主要作者马克·蒂伯金表示，那些即将"加速前进"的公司将成功解决"3C问题"：变革（Change）、能力（Capacity）和文化（Culture）。

"变革"意味着到2012年，一家典型的RIA公司会招聘并留用11名新员工，其中一些担任运营和管理岗位。由此产生的从业环境将要求"系统性的人才发展流程，结构完善的薪酬模式，以及能够满足公司所有员工需求的职业发展道路"。"能力"不仅需要被创造出来，而且需要被保持下去，以便公司随时准备好抓住机遇。"未来，退休浪潮将导致客户情况越发复杂、服务时间进一步延长，为此公司必须在服务模式中寻求更多的杠杆优势，消除服务过程中的无效行为。"蒂伯金说道。"文化"则要求公司谨守那些让它们取得成功的原则，同时整合更多的员工，以此应对客户在定义咨询关系时不断提升的影响力。

"RIA公司将把重点从创造高收入转向在市场中创造价值和持久经营，并为大批人创造机会。"蒂伯金评论道。他称这种模式为"从收入到卓越"的转变。简而言之，金融理财的商业进化终将带领其走向一个货真价实的行业。

"从根本上说，多数理财公司还是缺乏专业管理的小企业，"蒂伯金说，"牛市掩盖了很多不良行径。"

蒂伯金认为，在金融理财作为一个真正行业的全新业务模式下，顾问也需要被赋予新的定义。珀欣顾问公司的报告称，如今的顾问"以投资为中心"，而未来的顾问将"以客户为中心"；风险管理将取代资金管理，创造收益将转向平衡现金流；金融理财行业将偏向生涯规划业务，金融理财师的业务模式偏好将由"自助"转向与专家和战略合作伙伴相互依赖。

鲍勃·维雷斯表示，事实上，金融理财师或许不仅需要依赖专家，而且有可能成为专家。"理财公司或许可以不以地理位置来定义其理想客户,"他解释道,"不再仅服务于'费城地区的人',而是通过视频通话来服务某个类别的客户群体,比如'干洗店老板',或者任何你能想到的其他类别。当理财公司从特定的地理区域解放出来时,这个行业的专业性将得到进一步的深化和集中。"

尽管在经济衰退后,金融理财行业的"新变化"可能会令部分顾问占据优势,同时也会促使越来越多的人开始寻求合格的理财专业人士,但"对客户而言,其他金融理财师很有可能沦为没有说服力的引导者"(蒂伯金)。

> 更重要的是,顾问需要利用这个机会来重新思考自己的业务定位是否正确,包括金融方面的定位。而整个行业需要重新把重点放在业务发展过程中的人员培训上。销售规模已经萎缩,当资产管理费占据顾问80%~90%的收入时,他们就无须在意"销售"这个令人反感的词汇了。而现在,这仍是他们需要在意的问题。

最后的待开垦之地:大众市场

在21世纪前10年的早中期,关于聘用金融理财师和投资顾问的统计数据在绝大多数时候是令人振奋的。珀欣顾问公司在2008年出具的一份报告显示,处于专业管理之下的家庭金融资产的比例越来越高。该报告援引了另外两项调查的数据:2006年由FINRA资助的一项投资者调查显示,60%的受访者表示自己在储蓄和投资方面的参与度有所提高;2006年投资公司协会的一项调查估计,73%的共同基金投资者在购买共同基金前会咨询专业顾问。此外,由专业人士管理的家庭金融资产在总资产中的占比由2000年年底的55%上升到

2005 年的近 60%。[28] 该报告称，许多消费者虽然到目前为止还没有寻求过理财服务，但将来很有可能成为金融理财师的客户，因为大众对金融理财师的需求正在变得越发常态化。

"常态化"是针对哪些人而言的呢？

2007 年，金融理财学院的调查显示，金融理财师的"典型客户"是年龄均在 50～59 岁的双职工夫妇，他们的年均总收入为 100 000～149 999 美元，可支配收入为 10 000～20 000 美元，净资产为 100 万～150 万美元。[29]

"社会阶层"是一个值得商榷甚至存在争议的术语，我们通常以财富或收入这样的数字来定义它。2005 年，社会学家威廉·汤普森（William Thompson）和约瑟夫·希基（Joseph Hickey）基于美国人口普查局公开的信息，对美国人口进行了划分。[30] "下层"指高中学历、年薪为 7 000 美元的失业者或没有固定工作的人群。"工薪阶层"则大多从事文书、服务和蓝领工作，年薪为 15 000～25 000 美元。"中下阶层"拥有学士学位，从事专业服务或销售工作，年薪为 32 000～50 000 美元。"中上阶层"拥有研究生学位，年薪为 72 500～100 000 美元。"上层"为公司高管或政界人士，年薪在 200 000 美元以上。美国人口普查局在 2006 年公开的数据显示，最富有的 5% 的家庭，其年收入在 167 000 美元以上；财富排名在前 20% 的家庭，其年收入在 92 000 美元以上。

根据上述衡量指标，再结合金融理财学院的"典型客户"画像，我们可以看出，大多数金融理财师服务的客户都是家庭财富排名在前 20% 的人群。2009 年，美国成年人口为 2.18 亿人，而金融理财师所服务的客户的占比不到 20%。[31] 很明显，金融理财师的客户群体主要是中上阶层的美国白人。

自金融理财诞生以来，金融理财师一直在自身迫切的谋生需求与帮助普通美国人掌控财务生活这一既定目标之间纠结不已。一般来说，客户群体越富裕，金融理财师的收入就越可观，无论其采用的是基于资产管理费、佣金、年度私人聘用金的收费模式，还是服务费加佣金的收费模式。虽然暂无确凿证据，但一种普遍的认知是，金融理财师的服务对象是家庭财富排名在前 2% 或前 5% 的"高净值"客户。有人认为这些客户面临复杂的财务挑战，因此一名技术娴熟、训练有素的金融理财师对他们而言是必不可少的。那么，"普通"的中层美国人将何去何从呢？从业者如何将金融理财服务推广到大众市场，并抓住由教师、理疗师、餐饮承办人、记者和承包商等组成的值得关注的多元化客户群体呢？

CFP 持证人谢丽尔·加勒特是一位将大部分职业生涯都投入到了大众市场问题上的金融理财师。加勒特在 2000 年创立了加勒特理财网络公司，此前，她在一家财富管理公司工作。用她的话说，那家公司"就像是一个高需求、随时待命、全天候提供服务的信息窗口"。而她设想的是一种截然不同的服务：按小时计费、按需提供、仅收服务费。9 年后，由加勒特创办的网络平台囊括了来自美国乃至其他 13 个国家和地区的 300 多名金融理财师。每位金融理财师需要支付一笔注册费（10 100 美元，在第一年分期支付）和每年的资格续费，作为交换，他们可以获得业务指导、算入持续教育学分的在线培训和免费的年会入场券。

加勒特认为自己的目标市场在广义上介于贫困和半富裕之间的人群——约占美国总人口的 86%。她说："更重要的是，中产阶级代表一种客户思维模式，而对金融理财行业来说，这是一种健康的思维模式。中产阶级的金融理财目标与现实相契合，而且他们坚信自己会实现这些目标。"在她的方案中，客户与金融理财师的合作是有助于成本控制的。金融理财师的主要任务包括"真正了解客户及其目标，帮助他们克服阻力或惰性"，而客户要自行完成大部分的计划执行工作。

加勒特承认这种方法在很大程度上是受生涯规划原理^①的启发而设计出来的，并表示它"对客户和从业者来说都是有益的"。

但一个仅由 300 名金融理财师组成的网络平台是无法满足庞大的中层市场需求的。加勒特说，实现这一目标需要 40 多万名金融理财师——每名金融理财师服务 300 个客户，并向每位客户收取 500 美元的费用。加勒特说："一开始，服务范围必然是有限的，大多数人在刚开始时根本用不上价值 5 000 美元的理财方案——他们要的是答案、帮助和指导。"[32]

与此同时，加勒特理财网络公司与美国军官协会（MOAA）达成了合作，成为后者 380 000 名成员的独家金融理财服务提供者，这项成就使它向自己的目标迈进了一大步。金融理财师举办了一系列关于军人家庭文化的线上研讨会。除了提供优惠的服务，加勒特理财网络公司还在美国军官协会的官方网站上分享了多个主题的理财秘诀，包括信贷、慈善捐赠、离婚和资金管理。

虽然像加勒特理财网络平台这样的模式开始在大众市场上崭露头角，但某些特定人群所接受的服务仍然处于较低水平，其中最引人注目的是拉美裔和非裔美国人群体。他们占美国总人口的 28%，而且几乎可以确定，这一比例在未来几十年里仍将增长，但金融理财师的客户名单上却看不到他们的踪影。

2007 年，在《阿里尔-施瓦布黑人研究报告》（The Ariel-Schwab Black Paper）中，"致金融服务业、政府决策者、雇主和社区领袖的公开信"直白地指出了这个问题。这封信由约翰·罗杰斯（John Rogers）、查尔斯·施瓦布（Charles Schwab）和梅洛迪·霍布森（Mellody Hobson）撰写，他们在信中呼吁政府、用人单位和各界人士帮助非裔美国人的后代实现财富积累，并采取措施以"确保所有人

---

① 详见第七章。

在这个世界上最富有的国家里能够平等享有广泛的生活福利"。

　　这个伟大且富有的国度的内心深处存在可怕的矛盾和急需应对的挑战：尽管我们财力雄厚，并且在过去几十年间不断进步，但无论是在个人层面还是在国家层面，我们在保障退休公民的长期财务安全方面做得不够好。几乎没有其他问题像这个问题一样，能够对我们造成如此广泛的影响，然而，其中的一些群体面临比其余人更大的挑战。对非裔中产阶级而言，通往财务安全的道路是一段艰难的旅程，有些人半途而废，有些人停滞不前，还有一些人在开始前就打了退堂鼓……"懒散阶级的穷人"可能无法实现美国梦的关键一部分：从岗位上功成身退后迎来舒适、有保障的退休生活。[33]

　　第 10 次年度《阿里尔-施瓦布黑人研究报告》显示，尽管在参加雇主赞助的养老金固定收益计划方面，非裔美国人与白人享有平等的权利，但前者每月的储蓄率远低于后者，储蓄规模也要小很多——非裔家庭的退休储蓄仅为 53 000 美元，而白人群体的对应数据为 114 000 美元。当被问及什么是"最好的总体投资选择"时，受访黑人有 39% 认为是房地产，37% 认为是股票或共同基金。在白人中，只有 28% 的人选择了房地产，而选择股票和共同基金的人达到了 55%。

　　早在 1999 年，这项研究就间接揭示了黑人和白人在投资态度及投资行为方面差异如此之大的原因。非裔美国人一般在晚年才会接触储蓄和投资工具，并且往往为保守的投资工具所吸引，因为这类投资能给他们带来安全感。[34]

　　拉美裔美国人的情况更加不容乐观。拉美裔倡议组织 NCLR（美国种族代表委员会）的数据显示，2009 年，35%～42% 的拉美裔美国人甚至从未在银行办理过业务。这些拉美裔美国人没有摆脱对工资的依赖，因此在以资产为基础的经济中逐渐落后。NCLR 在其 2009 年的政策议程中指出，虽然许多金融教育从业者为拉美裔美国人提供课程、视频、宣传册和线上讲座，但几乎没有证据表明低收入的拉美裔美国人正在从这些活动中受益。NCLR 表示，研究表明，要想改善拉美裔美国人的经济状况，首要任务是帮助他们在社区层面获得有针对性的、一对一的财务咨询服务，"但实际上，目前并不存在这样的项目来满足这一需求"。[35]

来自洛杉矶的金融理财师、CFP 持证人路易斯·巴拉哈斯（Louis Barajas）将其职业生涯的大部分时间都投入到了这一挑战中。巴拉哈斯是一名作家，也是 CNBC（美国消费者新闻与商业频道）和 CNN 的常客，还曾是 FPA 董事会的一员。他说，有研究表明，拉美裔美国人占美国总人口的比例正在上升，而且其中很大一部分人对老年生活准备不足。2004 年，美国退休人员协会（AARP）的一份研究报告表明，"与其他同龄群体相比，65 岁及以上的拉美裔美国人的退休收入来源更少，只有较小比例的拉美裔美国人有社保收入、各种形式的养老金、利息收入或股息收入……对拉美裔老年人群体而言，社会保障是他们的主要收入来源，他们对这项收入的依赖程度远远高于退休人员的整体水平"。[36] 这种情况要比非裔美国人的情况严峻得多。《阿里尔-施瓦布黑人研究报告》显示，能够获得并参加用人单位赞助的退休计划的非裔美国人的比例尚且处于正常范围。

巴拉哈斯在表达自己的观点时一向充满激情、直言不讳，他认为金融理财需要渗透进拉美裔美国人中，而且不是以公益服务的形式。"我确信这是一个错误的策略，"巴拉哈斯说，"当灾难发生时，公益服务没问题。但是，对受困于周期性问题的拉美裔群体而言，他们要的是一个永久性的解决方案，而非暂时性的权宜之策。"在批评理财界的一些观点时，他也丝毫不留情面："在我们这个行业中，大多数人认为'多元化'意味着公司要有一名律师、一名保险代理和一名CFP持证人。他们不懂什么叫种族多样性。"

当灾难发生时，公益服务没问题。但是，对受困于周期性问题的拉美裔群体而言，他们要的是一个永久性的解决方案，而非暂时性的权宜之策。

——路易斯·巴拉哈斯

一些数据印证了巴拉哈斯的控诉。CFP标委会在2002年发布的数据显示，只有约1.1%的CFP持证人自称拉美人或拉美裔美国人，而这样的非裔美国人不到1%。FPA有一个活跃的多元化专项工作小组，截至2009年，FPA执行董事小马文·W.塔特尔表示，他们还在"探究相关问题并寻找解决方案"，尚未进入战略阶段。

巴拉哈斯梦想有一天，人们的关注焦点会从拉美裔群体的"购买力"转向如何通过金融理财使他们成为储蓄者。

我也希望我们能想办法帮助拉美裔群体提高收入，因为对于那些工资很低、只能勉强维系生活的人来说，把10%的工资存起来的老办法是行不通的。金融理财可以帮助拉美人制定增加收入的策略，更重要的是，帮助他们制订必要的延迟满足规划……许多拉美人告诉我，他们想要享受当下的生活。我认为部分原因是他们对未来没有足够的希望，也从未享有过财务尊严。金融理财可以给他们带来希望。但金融理财行业如何做到这一点是一个大问题，因为能够服务于这个群体的拉美裔金融理财师几乎不存在，更不必说为下一代树立榜样。我希望有一天，我们可以轻易地问出这个问题——你考虑过从事金融理财工作吗？同时还能轻松地举出几位优秀的拉美裔金融理财师。[37]

规模的重要性

跟谢丽尔·加勒特一样，马克·蒂伯金也相信，总有一天，年收入 50 000 美元的普通教师也可以从拓展服务领域后的金融理财中受益。

普通教师将来也能说自己有一名理财顾问吗？不一定。但我认为他们能说自己有一份理财方案。像嘉信和富达这样的证券交易公司可能会大力发展零售业务，因为它们不仅认识到了大众市场的需求，还具备提供打包解决方案的规模基础。

要想对金融理财行业的未来充满信心，就必须明白理财离不开大型机构的支持，也必须要让更多的人受益于理财服务。2009 年，约有 30% 的 CFP 持证人与金融服务业最大的 30 家用人企业有联系。同年，FPA 和 CFP 标委会共同召开了一次面向金融服务公司的年度会议。美林和 IDS 这两家大型公司是金融理财行业的先驱。20 世纪 90 年代初，美林每年推出 150 000 份理财方案，这些方案极为深入彻底，并使用了受到广泛认可的六步规范流程。早在 20 世纪 70 年代，阿默普莱斯的前身 IDS 公司就向其旗下销售代理的客户提供金融理财服务。[38] 许多独立经纪交易公司——金融服务公司（前身是成立于 1965 年的美国共同基金）、资本分析师事务所（成立于 1969 年，最初隶属于富达共同基金公司）、瑞杰金融联营公司（成立于 1962 年）和 LPL 公司（前身是成立于 1969 年的林思科公司）——拥有与金融理财行业一样久的历史。一些公司最初销售共同基金，后来逐渐演变为支持金融理财业务的公司。

独立渠道的倡导组织金融服务协会称，截至 2009 年，已有 118 家独立经纪交易公司注册成为它的会员，而其经纪交易成员公司的独立金融理财师主要向中层市场（中小型的独立投资者）提供金融理财建议和投资管理服务。[39] 但是，即使支持金融理财业务的独立经纪交易公司的 FINRA 注册代理有 150 000 名左右，同时这 150 000 人全部提供全面金融理财服务（部分代理只针对投资管理提供服务），恐怕金融理财师的数量仍会存在缺口，多数美国人依旧无法获得充分的理财服务。金融理财师的人数正在减少，原因是其自身的老龄化（也有人说，政府在 21 世纪初加大了监管力度，这带来了额外的风险和费用，促使许多人选择另谋生路）。另外，在 CFP 标委会注册的金融理财教育项目每年仅输出约 5 000 名金融理财师。2009 年，昔日的金融专业人员供给系统（主要由人寿保险公司和大型经纪交易公司组成）的规模似乎也已经萎缩，愿意雇用新手、培训和支持未来金融理财师的大型公司越来越少。正如马克·蒂伯金所说："每个人都只想收养一个21 岁的孩子，但鉴于华尔街的现状，它不大可能成为这个行业实现大幅增长的土壤。"

长期以来，拥有大型公司架构的瑞杰公司一直被认为是金融理财的倡导者。"自公司成立以来，我们一直认为，在没能彻底了解自己的财务状况和影响投资的各种税法的情况下进行的投资是不可取的，"瑞杰的首席执行官汤姆·詹姆斯（Tom James）表示，"对一名专业人士而言，没有什么比致力于实现每位客户的财务健康和目标更重要。金融理财师是客户财务健康不可或缺的一环。"

瑞杰旗下有 3 家经纪交易商和 5 000 多名金融理财师。作为一家在早期便开始采用基于资产的定价模式的公司，瑞杰开发了无数为金融理财师提供支持的平台，有些面向独立签约人，有些针对内部职员。瑞杰的金融理财师约有 1 256 名是内部职员。瑞杰也是首家引进委托人权利法案的投资理财公司，在明确 14 项委托人权利后，又规定了 12 项委托人责任。雇佣模式有利于解决金融理财师稀缺的问题——在这种模式下，企业会更愿意在员工的职业发展上加大投入。虽然多数独立经纪交易公司的确提供教育和营销支持，但大规模的"人员发展"投入对这些企业而言弊大于利，因为附属于它们的金融理财师可以轻而易举地改变自己与公司的雇佣关系，顺便将他们负责的客户也一并带走。如果有更多的独立经纪交易公司采用瑞杰的雇佣模式，就有可能拓宽消费者接触金融理财师的渠道。但是，大型公司仍然背负着"销售"文化的污点，而这正是金融理财行业在追求真正行业地位的过程中最大的忌讳。

鲍勃·维雷斯表示，经纪交易商的"高效自毁"零售服务模式对金融理财行业而言既有积极的一面，也有消极的一面。积极的一面是，零售经纪业务的衰落不仅标志着一个竞争对手的陨灭，更重要的是，它还意味着一种业务模式的消失——这种业务模式往往会将"服务"伪装成是免费为客户提供的。消极的一面是，"那些公司为新入职的金融理财师提供了入行所需的培训和成长所需的经验，"维雷斯说，"此外，大型经纪交易公司在广告上的投入也为金融理财服务创造了需求。数以万计的消费者正是因为经纪交易公司的某则广告而第一次接触了财务咨询。如果体验不佳，他们就会另寻他法，许多理财公司便是在这种环境中蓬勃发展起来的。"

银行曾一度被视为最有可能将金融理财服务引入大众市场的渠道，但直到 2009 年，银行的这一潜在作用似乎仍未发挥。贝勒大学金融学教授兼金融服务项目主管、于 2009 年当选 FPA 候任总裁的 CFP 持证人汤姆·L. 波茨博士曾预测，银行将会大举进军金融理财行业。波茨说："但我错了。"

在我看来，银行拥有广泛的零售业务网，是可以以合理的成本创建一个业务模型并向中等收入水平的个人提供产品和服务的。"典型的"银行客户并不存在复杂的财务问题，比如计算股票期权或规划复杂产业。但是，在这方面做过尝试的银行没有一家走对了路——也许是因为过分强调"交叉销售"和利益冲突，这些尝试最终都没有奏效。会计师也盯上了金融理财，并将这项业务视为实现收入增长的一个途径，但是当发现金融理财远比想象中复杂时，他们也转身离开了。

支援供不应求的金融理财大众市场的另外一种途径是采用工作场所交付模式。例如，全球专业服务公司安永会计师事务所推出了电话服务——安永金融理财师热线，该热线配备了 80 名 CFP 专业人士，服务对象为 40 家公司和机构的 200 万名员工。金融服务巨头——美国教师退休基金会（TIAA-CREF）的电话服务主要面向年收入低于20 万美元的人群，约 360 万人有资格免费享受该基金会提供的财务咨询服务。[40] 高盛旗下的爱科公司则通过"流动资金个人理财项目"来提供爱科问答热线。爱科公司拥有 1 340 名员工，其中不乏接受过JD、MBA、CPA 和 CFP 培训的专业人士。这些员工为 410 家"财富1 000 强公司"的近 12 000 名高管提供个性化的综合财务咨询服务。[41]

鲍勃·维雷斯提出了扩大规模的另一个未来构想："咨询公司同时服务成千上万名客户，而客户只需支付一笔订阅费。凭借这笔费用，客户不仅可以获取理财顾问提供的退休规划和目标评估系统的使用权限，更重要的是，在朝着所选择的目标前进的过程中，他们还可以获得必要的指导建议。"他还说："协作将取代委托成为未来的业务模式——每名理财顾问对接更多的客户，而更多的工作将交由客户亲自处理。这种面向大众的业务模式更类似于订阅，而不是私人聘用。"

> 协作将取代委托成为未来的业务模式——每名理财顾问对接更多的客户，而更多的工作将交由客户亲自处理。
>
> ——鲍勃·维雷斯

新技术：Web 2.0 及更高版本

在过去的几十年里，计算机技术将金融理财师从千篇一律的常规性工作中解放出来，使他们得以扩大客户规模。不断发展的科技将继续在金融理财行业的下一个发展阶段和面向大众市场的服务中发挥重要作用——尽管目前还不完全清楚如何做到这一点，而且在是否采用互动式网络这个问题上，部分金融理财师一直犹豫不决。

新泽西州斯特林金融集团的负责人、CFP 持证人尼古拉斯·尼科莱特（Nicholas Nicolette）指出，他们的犹豫是没有必要的。2009 年 4 月，尼科莱特告诉《投资新闻》（Investment News）杂志："作为金融理财师，我们需要继续专注于提升自己的核心竞争力。"他还补充说："借助先进的工具，金融理财师能够更好地服务更多的客户。"[42]

在参加专题会议时遇到的一个小插曲让我很沮丧。我听到一位难得出席会议的金融理财师难掩失望地说："我不需要了解这种技术的工作原理，它被设计得简单便捷一点就行了。"然后他们似乎就放弃了。

但关键是，金融理财师需要学会处理复杂的技术问题，以及将技术与整体的理财策略相结合……他们需要努力强化其所在企业的技术竞争力，而这要求他们提高自身的专业水平。

另外，消费者已经可以轻易地借助科技自主寻找财务解决方案。事实上，那些原本只为金融理财师设计专业平台的理财网站和软件公司也将目光投向了普通消费者。2009 年 4 月，波士顿大学教授劳伦斯·科特利科夫博士发布了"基于经济学、促进消费平稳"的软件 ESPlannerBASIC 消费者版本，此前，该软件是面向专业人士设计的。

秉承着帮助个人制订终生理财方案的设计理念，ESPlannerBASIC 推出了计算用户每年应该花费、存储和投保多少钱才能安稳度过退休生活的功能。

如今，在多数情况下，金融理财工具往往通过互联网而不是现成的软件来到消费者身边。2009 年，NEFE 推出网站 Decumulation.org，借此帮助个人设计定制型退休收入方案。MyFinancialAdvice.com 网站则一直通过电话和电子邮件来提供理财咨询服务。

一些金融理财师正在通过 Web 2.0（第二代互联网）技术与客户和潜在客户交流，互联网由此成了一个互动平台。在博客、维基、文档共享，以及包括脸书、领英和推特在内的社交网站上，金融理财师都有可能接触到大量对传统营销方式无动于衷的人。整个行业都在鼓励人们去尝试：2005 年，《金融理财期刊》向读者介绍了博客，并将其定义为"一个包含新鲜且源源不断的观点、分析、思想（通常是明显的'个人'内容）以及引用内容源链接（通常是其他博文）的网站"。

尽管一些雄心勃勃的金融理财师迅速响应了新社交媒体的召唤，但 Web 2.0 不仅有无穷潜力，也存在无数陷阱。例如，广受好评的商务社交和求职网站领英鼓励用户听取并公开展示同事、客户和雇主对自己的"推荐意见"，然而，从软件工程师转行成为金融理财师并从事技术咨询服务的 CFP 持证人比尔·温特伯格（Bill Winterberg）告诫称，谨慎使用这个功能。2009 年 3 月，温特伯格在他的博客"金融理财札记"（FP Pad）中告诉读者："对于在 SEC 注册的金融理财师而言，使用领英的推荐功能可能违反了《1940 年投资顾问法》的第 206（4）条。"[43] 第 206（4）条规定，企业发布的"任何广告"，如涉及"直接或间接以任何形式推荐任何投资顾问，或以任何形式推荐该投资顾问所提供的任何建议、分析、报告或其他服务"，都将构成"一种虚假、欺骗或操纵性质的行为、实践或业务过程"。

来自加利福尼亚州的金融理财师、CFP 持证人凯茜·柯蒂斯（Cathy Curtis）认为，领英帮她的小公司提升了知名度。道琼斯通讯社的一名记者在搜索"金融理财联系人"时看到了柯蒂斯在领英上的个人资料，然后访问了柯蒂斯的网站，最终打电话联系上了她。后来，柯蒂斯的讲话出现在了《华尔街日报》的两篇报道中。柯蒂斯还在脸书上运营着一个企业账号——脸书也是一个深受用户喜爱的网站。这个网站创建于 2004 年，最初是一个服务于大学生的在线交友网站，后来迅速发展成为一个面向大众的社交网络平台。此外，柯蒂斯、温特伯格和其他金融理财师也加入了推特——一种将发布内容限制在 140 个字以内的通信工具，它允许人们通过相互"关注"来进行交谈。

对于那些将"Y 一代"视为未来客户的金融理财师来说，推特和其他社交媒体也许能发挥巨大作用。通常被称为"数字原生代"的这一代人是互联网时代的产物，他们的社交活动（通常也包括商务活动）受到手机、即时消息、短信和脸书的影响，这是有史以来联系最为紧密的一代人。[44]

《金融理财》杂志的总编玛丽昂·阿斯内斯表示，无论下一阶段的金融理财最终采用何种业务模式，面对面的互动都始终占有一席之地。归根结底，"人们总是希望别人能记住自己的孩子与狗的名字"。

新生代金融理财师

如果说供不应求的大众市场是为金融理财行业争取广泛认可的最后一片未开拓之地，那么该行业的未来发展轨迹也许取决于 FPA 新生代（NexGen）团体。该团体大约由 150 名 36 岁及以下的金融理财师组成，占同年龄段 CFP 专业人士的 24%。

新生代诞生于 2004 年，旨在帮助年轻一代金融理财师融入由资深金融理财师组成的大型社区，由 CFP 持证人阿伦·科茨（Aaron Coates）、CFP 持证人迈克尔·基茨（Michael Kitces）、阿普里尔·约翰逊（April Johnson）和 CFP 持证人小戴夫·戴明（Dave Demming Jr.）建立。"2003 年，当初次参加 FPA 研讨会时，参会者是一群资深金融理财师——加上我，"当时 30 岁的科茨说，"我惊讶于自己所接触到的都是大名鼎鼎的人物。他们迅速把我带入了他们的圈子里，同我分享知识。但是，我是当时唯一一名年轻从业者，我希望其他人也能有这样的经历。否则，我们就无法接好老一辈金融理财师手中的接力棒。"

2004 年 9 月，新生代正式成立。FPA 在丹佛举办了年会，新生代在此召开了第一次会议，并发起了成员招募活动，将其成员规模从 4 人扩张到了 30 人。但是，新生代的发展并不像科茨想象的那样顺利。事实上，它遭受了怀疑、猜忌，甚至是敌意——尤其是在一篇题为《鸿沟》（The Great Divide）的文章发布之后。这篇文章的作者是 25 岁的金融理财师、CFP 持证人安杰拉·赫伯斯（Angela Herbers），文章于 2005 年 2 月发表在《投资顾问》（Investment Advisor）杂志上。[45] 赫伯斯以"自下而上的视角"揭露了自己与同龄人在金融理财行业中的艰难境遇。她写道：

> 成功的金融理财师和新生代之间的差距超出了多数人的认知，而且这种差距还在扩大。文化差异正在将新一代金融理财师引入一段满是阻碍、失望和困惑的职业生涯中。我认为，这场危机涉及的不仅仅是这个行业的新手，这对资深金融理财师的影响也很大：如果年轻一代的金融理财师没有得到妥善安置，就会导致行业生产力低下、员工流失率高、职业缺乏吸引力等情况，结果就是每年给公司股东造成数百万美元的损失。如果这种情况不

加以改善，那么一些最优秀、最聪明的年轻金融理财师很有可能会离开这个行业，而填补空缺的应届毕业生也会逐年减少。这是一次严重的危机，威胁的是金融理财行业的未来。

当初出茅庐的新生代团体在 2005 年的 FPA 研讨会上碰面时，老一辈金融理财师内心的困惑丝毫不亚于年轻一代。"在他们眼里，我们是一群叛逆的毛头小子，自认为'有权'从前辈的业务资源里分一杯羹，而不用付出像他们这些前辈和行业其他先行者所付出过的代价，"科茨说，"他们也感到焦虑，毕竟，没有先例能告诉他们如何将这个行业和他们的事业传承下去。我们只想就自己在业内的定位与他们进行良性的沟通和交流。"这种情感上的创伤最终得到了治愈，而且"逐渐有人说，我们的能力在老一辈金融理财师面前的确是有用武之地的"。

FPA 领导层对新生代表示支持，甚至从 2006 年开始为新生代的年度会议提供赞助。2008 年，新生代通过整合，开始成为科茨和最初的成员所设想的样子：为下一代金融理财师创造一个新的先行者圈子，为几代金融理财师营造一种合作的氛围，为年轻金融理财师提供一个展示其领导能力的全国性舞台。"我们可以携手进入金融理财的黄金时代。"科茨说道。

但是，由于所有经过认证的学位项目每年总共只能输出 5 000 名新晋金融理财师，新晋金融理财师和目前约 14 000 名 40 岁以下的 CFP 持证人将很难满足数百万渴望受益于金融理财服务的美国民众的需求，而这还是在年轻一代能够撑过 2008—2009 年经济危机的前提下。

2009 年 1 月，在《投资新闻》上刊登的一篇文章称，随着继任计划被搁置、公司价值缩水，年轻金融理财师的就业市场开始收紧，他们面临一条更为漫长与坎坷的"所有者之路"。

购买一家理财咨询公司的股票的机会可能根本不存在，或者至少不会像经济衰退前那样多。金融市场近期的动荡可能会迫使理财咨询公司的股东不愿放手自己的股份，违背最初出售公司部分股权的承诺……这是因为随着公司资产缩水，他们根本不想以低于以往的估值出售股票。

2008 年的后两个季度，市场估值下降了 20% ~ 25%。[46]

尽管在 21 世纪第一个 10 年接近尾声时，行业前景相当黯淡，但是，随着继任理财顾问公司的一项调查结果的发布，年轻从业者又找回了一些信心：78% 的金融理财师希望采用内部继任计划，而在 2005 年开展的一项类似调查中，这一比例为 66%。"对于一名年轻金融理财师来说，入行和内部继任是关键，"加利福尼亚州纽波特市的继任理财顾问公司总裁戴维·戈德（David Goad）说，"如果让一个寻找销售机会的人向客户引荐一位已经服务客户群一段时间的金融理财师，那么客户会更愿意接受年轻一些的金融理财师。"[47]

下一代金融理财师的短缺让马克·蒂伯金感到担忧。他预测，一场围绕专业人士的人才争夺战即将打响，而需要帮助的消费者也许会迎来一个不甚乐观的结局。

除非这个行业能切实解决这个问题，否则这样的风险将一直存在：随着服务提供者越来越少，他们在选择服务对象时会变得更加挑剔，从而推高金融咨询的费用。各方都需要付出更多努力来让这个行业成为年轻人的就业选择。

聚焦华盛顿

在影响金融理财行业未来发展的各种力量中，最大的不确定因素不是金融理财师，而是政府监管方。哈罗德·埃文斯基说："无论是在监管方面还是在将来采取的经济举措方面，政客都是巨大的未知数。"

2008年9月，雷曼兄弟、美林和美国国际集团相继倒闭。这些事件刚刚过去30天，美国众议院就金融市场监管改革举行了首次听证会。许多专家敦促立法者在精心规划后进行实质性的改革。2001年的诺贝尔经济学奖得主约瑟夫·施蒂格利茨（Joseph Stiglitz）呼吁政府在金融市场中发挥积极作用："过去25年盛行的放松管制哲学既没有经济理论基础，也没有历史依据。与之相反，现代经济理论解释了为什么政府必须发挥积极作用，特别是在金融市场的监管方面。"[48]

游说和政治活动减缓了改革的步伐，但国会的关键人物明确表示，改革是他们的一项重要议题。众议院金融服务委员会主席、马萨诸塞州民主党人巴尼·弗兰克（Barney Frank）表示，他所在的委员团决定将系统性风险保护职能与投资者或消费者保护职能分离开来。参议院银行委员会主席、康涅狄格州民主党人克里斯托弗·多德（Christopher Dodd）表示，改革是他所在的委员团的首要任务。虽然许多早期听证会关注的是更为广泛的金融市场，但显然在不久后，金融理财行业和金融理财师将被迅速纳入重要的监管改革之中，这在很大程度上是由于奥巴马总统任命玛丽·夏皮罗（Mary Schapiro）为SEC主席。

在被任命之前，身为律师和职业监管者的夏皮罗曾是行业自律组织FINRA的负责人。作为FINRA首席执行官，夏皮罗的主要职责是监管经纪交易公司的注册代理，其中许多代理在从事金融理财业务时所遵循的客户参与"适用性"标准低于 RIA 受托标准的规定。根据《1940 年投资顾问法》，RIA 必须在 SEC 登记。

出任 SEC 主席后，夏皮罗表示，她正在认真考虑为经纪交易商和投资顾问建立一个长期统一的监管架构。2009 年 3 月，夏皮罗在参议院银行委员会作证时表示："SEC 正在开展研究，希望借此提出立法意见，以打破对投资顾问和经纪交易商实行不同监管制度的法定壁垒。从投资者的角度来看，他们提供的服务实际上是相同的。"尽管只有国会有权创建自律组织，但根据《1940 年投资顾问法》，FIN-RA 有权采取监管措施，并为经纪交易商及其附属官方机构建立受托标准。[49]

夏皮罗认为，投资者希望以受托责任作为监管标准。她在 FIN-RA 的继任者理查德·凯彻姆（Richard Ketchum）呼吁"制定一套同时适用于经纪交易商和投资顾问的受托标准"。但业内主要的专业机构感到不安，它们觉得凯彻姆没有完全发挥 FINRA 应有的作用。2009 年 4 月，CFP 标委会、FPA 和 NAPFA 以书面形式对《华尔街日报》的一篇文章做出了回应，这些机构指出凯彻姆的观点存在一个"严重的问题"：

> 单一的标准可能有效，但前提是它必须是真正的受托标准——一种要求将客户最大利益置于首位的标准……任何降低目前针对持有 CFP 认证的投资顾问或金融理财师的受托标准的做法，都会削弱（而非加强）受托者谨慎义务，而消费者需要依靠受托者谨慎义务来恢复他们对金融咨询服务失去的信任。这样的标准要求经纪交易商对业务实践和模式进行重大改革。我们不能通过采用一种实际上降低了金融理财师应承担的义务的统一标准来对改革金融体系的想法进行虚假的口头支持。[50]

大多数业内人士都承认，2009 年前后的美国金融理财监管体系——由联邦政府和州政府对金融理财各个"分支领域"采取的监管措施混杂而成——存在严重的缺陷。成立一个专注于金融理财行业整体行为的单一自律组织将是众望所归的结果。令许多金融理财师不安的是，FINRA 有可能会成为这个行业的唯一自律组织。

考虑到夏皮罗拥有担任 FINRA 首席执行官的背景，以及该机构制定的经纪交易商"适用性"标准，哈罗德·埃文斯基对最终结果不抱希望。"很有可能，金融理财师最终将被置于 FINRA 的监管之下，而不受受托标准的管制，"他表示，"FINRA 会说，'天哪，看看我们现有的监管有多严格，足足有 14 000 页监管标准。我们为什么不直接把金融理财师也纳入其中呢？'"事实上，这似乎正是继任者凯彻姆的立场。他对参议院银行委员会表示："只有 FINRA 能够从监管的角度出发，为金融理财师建立一个快速有效的监督程序。"

马克·蒂伯金担心，如果 FINRA 成为那些向公众提供建议的金融理财机构的监管者，那么它将把标准降低到"适用性"，而不是提高到"受托责任"。经纪交易公司（以及它们的说客）不想再多一层合规要求，因为这会大大增加企业的成本。"但 RIA，"蒂伯金说，"会反对这种做法：'我们刚刚经历了一场因降低标准而导致的咨询服务水平降低和投资者纷纷出局的巨大风波，你们为什么要在这个关头削弱或降低标准呢？'"

其他人则认为两种形式的监管改革都能为这个行业带来希望。"国会会赋予 FINRA 对 RIA 的监管控制权吗？国会是要强制执行受托标准，还是要让每个人都遵循一种要求相对较低的通用标准或"适用性"标准呢？任何一种选择都可能对这个行业产生积极影响。"鲍勃·维雷斯说道。

如果监管机构转向合规标准，那么那些遵守受托标准的人可能会利用这一点来取得积极的营销优势。如果实行受托标准，那么零售经纪业务的利润将立刻减少，从负债的角度来看，其风险更大，理财公司之间的竞争压力也会随之降低。

如果监管机构转向合规标准，那么那些遵守受托标准的人可能会利用这一点来取得积极的营销优势。

——鲍勃·维雷斯

要想围绕自律组织建立一套全新的监管架构，并用此监督和执行独立于投资管理的金融理财建议的开发和交付标准，监管成本的投入是必不可少的。随着监管标准的提高，相应的监督、考量和培训方式也需要被制定出来。"我希望能看到某种类型的受托审计，无论是同行评审，还是用其他一些方法来评估金融理财师制订方案和提供建议的方式，或者是某种审查方案，"马克·蒂伯金说，"如果新的自律组织的使命和目的就是提高服务标准，那么新组织就必须起到实质性的作用。"

最终结果尚不明朗，尤其是考虑到奥巴马政府在 2009 年的工作重点是提振经济和银行系统，并设法救助有可能丧失抵押品赎回权的房产所有者。就像任何一次政治和经济动荡时期一样，急于实行监管改革可能会产生意想不到甚至是灾难性的后果。蒂伯金表示："所有重大改革都是在危机之后进行的，比如大萧条之后的《格拉斯-斯蒂格尔法案》（Glass-Steagall Act）、安然事件之后的《萨班斯-奥克斯利法案》。这些改革是在实质性地改善我们的生活，还是在解决一个人们本可以轻易规避的问题呢？有时，监管改革只是在故弄玄虚，并没有给出解决方案。"

金融扫盲：一个激进的概念

对于 2009 年的金融市场崩溃和随之而来的全球经济衰退，心理学家曾用心理学专业术语来描述这期间客户的想法和情绪：房地产泡沫背后的躁狂和过分乐观，缺乏自控能力而导致的借贷上瘾症状，以及原以为自己在进行安全投资，但现在却面临一种可怕而未知的震惊和受骗感。心理学术语揭示：在所有有关房价下跌和经济衰退指标统计数据的背后，都是活生生的人。[51]

晨星公司执行董事唐·菲利普斯表示，人们现在了解到了一些残酷的事实。"投资者已经意识到这并不是一场游戏，"菲利普斯说，"许多人曾经的心态是，这一切都是为了凭空变出大笔现金。但是，天底下没有白吃的晚餐。投资是一项充满困难且惊心动魄的工作，它建立在牺牲之上。好的一面是，人们将对金融理财师及其提供的咨询服务产生更加清晰的认知。"

这正是个人财经记者特丽·萨维奇（Terry Savage）想要看到的结果。萨维奇以股票经纪人的身份开始她的职业生涯，后来成了芝加哥期权交易所的创始成员和首位女性交易员。然而，当她 1984 年第一次在芝加哥电视台亮相时，用她自己的话来说，她被视为"一个新手，一个谈论金钱的女孩"。5 年后，她开始定期为《芝加哥太阳时报》（*Chicago Sun-Times*）撰写专栏文章。她早期的文章与 2009 年的专栏文章有着惊人的相似之处。

"我们在 1989 年也陷入了经济衰退。"萨维奇说。

人们开始意识到，他们未来的财务状况取决于他们所做出的远多于上一代的决策。但两代人面对的问题是一样的：对 401（k）计划的选择、获得良性的抵押贷款、明智地使用信贷。

20年来，我的建议始终如一：对自己的未来负责，量入为出，不要欠债；在咨询服务和顾问方面做足功课，长期投资并分散投资组合。与现在相比，最大的不同是当年我无法提供网站资源。

另一个相似之处是，在她的第一本书《特丽·萨维奇谈金钱：财务问题常识指南》（*Terry Savage Talks Money: The Common-Sense Guide to Money Matters*）中，萨维奇推荐了 CFP 专业人士的服务，提到了 ICFP、IAFP 和 NAPFA。

萨维奇说，自这本书出版以来，市场上已经出现了大量令投资者难以理解的极其复杂的金融产品。然而，更让她担心的是，到 2009 年，合格的金融理财师在数量上仍然存在巨大缺口，大众市场消费者依然求助无门，难以找到有经验的金融理财师来为他们提供合乎道德的理财建议。

金融理财行业需要全国性章程、全国性证书和国家层面的认可，我说的可不是开展一场公关运动。金融理财行业需要推进有关将金融理财师作为"国家受托人"的讨论，使这个团体成为美国金融体系的关键组成部分。我希望我们能从最高级别政府那里获得有关金融理财师及其在金融知识普及方面的承诺，而且所传递的信息不能仅仅是"明智地使用信贷"。美国人正在寻找方向和指引，我们的立法者正在寻求建立一个新的监管体系，现在是时候采取行动了。

萨维奇说，她设想有一天个人理财将成为高中的必修课。"我们无法弥补性地教授个人理财责任，"她说，"教得最多的课程的代价也最高，我们如今便以高昂的代价上了几节课。"

> 金融理财行业需要全国性章程、全国性证书和国家层面的认可，我说的可不是开展一场公关运动。
>
> ——特丽·萨维奇

对于萨维奇的观点，晨星公司的唐·菲利普斯深以为然。他失望地表示，政府官员、政策制定者和媒体评论员经常公开表露他们在财务上的无知，"那些长期以来在财务方面做出灾难性决策的体育明星和娱乐明星却被奉为榜样"。"解决问题的办法必须是教育，"菲利普斯说，"在我的设想中，高中或大学的个人理财课程将由政府强制要求开展，而持有 CFP 证书则是成为教学人员的先决条件。或者，政府应该要求用人单位教员工如何投资。"

汤姆·L.波茨一生致力于高等教育事业，他认为金融扫盲最好是在大学期间进行。"高中可能为时尚早。"他说道。

> 当年轻人进入大学的时候，他们就不得不在预算和消费上自己做主。关键是要在合适的时间让个人接受理财教育，这样他们就能够在对金钱的看法和决定上做出足以改变人生的调整。
>
> 要想显著改变这个国家的金融体系，什么才是起决定性作用的？要么是年龄，要么是教育体制，要么是信息——或者是三者结合。想想看，如果一个国家把数十亿美元的经济刺激资金中的一部分花在金融扫盲上，那么未来的很多问题将能够规避。

政府对金融扫盲的支持还得到了备受尊敬的经济学家、耶鲁大学教授、《非理性繁荣》（*Irrational Exuberance*）一书的作者罗伯特·席勒（Robert Shiller）的认可。在 2009 年 1 月中旬的《纽约时报》专栏里，席勒在指出 2008—2009 年的金融危机的几大成因时表示："我们不能忘记数以万计的人在房地产泡沫的刺激下所犯的无数颠覆性错误，以及因此所承担的自身无力负担的债务。个人在理财方面的许多错误都是可以避免的。但首先，人们需要了解自己应该做些什么。政府的各种救助计划都需要考虑到这一点——通过启动一个重点项目来补贴每个人寻求个人理财建议的费用。"[52] 虽然席勒对已经取得的进展——2002 年成立财政部金融教育办事处，以及乔治·W. 布什（George W. Bush）总统在 2008 年成立金融知识咨询委员会——表示肯定，但他认为仍然需要采取一项更有雄心的举措，包括像提供医疗补助和医疗保险那样，为中低收入人群提供专业咨询费用补贴。

"现在，只有相对富有的人才能获得专业的财务建议，"席勒写道，"改变这一点将是一个重要的纠正步骤。在这个充满猜疑、缺乏信任的时代，让普通民众也能接触到训练有素的顾问对于国家而言是件天大的好事。"

与菲利普斯、波茨和萨维奇一样，玛丽昂·阿斯内斯也设想有一天金融知识能像科技知识一样根深蒂固，并被大多数人学习和使用。她承认，金融扫盲的好处很难衡量。"这跟疫苗的效果是一样的，"她形容道，"直到你在老死的那一刻还没有得过天花，你才知道疫苗起作用了。"

菲利普斯表示，他预计金融理财行业在公众认可度方面将达到与法律、会计和医疗行业同等的水平。他认为："最重要的是，可能产生的最极端的场面是，我们将成为一个人人通晓金融理财知识的国家，这是完全有可能的。"

1969 年 12 月 12 日，一小群梦想家在芝加哥奥黑尔机场附近的一间平凡无奇的酒店会议室里发起了这场"意料之外的变革"——"人人通晓金融理财知识"将是对这场伟大变革恰如其分的印证。

洛伦·邓顿

与 12 位同僚共同创办了后来的 IAFP
和金融理财学院。

图片已获得 FPA 授权使用。

詹姆斯·巴纳什

于 2005 年担任 FPA 总裁。

克罗宁摄影（Cronin Photography），已授权使用。

亚历山德拉·阿姆斯特朗

于 1985 年担任 IAFP 总裁。

图片已获得 FPA 授权使用。

小 P. 肯普·费恩

"同一个行业、同一个称号"的倡议
者，1973 年 CFP 课程的首批学员之
一，著名的《金融服务业在理财板块
的统一与专业化》白皮书的主要作者。

图片已获得 FPA 授权使用。

格韦妮丝·弗莱彻

20 世纪 80 年代初澳大利亚金融理财行业的先驱。

图片已获得 FPA 授权使用。

丹尼尔·卡尼曼

FPA 丹佛总部，2004 年。

2002 年的诺贝尔经济学奖获得者，卡尼曼博士就专业金融理财的必要性发表讲话。他和其他研究人员证明了专业金融理财对社会福祉的重要性。

克罗宁摄影，已授权使用。

金融理财学院第一届毕业班，1973 年

图片已获得 FPA 授权使用。

金融理财学院校董会主席刘易斯·G. 卡恩斯向戴维·金颁发 CFP 证书

最初的 IBCFP 董事会，1985—1987 年

前排（从左到右）：本·库姆斯，丹·帕克斯，塔希拉·K.希拉和小E.登比·布兰登。

后排（从左到右）：小查尔斯·G. 休斯，小P. 肯普·费恩，雷蒙德·A. 帕金斯、威廉·安塞斯、H. 奥利弗·韦尔奇和戴维·金。

首届 CFP 国际组织会议，1992 年 9 月 25 日，加利福尼亚州阿纳海姆市
前排（从左到右）：格雷格·迪瓦恩（澳大利亚）和田中和夫（日本）。
后排（从左到右）：H. 奥利弗·韦尔奇和小 E. 登比·布兰登。

2004 年 10 月 13 日，FPSB 伦敦成立大会
这是 CFP 认证走向国际的一个决定性时刻。
图为 FPSB 董事会主席莫琳·楚和 CFP 标委会主席戴维·H. 戴斯林签署正式文件。

2004 年伦敦成立大会

约翰·卡彭特，FPSB 董事会前任主席；弗朗西斯·林（Francis Rim），韩国金融理财师协会执行董事；尹炳哲，韩国金融理财师协会董事会主席；伊恩·赫洛德（Ian Heraud），澳大利亚 FPSB 董事会候任主席，2005 年 FPSB 董事会成员；刘凯平，中国台湾理财规划顾问协会执行董事。

亨利·蒙哥马利和戴维·金在早期的 ICFP 研讨会上

ICFP 研讨会，1985 年

图片已获得 FPA 授权使用。

本·斯坦（Ben Stein）

知名演说家、作家，在推广金融教育方面颇有影响力。

图为他与 FPA 总裁伊丽莎白·杰顿（Elizabeth Jetton）在 FPA 丹佛总部合影，2004 年。

克罗宁摄影，已授权使用。

FPA 成员大会

图片已获得 FPA 授权使用。

2008 年，FPA 年会的教育专项会议

图片已获得 FPA 授权使用。

《金融理财师》，1972 年

图片已获得 FPA 授权使用。

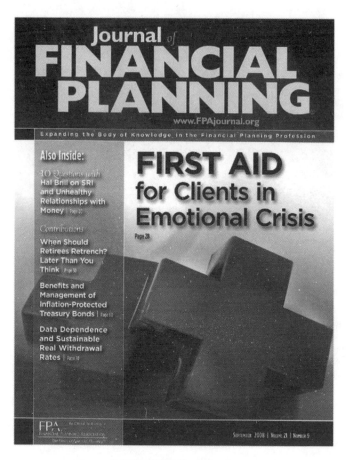

《金融理财期刊》，2008 年

图片已获得 FPA 授权使用。

后 记

随着金融理财行业进入第 5 个 10 年，我们清楚地看见，它的许多潜力和愿景正在成为现实。到 21 世纪初，金融理财已从最初的默默无闻，一跃成为一个令人向往、极具价值、备受推崇的行业。第一批 CFP 持证人共计 42 人，他们都来自金融理财学院于 1973 年开办的首届毕业班。截至 2009 年，已有 120 000 多人通过了 CFP 认证，而且这些持证人分别来自全球 20 个国家和地区。从产品销售这个初级领域算起，金融理财已逐步发展为一个帮助人们实现生活目标、保障财务安全的精细化过程。在金融理财的帮助下，越来越多的人能够告诉别人："孩子上了大学，事业蒸蒸日上，退休生活有了保障。"由金融理财变革发展出来的许多组织，包括 CFP 标委会、FPSB、FPA，联合起来形成了规范的行业标准和强大的保护消费者的力量。这个行业甚至已经形成探讨"财务整体性"的有利环境。但在金融服务领域，利益冲突、贪婪和腐败这三大相生相伴的恶势力仍然存在，而且不容小觑。

很多问题依然有待讨论、分析和改进，包括：金融理财如何才能成为一个更好、更受认可的行业？

历经 40 年（1969—2009 年）的发展，如何抓住机遇是这个行业所面临的挑战。这个挑战可以被理解为对金融理财师、社会领导人以及他们共同服务的公众的号召。提高核心竞争力以及道德和信托标准是金融理财行业在未来几十年持续改善和发展的核心。但工作不只这些，还有许多未解决的问题有待我们进行严肃深刻的探讨。例如，如何让更多人了解金融理财，如何提高个人和社会的生产力，如何改善金融理财师的职业道路，如何减少和有效应对经济危机和市场动荡，如何更好地使公众免受不道德"理财师"的伤害。

我们有必要在这个行业开展一场针对将资本主义作为公益事业而非经济体系的友好辩论。资本主义哲学家迈克尔·诺瓦克（Michael Novak）在他的经典作品《民主资本主义精神》(*The Spirit of Democratic Capitalism*) 中肯定了资本主义的独特性，因为在所有人类设计的经济体系中，资本主义帮助了最多的人口，让他们摆脱贫困——在发展生产的同时，它给资本主义社会的人民带来了更多的服务、更多的创造力、更多的机会和更多的生机。在 2008—2009 年的金融危机过后，民主资本主义的发展和改善成为下一代领导者必须完成的艰苦工作的一部分。金融理财师无疑是其中的一员。

过去我们的先驱者扮演推动者和挑战者的角色，为了传承他们的精神，我们特此提出以下问题，这是对金融理财行业同行的鞭策。

- 金融理财行业如何才能更好地寻求、研究和实施更高水平的金融理财服务和受托标准、更高的个人和社会生产力以及更好的应对市场崩溃和衰退的策略？
- 金融理财行业如何才能更好地推广那些能帮助建立对所有社会成员都更加公平的、更好的民主资本主义所有制社会的自由观和价值观？
- CFP 标委会、FPSB、FPA 和全球其他金融理财组织可以做些什么来扩大和提高 CFP 认证项目的影响力和价值，以及继续提高持证人的服务水平？

- 在下一个 40 年结束之际，金融理财行业应该在全球范围内输出多少 CFP 专业人士？
- 如果上述目标得以实现，那么世界上需要和渴望 CFP 专业人士的人有多大机会获得这种服务？
- 加快 CFP 持证人数增长最有效的方案是什么？
- 如何进一步改善 CFP 考试，以更好地培养新的 CFP 专业人士？
- 还有什么方法可以改进 CFP 教育课程？如何改进持续教育课程？
- 有哪些新项目可以帮助新的 CFP 从业者更快融入劳动市场？
- 我们还可以做些什么来帮助民众避开不道德的金融服务从业者，以及更好地应对金融服务领域的利益冲突、贪婪和腐败这三大恶势力？
- 金融理财行业如何才能更好地向民众普及 CFP 专业人士所提供的服务内容？
- FPA 和世界上其他金融理财会员制组织如何增加会员数量、增强财务实力、扩大服务范围和知名度？
- 提升金融理财师服务所有社会群体和种族的能力的最佳方法是什么？
- 在支持 NEFE 和其他金融公共教育组织提高全球金融素养和财务成熟度方面，金融理财行业应当扮演什么样的角色？
- 扩展和提高金融理财行业联系、影响生涯规划和提升生涯规划价值的能力的最佳办法是什么？

如果有人能对这些问题和其他类似问题给出优质的答案，那么这些答案以及实施这些答案的高品质项目将会催生出金融理财的新黄金时代。我们强烈呼吁金融理财行业的同行来探讨以上问题和其他类似问题，并共同寻找优质的答案和实施计划。

附　录

附录 A　金融理财行业历年领军人物一览

国际金融理财协会历任总裁

J. 钱德勒·彼得森，JD、CLU、CFP	1975 年
理查德·维尼西亚，CLU	1976 年
小威廉·B. 希勒，JD	1977 年、
	1978 年
C. 罗伯特·斯特拉德	1979 年
罗纳德·A. 梅兰森，CLU、CFP	1980 年
凯·贝尔德，CFP、CPA	1981 年
威廉·霍伊尔曼，CLU	1982 年
约翰·M. 卡希尔，CLU、CFP	1983 年
比尔·卡特，CFP、ChFC、CLU	1984 年
唐纳德·皮蒂	1985 年
亚历山德拉·阿姆斯特朗，CFP、CMFC	1986 年
查尔斯·B. 莱夫科维茨，CFP	1987 年
拉里·W. 卡罗尔，CFP	1988 年
R. 尼尔·巴恩斯，CFP	1989 年
小罗伯特·休伊特，CFP、ChFC、CLU	1990 年
斯蒂芬·J. 阿潘特	1991 年
罗伯特·J. 奥伯斯特，PhD、CFP	1992 年
M. 安东尼·格林	1993 年
罗斯·莱文，CFP	1994 年
马丁·贾菲，CFP	1995 年
格雷戈里·D. 沙利文，CFP、CPA/PFS	1996 年

佩姬·鲁林，CFP、CPA/PFS   1997 年
小约瑟夫·沃塔瓦，CFP、CPA/PFS、JD   1998 年
理查德·P.罗杰克，CFP   1999 年

CFP 协会历任总裁

W.罗伯特·海托华，CFP   1973 年、
                                    1974 年

乔丹·科克杰尔，CFP   1975 年
尼古拉斯·C.麦克丹尼尔，CFP   1976 年
戴维·金，CFP   1977 年、
                                    1978 年

特伦斯·M.吉尔，CFP   1979 年
亨利·蒙哥马利，CFP   1980 年
贝蒂·D.琼斯，CFP   1981 年
格雷顿·考尔德，CFP   1982 年
小 P.肯普·费恩，CLU、CFP   1983 年
丹·帕克斯，JD、CFP   1984 年
本·库姆斯，CLU、CFP   1985 年
刘易斯·J.沃克，CFP   1986 年
小查尔斯·G.休斯，CFP   1987 年
艾琳·夏基，CFP   1988 年
杰克·布兰金希普，CFP   1989 年
戴安娜·V.沙克，CFP   1990 年
马德琳·诺维克，CFP   1991 年
理查德·瓦格纳，JD、CFP   1992 年
特里·西曼，JD、CFP   1993 年

玛丽休·J.韦克斯勒，CFP   1994 年、
1995 年

约翰·S.朗斯塔夫，CFP   1996 年

朱迪丝·劳，CFP   1997 年

罗伯特·J.克洛斯特曼，CFP、CLU、ChFC   1998 年

埃莉萨·布伊，CFP   1999 年

金融理财协会历任总裁

罗伊·迪利伯托，CFP、ChFC、CLU   2000 年

盖伊·坎比，CFP   2001 年

罗伯特·巴里，CFP   2002 年

戴夫·耶斯克，CFP   2003 年

伊丽莎白·杰顿，CFP   2004 年

詹姆斯·巴纳什，CFP   2005 年

丹·莫伊桑德，CFP   2006 年

尼古拉斯·尼科莱特，CFP   2007 年

马克·约翰尼森，CFP   2008 年

理查德·C.萨门，CFP、CPA、CTFA、EA   2009 年

CFP 标委会历任董事会主席

戴维·金，CFP   1985 年、
1986 年

小 P.肯普·费恩，CFP、CLU、ChFC   1987 年、
1988 年

小 E.登比·布兰登，CFP、CLU、ChFC   1989 年、
1990 年

H. 奥利弗·韦尔奇，DBA、JD、AIP、CPM、CPA/PFS、CFP	1991 年、1992 年
汤姆·L. 波茨，PhD、CFP	1993 年
比尔·卡特，CFP	1994 年
杰克·布兰金希普，CFP	1995 年
蒂姆·科基斯，CFP（总裁）	1995 年
唐纳·G. 巴威克，JD、CFP	1996 年、1997 年
哈罗德·埃文斯基，CFP	1998 年、1999 年
帕特里夏·霍利亨，CFP	2000 年、2001 年
伊莱恩·比德尔，CFP	2002 年
弗雷德里克·E. 阿德金斯三世，CFP	2003 年
戴维·H. 戴斯林，CFP	2004 年
格伦·M. 佩普，CFP	2005 年
巴顿·C. 弗朗西斯，CFP、CPA/PFS、CIMA	2006 年
卡伦·P. 谢弗，CFP	2007 年
戴维·斯特雷格，CFP、CFA	2008 年
玛丽莲·卡佩利·迪米特洛夫，CFP	2009 年

注：根据 1995 年通过的 CFP 标委会重组架构，志愿者领导职位为"董事会主席"，而有薪酬的组织执行者头衔为"总裁兼首席执行官"，这取消了从志愿者总裁到董事会主席的转换。

IBCFP 成员协会委员会历任董事会主席

小 E. 登比·布兰登，CFP、CLU、ChFC	1992 年

H. 奥利弗·韦尔奇，DBA、JD、AIP、CPM、CPA/　　1993 年
PFS、CFP

国际 CFP 代表委员会历任董事会主席

汤姆·L. 波茨，PhD、CFP 　　　　　　　　　　1994 年

比尔·卡特，CFP 　　　　　　　　　　　　　　1995 年

杰克·布兰金希普，CFP 　　　　　　　　　　　1996 年

蒂姆·科基斯，CFP 　　　　　　　　　　　　　1997 年

唐纳·G. 巴威克，CFP 　　　　　　　　　　　1998 年

哈罗德·埃文斯基，CFP 　　　　　　　　　　　1999 年、
　　　　　　　　　　　　　　　　　　　　　　2000 年

帕特里夏·霍利亨，CFP 　　　　　　　　　　　2001 年、
　　　　　　　　　　　　　　　　　　　　　　2002 年

国际金融理财标准委员会历任董事会主席

约翰·卡彭特 　　　　　　　　　　　　　　　　2003 年

莫琳·楚，CFP 　　　　　　　　　　　　　　　2004 年

蒂姆·科基斯，CFP 　　　　　　　　　　　　　2005 年

伊莱恩·比德尔，CFP 　　　　　　　　　　　　2006 年

玛格丽特·科努克，CFP 　　　　　　　　　　　2007 年

塞尔温·费尔德曼，CFP 　　　　　　　　　　　2008 年

斯蒂芬·奥康纳，CFP 　　　　　　　　　　　　2009 年

附录 B　金融理财史重要事件一览

1924 年

共同基金诞生。

美国一等邮票的面值为 2 美分。

1933 年

《1933 年证券法》通过，旨在防止投资者重蹈 1929 年股市崩盘的覆辙。

1934 年

SEC 依据《1934 年证券交易法》设立。

1939 年

NASD 依据《1934 年证券交易法》修正案设立。

1940 年

《1940 年投资顾问法》确立了投资行业的监管方针。

1952 年

经济学家哈里·马科维茨发表的《投资组合选择》（Portfolio Selection）一文构成了现代投资组合理论的基础。

1962 年

国会通过《个体经营者退休法》，启动了基欧计划。

1963 年

金融服务公司创始人约翰·基布尔和理查德·费尔德出炉了第一份理财方案。截至 1968 年，金融服务公司每月约产出 300 份理财方案。

1969 年

6 月 19 日，洛伦·邓顿成立 SFCE。

12 月 12 日，洛伦·邓顿和詹姆斯·约翰斯顿与另外 11 位金融服务业同僚会面并成立了国际金融咨询学院和 IAFC。

美国总统理查德·尼克松签署《1969 年税制改革法》。

阿帕网（互联网前身）在军事和学术领域投入使用。

尼尔·阿姆斯特朗成为登月第一人。

1970 年

小 P. 肯普·费恩出席 IAFC 首期销售研讨会，并在田纳西州诺克斯维尔组建了第一个 IAFC 分会。

费恩成为国际金融咨询学院首名注册学员。

国际金融咨询学院更名为金融理财学院。

IAFC 在加拿大有 114 名会员，在德国有 24 名，在西班牙有 6 名，在瑞士有 5 名。

美国陷入长达 11 年的熊市。

甲壳虫乐队解散。

美国失业率为 3.5%。

美国一等邮票的面值为 6 美分。

1971 年

赫尔曼·W.尤尔曼与杰罗尔德·格拉斯合著《金融理财师指南》。

NASD 成立纳斯达克，即全球首个由计算机驱动的股票交易市场。

毛泽东主席邀请美国乒乓球队访问北京。

校车接送被美国最高法院赋予了促进种族融合的使命。

美国宪法第 26 版修正案将选举投票年龄由 21 岁降至 18 岁。

英特尔推出微处理器。

1972 年

金融理财学院教育委员会的志愿者编制了由 150 道论述题组成的 CFP 考试试卷。

NASD 总裁戈登·S.麦克林通知成员公司不得使用"金融理财"或"金融理财师"等字眼来描述经纪交易商代理的职能。

布鲁斯·本特和亨利·布朗发明货币市场共同基金。

试图在民主党全国委员会总部所在地——华盛顿特区水门综合大厦安装窃听器的 5 名嫌疑人被警方逮捕。

英国公司研发出计算机轴向断层（CAT）扫描技术。

美国广播公司（RCA）研发出光盘。

1973 年

IAFP（前身为 IAFC）正式脱离 SFC（前身为 SFCE）。

金融理财学院为首届毕业班的 42 名学员颁发 CFP 证书。

首批 CFP 持证人中的 36 人成立校友组织——ICFP。

OPEC 实施石油禁运，抗议美国在第四次中东战争中站队以色列；燃油价格飙升 4 倍。

尼克松总统表示愿为水门事件担责，但拒绝接受指控。

1974 年

IAFP 召开第一次"扩展视野"大会。

纽约证券交易所授权那些通过金融理财学院认证的学员将 CFP 称号印在名片上。

OPEC 结束石油禁运。

金价为每盎司 180 美元。

尼克松辞去总统职务。

美国总统杰拉尔德·福特签署《雇员退休收入保障法》。

个人退休账户推出。

美国通货膨胀率（从 1969 年的 5.6%）上升到 12.3%。

1975 年

SFC 解散。

为帮助纽约市摆脱金融困境，福特总统提出 23 亿美元的救助议案；该议案不久后得到通过。

阿波罗-联盟号飞船升空，进行美苏太空对接测试。

1976 年

美国庆祝建国 200 周年。

美国一等邮票的面值为 13 美分。

西哈努克亲王下台，"红色高棉"政党领导人波尔布特（Pol Pot）出任柬埔寨总理。

为期 19 个月的黎巴嫩内战结束。

1977 年

美国失业率达 7%。

美国通货膨胀率达 11%。

美国能源部成立。

美国和巴拿马签署《巴拿马运河条约》(Canal Zone Treaty)。

1978 年

ICFP 首次开除一名会员，因该会员存在违规违法情况并可能面临刑事指控。

教皇约翰·保罗一世(John Paul I)在上任 34 天后意外离世，波兰人卡罗尔·沃伊蒂瓦(Karol Wojtyla)当选新任罗马教皇，即约翰·保罗二世(John Paul II)。

埃及总统安瓦尔·萨达特(Anwar Sadat)和以色列总理梅纳赫姆·贝京(Menachem Begin)签署《中东和平框架协议》(Framework for Peace in Middle East)。

美国通货膨胀率达 12.4%。

棒球运动员皮特·罗斯(Pete Rose)创下全美职业联赛连胜 44 场的纪录。

1979 年

威廉·安塞斯受聘担任金融理财学院院长。

IAFP 提议将 ICFP 纳入 IAFP，这被 ICFP 总裁戴维·金及其他领导人回绝。

伯妮丝·纽马克受聘成为兼职 ICFP 执行董事，踏上了全国招募 ICFP 会员的旅程。

《ICFP 期刊》首期发行。

丹尼尔·卡尼曼和阿莫斯·特沃斯基在他们的一篇奠基性论文《前景理论：风险决策分析》（Prospect Theory: An Analysis of Decision Under Risk）中，将心理学与金融决策联系在了一起。

玛格丽特·撒切尔（Margaret Thatcher）成为英国首位女首相。

特雷莎修女（Mother Teresa）获得诺贝尔和平奖。

美国总统吉米·卡特批准向克莱斯勒公司（Chrysler）提供15亿美元联邦救助贷款。

1980 年

ICFP 总部从佛罗里达州迁回科罗拉多州丹佛市。

金融理财学院状告阿德尔菲大学试图在未经授权的情况下颁发CFP 证书。

美国通货膨胀率达 13.5%。

金价为每盎司 880 美元。

伊拉克部队入侵伊朗后攻占其90平方英里领土，为期8年的"两伊战争"开始。

1981 年

ICFP 聘请戴安娜·兰普担任其首位全职执行董事。

ICFP 在明尼苏达州科莱格维尔的圣约翰大学召开首次研讨会。

IBM 推出首款个人电脑。

桑德拉·戴·奥康纳（Sandra Day O'Connor）成为美国最高法院首位女性大法官。

杜邦公司（DuPont）以 79 亿美元收购康纳科石油公司（Conoco）。

美国与伊朗达成协议，释放 1979 年在德黑兰劫持的 52 名人质。

1982 年

IAFP 成立金融理财从业者注册处。

美国牛市初现，这在一定程度上是因为反通胀政策和政府监管的放松。

心脏病患者巴尼·克拉克（Barney Clark）接受了首例人造心脏植入手术。

波音 747 问世。

美国一等邮票的面值为 20 美分。

1983 年

NAPFA 设立。

IAFP 推出"六步规范流程"，并将其作为金融理财师在与客户合作制订理财方案时的指导方针。

科技领域电子表格软件"莲花 1–2–3"问世。

专为个人电脑设计的第一款投资组合管理软件"专业投资组合软件"（Professional Portfolio）问世。

美国失业率达 10.8%。

萨利·赖德（Sally Ride）成为首位进入太空的女性。

美国预计将出现 1 890 亿美元赤字。

1984 年

IAFP 设立政治行动委员会。

ICFP 设立金融产品标准委员会。

金融理财学院与美国农业部合作推广服务处携手启动"高中金融理财课程"项目。

《电脑通信：金融理财的一个新工具》（*Computer Communications*：

A New Tool for Financial Planning）一文在《金融理财期刊》上发表。

ICFP 首次国际研讨会在伦敦召开，最后一次于 1987 年在瑞士举办。

美国年平均工资为 20 147 美元。

长期垄断美国电信业的"贝尔系统"正式宣告解体。

俄罗斯宣布抵制洛杉矶奥林匹克运动会。

1985 年

IBCFP 成立，拥有 CFP 认证标识的所有权。

金融理财学院的学员人数达到峰值 10 103 名。

IAFP 会员人数达到峰值 24 000 名。

微软推出 Windows 1.0。

美国总统罗纳德·里根签署强制预算控制的格雷厄姆–拉德曼（Graham-Rudman）议案。

道琼斯工业平均指数首次登顶 1 300 点。

芭比娃娃的数量超过美国人口总数。

里根总统和苏联领导人戈尔巴乔夫同意就军备控制加紧谈判并恢复文化接触。

1986 年

IAFP 和 ICFP 参加首次金融理财国会听证会。

IBCFP 发布道德准则和从业行为标准，以及一系列纪律惩处规则和流程。

IAFP、ICFP 和金融理财学院合作举办"金融独立周"。

加里·P. 布林森、L. 伦道夫·胡德和吉尔伯特·L. 比鲍尔发表《投资组合表现的决定因素》，称 93% 以上的投资组合的回报可以通过资产配比来解释。

《1986 年税制改革法》通过。

内部操盘手伊万·博斯基（Ivan Boesky）支付 1 亿美元罚金。

苏联切尔诺贝利核电站发生核事故。

1987 年

1 月，道琼斯工业平均指数收盘指数突破 2 000 点。

IAFP 提议与 ICFP 合并。

IBCFP 根据金融理财学院的一项研究结果，划分了金融理财师的 6 个知识领域。

小 P. 肯普·费恩在白皮书《金融服务业在理财板块的统一与专业化》中提出"同一个行业、同一个称号"的概念。

继金融理财学院之后，24 家教育机构开设了在 IBCFP 注册的 CFP 课程。

《金钱》杂志刊登美国"最佳金融理财师"名单。

10 月 19 日，道琼斯工业平均指数在"黑色星期五"下跌 22% 以上。

纽约证券交易所实现计算机化。

里根总统提出美国第一个万亿美元的预算案。

抗抑郁药"百忧解"（Prozac）在美国投入使用。

1988 年

联合组织委员会通过 IAFP/ICFP 统一方案。

ICFP 首次在美国参议院国会委员会面前发表证言。

IBCFP 制定持续教育要求。

SEC 称 CFP 称号"似乎正在成为该领域认可度最高的认证称号"。

贝娜齐尔·布托（Benazir Bhutto）当选巴基斯坦首位伊斯兰女性总理。

泰德·特纳（Ted Turner）创办特纳电视网，并买下米高梅电影公司的电影资料馆。

老乔治·布什当选美国总统。

1989 年

IAFP 投票否决 IAFP/ICFP 统一方案。

ICFP 设立持证从业者注册处。

美国联邦大陪审团以 98 项敲诈勒索和欺诈罪名起诉"垃圾债券大王"迈克尔·米尔肯（Michael Milken）。

联邦储蓄贷款保险公司的纳税人投资的紧急救助金超过 1 530 亿美元。

包含投资顾问法在内的"系列 65"考试推出。

11 月 9 日，柏林墙被挖开，拆除工作于 1990 年 10 月 3 日正式完工。

埃克森·瓦尔德兹号油轮触礁，1 080 万桶原油泄漏到威廉王子湾。

1989—1992 年，英国科学家蒂姆·伯纳斯-李开发出第一个网络服务器和网站。

弗劳恩霍夫应用研究促进协会（Fraunhofer-Gesellschaft）获得 MP3（数字音频压缩）技术德国专利。

1990 年

金融理财学院成立税务研究所。

金融理财学院拥有 25 000 名在校学员，以及接近 40 000 名校友。

IBCFP 批准授权协议，IAFP 澳大利亚成为美国境外首家能够颁发 CFP 证书的机构。

哈里·马科维茨、默顿·H. 米勒和威廉·F. 夏普获得诺贝尔经济学奖。

微软推出 Windows 3.0。

《美国残疾人法案》（Americans with Disabilities Act）被正式纳入法律体系。

莫斯科第一家麦当劳开业。

伊拉克入侵科威特。

1991 年

苏联解体。

IBCFP 推出 CFP 认证的单一综合考试。

罗伯特·戈斯受聘担任 IBCFP 执行董事。

IBCFP 设立成员协会委员会。

美国在波斯湾战争中发动"沙漠风暴行动"。

斯洛文尼亚和克罗地亚宣布从南斯拉夫独立。

美联储将利率降至 5.5%。

杰伊·莱诺（Jay Leno）接替约翰尼·卡森（Johnny Carson）成为《今夜秀》主持人。

道琼斯工业平均指数收盘指数首次突破 3 000 点。

1992 年

金融理财学院成立控股公司 NEFE。

IBCFP 和日本金融理财师协会签署许可和成员组织协议。

苏维埃社会主义共和国联盟变成独立国家联合体。

比尔·克林顿当选美国总统。

美国失业率升至 7.1%，达 5 年内最高值。

第一版《超人》（*Superman*）漫画书的售价为 82 000 美元。

业绩报告显示，克莱斯勒、福特和通用汽车出现史上最大亏损。

1993 年

ICFP 以金融知识教育为主题庆祝成立 20 周年，在华盛顿特区召开"个人经济峰会"。

ICFP 通过 IBCFP 的《道德准则和职业责任》，同意遵守 IBCFP 制定的所有道德准则。

ICFP 向国际 CFP 专业人士开放会籍。

ICFP 设立小 P. 肯普·费恩奖。

IBCFP 自称行业监管组织，后又于 2008 年取消该称谓。

英特尔奔腾处理器面世。

纽约世贸中心发生汽车爆炸事件。

伊利诺伊大学国家超级计算应用中心推出首个真正的万维网浏览器"马赛克"。

1994 年

佛罗里达州会计委员会勒令西尔维娅·伊巴涅斯停止在任何个人宣传中使用 CPA 和 CFP 资质文件，伊巴涅斯一路上诉至美国最高法院并胜诉。

CFP 标委会（前身为 IBCFP）为金融理财调研提供津贴和资助。

《价值》杂志将 CFP 持证人纳入其"美国最佳金融顾问 200 强"榜单。

网景和雅虎开业。

墨西哥比索暴跌。

美国职业棒球大联盟（MLB）运动员罢工。

1995 年

IAFP 基金会重组为一个独立实体，并更名为金融理财基金会。

CFP 标委会收购 IAFP 的金融理财从业者注册处。

NEFE 成为一家私人基金会。

CFP 标委会的 CFP 认证课程获得美国执照事务委员会的认可。

理查德·瓦格纳和乔治·金德推出纳斯鲁丁项目，探讨生涯规划的各个方面。

网景的股价在首个交易日从 28 美元飙升至 54 美元。

美国联邦政府取消了此前制定的 55 英里时速限制规定。

道琼斯工业平均指数收盘指数突破 4 000 点。

克林顿总统授权向墨西哥发放 420 亿美元贷款，以防后者出现债务违约行为。

1996 年

金融理财从业者注册处解散。

《1996 年国家证券市场改进法》通过。

《价值》杂志的"美国最佳金融顾问 200 强"榜单上出现 173 名 CFP 持证人。

道琼斯工业平均指数达 6 000 点，4 年间上涨 100%。

演员乔治·伯恩斯（George Burns）逝世，享年 100 岁。

"邮包炸弹客"泰德·卡钦斯基（Ted Kaczynski）被捕。

首只 10 年期外汇基金债券发行。

1997 年

NEFE 成为私人基金会，将金融理财学院及其他项目与部门出售给阿波罗集团。

IAFP 公开支持 CFP 认证。

IAFP 总裁佩姬·鲁林撰文"假如我统治了世界"，表达她希望 IAFP 和 ICFP 合并的心愿；鲁林和 ICFP 总裁朱迪丝·劳会面，讨论合并的可能性。

IAFP 董事会一致同意公开支持 CFP 认证。

IAFP 和 ICFP 成立项目组，并聘请了一名顾问，该顾问建议成立一个新的组织。

H. 林恩·霍普韦尔通过文章《不确定条件下的决策：金融理财行业的一记响叭》将蒙特卡洛模拟法带入金融理财界。

道琼斯工业平均指数收盘指数突破 7 000 点。

金价为每盎司 334 美元。

泰格·伍兹（Tiger Woods）赢得大师高尔夫锦标赛。

1998 年

美国地区法院裁定 CFP 称号"独特而知名"。

金融理财基金会拨发第一批无偿资助款。

IAFP/ICFP 项目组在联合董事会会议上展示核心理念。

道琼斯工业平均指数达 9 000 点。

汽车公司克莱斯勒与戴姆勒–奔驰合并。

俄罗斯债务违约引发全球股市暴跌。

英国和爱尔兰政府签署《贝尔法斯特协议》（Belfast Agreement），旨在解决北爱尔兰冲突。

美国失业率创 1970 年以来的历史新低。

1999 年

CFP 标委会提议为入门级从业者设置"准 CFP"称号，后又撤回了该建议。

IAFP 和 ICFP 董事会批准创建一个新组织的意向备忘录，该组织也就是后来的 FPA。

ICFP 会员投票成立 FPA，赞成票数占 81%。

全球 CFP 持证人数达 52 723 名。

便携式 MP3 播放器面世。

美国国会召开针对克林顿总统的弹劾庭审，最终判其无罪并驳回
谴责动议。

南非第一位黑人总统纳尔逊·曼德拉（Nelson Mandela）下台。

在南斯拉夫总统斯洛博丹·米洛舍维奇（Slobodan Milosevic）镇
压科索沃、屠杀并驱逐阿尔巴尼亚少数民族后，科索沃爆发战争。

全球预测可能出现的 Y2K（计算机 2000 年问题，也称"千年虫"
或"千年危机"）科技后果。

2000 年

FPA 成立，共有 30 000 多名会员、100 家分会。

FPA 在波士顿召开第一次大规模年度大会"成功论坛"。

罗伯特·戈斯退出 CFP 标委会。

金融理财专业首个博士学位项目在得克萨斯理工大学开设。

因特网服务供应商美国在线同意以 1 650 亿美元收购时代华纳。

《史努比》（Peanuts）连环画创始人查尔斯·舒尔茨（Charles
Schulz）去世。

2001 年

卢·加戴出任 CFP 标委会的首席执行官。

9 月 11 日，基地组织恐怖分子劫持 4 架美国飞机，其中两架撞
毁世界贸易中心的双子大厦，一架撞上五角大楼，最后一架坠毁在宾
夕法尼亚州的一片空地上。

为支援"9·11"事件受害者，在金融理财基金会的支持下，
FPA 成立美国金融理财支持中心。

小布什总统签署新减税法案，其规模为过去 20 年之最。

美国财政盈余减少，国会预算办公室将这种急速变化归因于经济放缓和新减税法案。

2002 年

全球 CFP 持证人数达 73 618 名。

FPA 举办首次"金融理财周"。

美国专利商标局批准 CFP 认证标识的注册。

中国香港、韩国和马来西亚的金融理财组织获得颁发 CFP 证书的授权。

纽约首席检察官埃利奥特·斯皮策根据投资者诈骗指控，责令证券经纪公司美林支付 1 亿美元罚金并进行业务整改。

安然、泰科和英克隆先后传出丑闻。

丹尼尔·卡尼曼获得诺贝尔经济学奖。

纳斯达克指数收于 1 185 点；股市市值蒸发 4.4 万亿美元。

2003 年

全球 CFP 持证人数达 80 973 名。

CFP 标委会推行"第 401 条规定"，要求 CFP 持证人向客户披露利益冲突和酬金结构信息。

CFP 标委会在《指导意见 2003-1》中明确了"仅收服务费"的定义。

美国国土安全部正式开始运行。

美国入侵伊拉克。

哥伦比亚号航天飞机爆炸，7 名宇航员悉数丧生。

小布什总统签署为期 10 年、总额达 3 500 亿美元的减税方案，减税幅度位列史上第三。

哈雷-戴维森公司庆祝摩托车生产 100 周年。

兰斯·阿姆斯特朗（Lance Armstrong）第 5 次赢得环法自行车赛。

2004 年

服务于经纪交易商的金融服务协会成立。

新生代团体在 FPA 的丹佛年度大会上召开首次会议。

FPSB 正式运行，负责监督美国境外的 CFP 认证工作。

美国国会延长原计划在 2005 年年底到期的减税法案。

《连线》杂志创造"长尾"一词，用以描述获利可观的经济模式。

印度洋海底的地震引发海啸，11 个国家和地区超 225 000 人在灾难中丧生。

2005 年

在 16 个国家投票的情况下，《ISO 22222-2005——个人金融理财》以 12 票通过。

卡特里娜飓风和丽塔飓风于 8 月和 9 月肆虐墨西哥湾。

在金融理财基金会的支持下，FPA 会员无偿为飓风幸存者提供帮助。

加利福尼亚共和党议员兰迪·坎宁哈姆（Randy Cunningham）承认受贿至少 240 万美元，随后引咎辞职。

2006 年

FPA 的全国金融理财支持中心获得金融理财基金会 244 865 美元的资助，用于支持义务活动。

FPA 在针对美国经纪交易商规则的诉讼中，向美国联邦法院提交了一份简报，称 SEC 以非正当形式为经纪行业创造新的豁免条件，这不仅违反了国会规定，还将广大投资者置于危险之中。

《金融理财期刊》庆祝创刊 25 周年。

中国金融理财标准委员会成为 FPSB 的成员组织。

以色列总理沙龙（Sharon）因严重中风入院，副总理埃胡德·奥尔默特（Ehud Olmert）代行总理职责。

与多名国会议员关系密切的说客杰克·阿布拉莫夫（Jack Abramoff）因欺诈罪被佛罗里达州地方法院判处 6 年监禁。

国际天文学联合会就太阳系行星身份的草案进行投票，冥王星不再是行星，被重新列入矮行星行列。

2007 年

CFP 认证要求申请者有学士学位。

凯文·凯勒受聘担任 CFP 标委会首席执行官。

CFP 标委会从丹佛迁至华盛顿特区。

美国华盛顿特区巡回上诉法院在针对美国证券经纪交易商豁免规则的诉讼中，做出有利于 FPA 的裁决。

NASD 更名为 FINRA。

由于高风险的贷款行为，美国住房市场走向低迷。

罗马尼亚和保加利亚获准加入欧盟。

小布什总统称，2.9 万亿美元的预算案预计将于 2012 年在不增加税负的情况下消除联邦赤字。

在中国股市下跌将近 9% 后，道琼斯工业平均指数下跌 416 点，跌幅达 3.3%。

为稳定因美国住房抵押贷款市场缩水而暴跌的动荡市场，美联储在两天内向美国金融体系注入 720 亿美元资金。

通用汽车在 2007 年第 4 季度亏损 7.22 亿美元（在 2006 年第 4 季度盈利 9.2 亿美元）。

美国前副总统阿尔·戈尔（Al Gore）和联合国政府间气候变化

专门委员会获得诺贝尔和平奖。

2008 年

FPA、NAPFA 和 CFP 标委会成立金融理财联盟，以"财务福祉"为口号为公众提供保障和教育，并在金融服务监管领域发挥作用。

金融理财先驱唐纳德·皮蒂获得小 P. 肯普·费恩奖。作为道德准则修订的一部分，CFP 标委会最新通过的受托标准开始生效。

FPA 董事会通过一项决议：FPA 支持会员"谨慎义务标准"，阐明会员受托顾问职能。

FPSB 召开全球金融理财组织代表大会，颁布针对能力、道德和实践的全球通用标准。

微软全国广播公司将金融理财师列入其"2008 年最佳职业前 20 名"榜单。

截至 2008 年年底，全球 23 个国家和地区的 CFP 持证人共计 118 506 名，其中美国境外 CFP 持证人的数量（59 676 名）首次超过美国 CFP 持证人的数量（58 830 名）。

夏季奥林匹克运动会在北京举行。

7 月，美国普通无铅汽油的单价达 4.14 美元，创历史新高。

美国政府接管房利美和房地美两家金融服务公司。

随着雷曼兄弟、美国国际集团和华盛顿共同基金等金融巨头的坍塌，美国银行系统遭受重创。

全球经济危机爆发，无数企业破产或被收购，政府出台救市计划，市场大幅下跌，美国失业率急剧上升。

美国国会通过救市计划，该计划在众议院批准、布什总统签署后写入法律。

10 月 9 日，在纽约证券交易所有史以来最活跃的交易日里，道琼斯工业平均指数收盘指数在 5 年内首次低于 9 000 点。

七国集团各国财长制订了一项计划，以遏制金融危机的加剧。

作为 7 000 亿美元救市计划的具体举措，布什政府宣布计划以 2 500 亿美元参股美国九大银行。

贝拉克·奥巴马当选美国总统。

保险业巨头美国国际集团在 2008 年第 4 季度亏损 617 亿美元。

美联储将利率由 1% 下调至 0 ~ 0.25%。

布什总统公布 174 亿美元汽车产业救助计划。

2009 年

两名 FPA 成员分别在国会听证会上就市场波动对退休人员和理财计划发起人的影响发表证言。

FINRA 前主席兼首席执行官玛丽·夏皮罗被任命为 SEC 主席。

美国航空公司 1549 号航班在从纽约市飞往北卡罗来纳州夏洛特的途中，迫降在哈德逊河，150 名乘客和 5 名机组人员全部幸存。

美国总统贝拉克·奥巴马签署《莉莉·莱德贝特公平薪酬法》(Lilly Ledbetter Fair Pay Act)，以此扩大工人的权利，保障其在薪酬争议中的诉讼权。

2 月，金价为每盎司 1 000 美元。

2 月，奥巴马宣布将于 2010 年 8 月 31 日前从伊拉克撤回大部分美国军队的计划。

3 月，金融大亨伯纳德·麦道夫承认操纵了估值至少为 650 亿美元的庞氏骗局。

3 月，美国失业率达 8.1%，其中 2 月份有 651 000 人失业。

3 月，道琼斯工业平均指数跌至 6 600 点以下，股票收盘价为 1997 年 4 月以来的最低点。

3 月，美国财政部长蒂莫西·盖特纳（Timothy Geithner）提出 2.5 万亿美元救市计划，具体举措包括与私人投资者合伙成立一个新的实体来收购不良资产。

3月，美国政府为通用汽车和克莱斯勒获得额外救助设置了严格的条件，要求通用汽车首席执行官小 G. 理查德·瓦戈纳（G. Richard Wagoner Jr.）辞职。

芭比娃娃迎来 50 岁生日。

美国一等邮票的面值为 44 美分。

附录 C　相关组织和认证称号一览

金融咨询与理财教育协会（Association for Financial Counseling and Planning Education，AFCPE）：金融顾问和教育家的非营利性行业组织，提供特许金融咨询师（Accredited Financial Counselor）和注册客户顾问（Certified Housing Counselor）两项认证。

金融服务学会（Academy of Financial Services，AFS）：会员制组织，致力于金融理财和金融服务研究、大学金融服务课程开发以及金融服务专家和学者的互动。

美国注册会计师协会（American Institute of Certified Public Accountants，AICPA）：会员制组织，成立于1887年，开设CPA统一考试，负责监督会计行业的合规情况。

美国学院（The American College）：由所罗门·S. 许布纳（Solomon S. Huebner）于 1927 年创建，率先开设 CLU 项目，后来创建了 ChFC 和 CASL（老年生活特许咨询师）认证称号。

成员协会委员会（Board of Affiliated Associations）：由 IBCFP 于 1991 年创立，由 IBCFP 的两名管理人员和各国际成员协会的一名管理人员组成，是当今 FPSB 的前身。

注册协会管理师（Certified Association Executive，CAE）：由在

1920 年成立的会员制组织美国协会管理师学会（American Society of Association Executives）提供认证。

注册金融顾问（Certified Financial Counselor）：1969 年提出的新认证称号。

特许金融分析师（Chartered Financial Analyst，CFA）：由本杰明·格雷厄姆（Benjamin Graham）于 1942 年首次提出，由 CFA 协会（CFA Institute）提供认证。

国际金融理财师（Certified Financial Planner，CFP）：由 CFP 标委会授予的认证称号。

CFP 标准委员会（Certified Financial Planner Board of Standards）：IBCFP 的新名称，于 1994 年 2 月 1 日起生效。作为一个独立认证机构，它由金融理财学院和 ICFP 于 1985 年 7 月设立，负责制定并执行 CFP 持证人的教育、考试、从业经验和职业道德要求。

CFP 标委会实践标准委员会（CFP Board's Board of Practice Standards）：成立于 1995 年，由 CFP 从业者组成，负责起草从业标准，确定了金融理财规范流程的 6 个要素。

特许财务顾问（Chartered Financial Consultant，ChFC）：由美国学院授予，作为专业称号设立于 1982 年。

注册投资管理分析师（Certified Investment Management Analyst，CIMA）：为投资顾问设立的称号，由投资管理顾问协会（Investment Management Consultants Association，IMCA）提供认证。

特许人寿理财师（Chartered Life Underwriter，CLU）：面向人寿保险和遗产规划从业者的专业称号。

金融理财学院（College for Financial Planning）：最初名称为国际金融咨询学院（名称变更发生在 1970 年），是第一家提供 CFP 课程的机构。

注册会计师（Certified Public Accountant，CPA）：由美国注册会

计师协会设立和授予的认证称号。

美国金融业监管局（Financial Industry Regulatory Authority，FINRA）：由 NASD 与纽约证券交易所监管局于 2007 年合并后成立。

金融理财基金会（Foundation for Financial Planning）：最初作为 IAFP 基金会（IAFP Foundation）于 1981 年创立，致力于促进公众对金融理财的认识。在 1995 年更名后，它的一个新使命是通过公益活动和宣传活动来将金融理财师与需要理财服务的民众联系在一起。

金融理财协会（Financial Planning Association，FPA）：成立于 2000 年，由 IAFP 和 ICFP 合并后成立。

国际金融理财标准委员会（Financial Planning Standards Board，FPSB）：2002 年成立，2004 年启动，掌管美国境外的 CFP 持证人的注册工作。

金融产品标准委员会（Financial Products Standards Board）：作为一家独立机构于 1984 年成立，由 ICFP 资助，起草了有关房地产有限合伙投资制项目、共同基金和油气行业结构设置的方针和标准。

金融服务协会（Financial Services Institute，FSI）：创立于 2004 年 1 月 1 日，面向经纪交易商的会员制组织。

国际金融顾问协会（International Association of Financial Counselors，IAFC）：由洛伦·邓顿和其余 12 位同僚于 1969 年 12 月 12 日组成的会员制组织的原名。

国际金融理财师协会（International Association of Financial Planners，IAFP）：IAFC 的首次更名。

国际金融理财协会（International Association for Financial Planning，IAFP）：IAFC 的第二次更名（从国际金融理财师协会更名而来）。

国际 CFP 标准与实践委员会（International Board of Standards and Practices for Certified Financial Planners，IBCFP）：成立于 1985 年的独立认证机构，持有并管理 CFP 认证标识。

CFP 协会（Institute of Certified Financial Planners, ICFP）：成立于 1973 年，由金融理财学院第一届毕业生组成。

投资公司协会（Investment Company Institute, ICI）：由美国各投资公司组成的一个全国性协会，1940 年作为美国投资公司委员会成立，1941 年更名为美国投资公司协会，后于 1961 年更名为投资公司协会。

国际 CFP 代表委员会（International CFP Council）：1994 年通过的成员协会委员会的新名称，同时通过的政策是要将 CFP 认证项目推广到全球。

国际金融咨询学院（International College for Financial Counseling）：由洛伦·邓顿和其余 12 位同僚于 1969 年 12 月 12 日成立的一家教育培训机构，后于 20 世纪 70 年代中期更名为金融理财学院。

国际标准化组织（International Organization for Standardization, ISO）：总部位于瑞士日内瓦，由 140 个国家的国家标准机构组成的联盟，负责监督世界各地的 ISO 标准的发展。

美国军官协会（Military Officers Association of America, MOAA）：前身是成立于 1929 年的退役军官协会（Retired Officers Association），2003 年更名，为军官及其家属在立法活动和服务方面发声。

美国保险专业协会（National Association of Insurance Commissioners, NAIC）：由各州保险监管机构于 1871 年成立，对跨州保险公司进行监管。

美国个人财务咨询师协会（National Association of Personal Financial Advisors, NAPFA）：成立于 1983 年，致力于仅收服务费的金融理财模式。

北美证券管理者协会（North American Securities Administrators Association, NASAA）：1919 年在堪萨斯州成立的投资者保护组织，致力于州证券监管。

美国州会计委员会协会（National Association of State Boards of Accountancy, NASBA）：作为55家会计委员会的论坛创立于1908年。

美国证券交易商协会（National Association of Securities Dealers, NASD）：1939年根据《1934年证券交易法》修订案成立。

纳斯鲁丁项目（Nazrudin Project）：由金融理财师乔治·金德和理查德·瓦格纳于1995年创立的智库，是探索生涯规划概念的论坛。

美国种族代表委员会（National Council of La Raza, NCLR）：一个全国性的拉美裔民权和倡导组织。

美国金融教育基金会（National Endowment for Financial Education, NEFE）：1992年作为控股公司由金融理财学院创立，1997年成为私人基金会。

个人财务专家（Personal Financial Specialist, PFS）：由美国注册会计师协会为专攻个人金融理财业务的CPA持证人设立的资质。

美国证券交易委员会（Securities and Exchange Commission, SEC）：根据《1934年证券交易法》创立，负责保护投资者，维护公平、有序、高效的市场，并促进资本形成。

金融咨询道德学会（Society for Financial Counselling Ethics, SFCE）：由洛伦·邓顿于1969年6月19日创立。

金融服务专业人员学会（Society of Financial Services Professionals, SFSP）：由美国学院首届毕业生于1928年创立。

金融咨询学会（Society for Financial Counseling, SFC）：SFCE后来的名称。

自律组织（self-regulatory organization, SRO）：有权制定、执行行业监管和规范标准的非政府组织。

附录 D 金融理财历史中心：
宏图远景项目已竣工一期工程

金融理财宏图远景项目（Financial Planning Master Vision Project）始于 2000 年秋天。初期，对于项目潜在的优先领域和分段问题，参与者的诸多想法浮出水面。就在那时，项目的联合主管 H. 奥利弗·韦尔奇提出了建立一个有可能发展成为世界级机构的金融理财历史中心（Financial Planning History Center）的想法。这个设想引发了热烈反响，项目负责人开始探索各种实现这一想法的可能性。

2005 年 5 月，得克萨斯理工大学成为金融理财历史中心的选址。得克萨斯理工大学个人金融理财部的学员在数量和质量上都稳步发展，其两位领导人始终如一地活跃于金融理财界：个人金融理财部高级主管 A. 威廉·古斯塔夫森（A. William Gustafson）博士和个人金融理财部项目主管薇姬·汉普顿（Vickie Hampton）博士。

金融理财历史中心收集了一些历史文献，供公众查阅，捐助者包括布兰登研究组织（Brandon Research Organization）、李·V. 布鲁纳（Lee V. Bruner）、格雷顿·考尔德、理查德·C. 多纳休（Richard C. Donahue）、A. 威廉·古斯塔夫森、亨利·蒙哥马利、彭宁顿-巴斯联营公司（Pennington, Bass and Associates）、加里·皮茨福特（Gary Pittsford）、得克萨斯理工大学个人金融理财部以及 H. 奥利弗·韦尔奇。

得克萨斯理工大学个人金融理财部、布兰登研究组织和 H. 奥利弗·韦尔奇合作启动了六个项目。

- 向公众提供有价值的有关专业金融理财概念、策略和解决方案的课程。

- 对金融理财先驱者和领导人的口述历史记录进行整理，包括在FPA 年会（2005 年圣迭戈会议、2006 年纳什维尔会议、2007 年西雅图会议和 2008 年波士顿会议）上记录的口述历史和早期记录的口述历史。
- 发行理财先驱系列。该项目通过转录口述历史、访谈和研究报告来制作系列宣传册，这些资料已归档至金融理财历史中心供人查阅。
- 开发基础数据库。金融理财历史中心 CFP 校友部已经开发了CFP 持证人的基础数据库。
- 举办学员团圆会。在 2007 年的 FPA 年会上，金融理财历史中心与布兰登研究组织合作启动了一个试点项目，将前 10 届 CFP 毕业班的大量学员聚集在一起。
- 牵头各分会的历史编写项目。鼓励和帮助 FPA 各分会编写自己的历史。

截至 2009 年，得克萨斯理工大学个人金融理财部已经聘用全职教职员工 11 名。这个部门是 1987 年最先在国际 CFP 标准与实践委员会（已更名为 CFP 标委会）注册的 20 个大学项目之一。它每年招收 150 名左右本科生：6 名参加 150 课时的学员；115 名硕士生，包括双学位学生（MS/PFP、MS/JD、MS/MBA 或 MS/MS 金融学）；38 名博士生。该项目提供 25 门本科生课程、35 门研究生课程，包括以培养金融能力为目的的 5 门非专业课程。得克萨斯理工大学金融责任中心（Center for Financial Responsibility）是对个人金融理财部的补充，致力于调研和宣传工作。

如对金融理财历史中心有疑问、请求或捐赠意向，请致信：79409-1041，得克萨斯州拉伯克市，41401 号邮箱，个人理财历史档案与西南部收集处，档案管理员蒙特·L. 门罗（Monte L. Monroe）

博士。电话：（806）742-3749。传真：（806）742-0496。电子邮件：montemonroe@ttu.edu。

附录 E　金融理财学院首届毕业班学员一览

1973 年 10 月

戴维·阿拉德

詹姆斯·A.巴里

格雷顿·考尔德

本·库姆斯

W.保罗·克拉姆

约瑟夫·F.迪尔曼

小 P.肯普·费恩

杰罗尔德·格拉斯

罗伯特·霍勒姆

约翰·霍金斯

B.J.约翰逊

伯纳德·J.凯斯勒

赫尔曼·克雷默

罗纳德·A.梅兰森

克劳德·摩根

J.钱德勒·彼得森

乔治·拉特曼

戈登·A.谢泼德

约翰·斯特拉特

凯·贝尔德

约翰·M.布尔布鲁克

查尔斯·F.彻奇

拉韦尔·G.克雷格

霍华德·W.丹斯

小沃尔特·A.德拉姆

约翰·C.盖布劳

露丝·P.戈麦斯

理查德·E.汉森

W.罗伯特·海托华

罗伯特·C.凯尔佩

乔丹·科克杰尔

杰尔姆·M.莱德金斯基

威廉·B.穆尔

伯妮丝·纽马克

香农·普拉特

约瑟夫·罗斯

理查德·A.斯通

理查德·维尼西亚

劳伦斯·武科里奇　　　　　丹尼斯·D. 威勒奇
拉里·威尔斯　　　　　　　赫尔曼·W. 尤尔曼

附录 F　FPSB 成员组织一览

澳大利亚　　　澳大利亚金融理财协会（FPA）

奥地利　　　　奥地利金融理财师协会（AFP）

巴西　　　　　巴西金融理财师认证协会（IBCPF）

加拿大　　　　加拿大金融理财师标准代表委员会（FPSC）

中国　　　　　中国金融理财标准委员会［FPSCC，现已更名为现
　　　　　　　代国际金融理财标准（上海）有限公司］

中国台湾　　　中国台湾理财规划顾问协会（FPAT）

中国香港　　　中国香港财务策划师学会（IFPHK）

法国　　　　　法国金融咨询管理认证协会（CGPC）

德国　　　　　德国金融理财标准委员会（FPSB Deutschland）

印度　　　　　印度金融理财标准委员会（FPSB India）

印度尼西亚　　印度尼西亚金融理财标准委员会（FPSB Indonesia）

爱尔兰　　　　爱尔兰金融理财标准委员会（FPSB Ireland）

日本　　　　　日本金融理财师协会（JAFP）

马来西亚　　　马来西亚金融理财协会（FPAM）

荷兰　　　　　荷兰金融理财标准委员会（FPSB Netherlands）

新西兰　　　　新西兰金融顾问协会（IFA）

韩国　　　　　韩国金融理财标准委员会（FPSB Korea）

新加坡　　　　新加坡金融理财协会（FPAS）

南非　　　　　南非金融理财协会（FPI）

瑞士　　　　　瑞士金融理财师组织（SFPO）

泰国	泰国金融理财师协会（TFPA）
英国	英国金融理财协会（IFP）
美国	CFP 标准委员会（CFP Board）

附录 G 小 P. 肯普·费恩奖获奖者一览

1993 年，由于多年来对行业和 CFP 认证项目的服务和贡献，小 P. 肯普·费恩成为该奖项的首位获得者。费恩之后的获奖者均依据其优良的专业素养和贡献评选而来。

1996 年：杰克·布兰金希普，CFP

1997 年：洛伦·邓顿（追授）

1998 年：亨利·蒙哥马利，CFP

1999 年：小查尔斯·G. 休斯，CFP

2000 年：未颁奖

2001 年：未颁奖

2002 年：威廉·安塞斯，PhD

2003 年：理查德·瓦格纳，JD、CFP

2004 年：亚历山德拉·阿姆斯特朗，CFP

2005 年：本·库姆斯，CFP、CLU

2006 年：比尔·卡特，CFP、CLU、ChFC

2007 年：小 E. 登比·布兰登，CFP、CLU、ChFC

2008 年：唐纳德·皮蒂

注　释

第一章 新行业的萌芽

1. Rich White, "A Preliminary History of the Organized Financial Planning Movement Part 1: (1969–1974)," *The Financial Planner*, September 1979, 17 et seq.
2. The International Association of Financial Counselors later became the International Association of Financial Planners, and then the International Association for Financial Planning in 1982.

第二章 行业的打造

1. For a complete list of members of the first graduating class, see Appendix E.

第三章 初期的挫折

1. *Southern Insurance*, August 1985: 4–5.
2. College for Financial Planning, Gail Quint, ed., *20 Years of Excellence*, June 1992: 28.
3. 同上，p. 20。

第四章　同一个行业、同一个称号

1. Bert Ely, "Savings and Loan Crisis," Library of Economics and Liberty, www.econlib.org/library/Enc/SavingsandLoanCrisis.html.

2. Catherine Newton, "Institute of Certified Financial Planners: 25 Years of Building a Profession," *A Look Back, A Look Ahead*, December 1998: 28.

3. 同上，p. 29。

4. *Financial Planning*, September 1991: 12.

5. Catherine Newton, "At Long Last Unity: The FPA Story," *Source Book 2000*, December 1999: 18.

6. Catherine Newton, "CFP Civics: Nurturing a Profession," prepared for the Financial Planning Association, 2000.

7. "What About Bob?" *Financial Planning*, September 1999.

8. Catherine Newton, "CFP Civics: Nurturing a Profession," prepared for the Financial Planning Association, 2000.

第五章　应对新挑战

1. Shelley A. Lee, "10 Questions with Sarah Ball Teslik on Reaching Consumers, Threats to the Profession and—Oh, Yes—the F-Word and the C-Word," *Journal of Financial Planning* 18(10), October 2005: 10–14.

2. "Helping to Ease the Pain," advertising supplement sponsored by ING

in *Money*, March 2004.

3. *The Age of Independent Advice: The Remarkable History of the Independent Registered Investment Adviser Industry* (San Francisco: Charles Schwab Corporation, 2007), p. 2.

4. Adi Ignatius, "Wall Street's Top Cop," *Time*, December 30, 2002.

5. CNN timeline: www.cnn.com/2008/BUSINESS/09/30/us.bailout. timeline/index.html.

6. "History of Dow Jones Industrial Average," MD Leasing Corporation, www.mdleasing.com/djia.htm.

7. Jeanne A. Robinson and Charles G. Hughes, Jr., "To Act ... Like a CFP," *Journal of Financial Planning* 33(4), April 2009: 67–70.

第六章　全球扩张

1. "A Preliminary History of the Financial Planning Movement, Part I," *The Financial Planner*, September 1979.

2. Julie Bennett, biographical article on Gweneth E. Fletcher, *IFA*, June 11–17, 2007.

3. IBCFP annual report, 1991.

4. CFP Board annual report, 1993.

5. Laura Garrison, "Financial Planning History Made in Malaysia," *Journal of Financial Planning* 17(7), July 2004: 22–24.

6. "Regulatory Environment Comparison Table," Financial Planning Standards Board Web site: www.fpsb.org/CMS/index.php.

7. For instance, see Professor M.D. Nalapat's "Ensuring China's 'Peaceful

Rise'" at www.bharat-rakshak.com/SRR/Volume14/nalapat.html. Accessed 6/8/2009.

8. For a convenient source of international GDP statistics, see www. nationmaster.com.

9. For a concise account of China's modern economic history, consult the "Economy: General Considerations" section of the China article at www.britannica.com.

10. Sean Dorgan offers a nice summary of the Celtic Tiger phenomenon in "How Ireland Became the Celtic Tiger." www.heritage.org/research/ worldwidefreedom/bg1945.cfm. Accessed 6/8/2009.

第七章　理论应用、科技助力和行业进程

1. Sharon Hatten Garrison and James L. McDonald, "Computer Communications: A New Tool for Financial Planning," *Journal of the Institute of Certified Financial Planners* 5(3), Fall 1984: 187–192.

2. David Huxford, "Running Your Office with a Computer: An Overview," *Journal of the Institute of Certified Financial Planners* 1(1), July 1988: 6.

3. Ed McCarthy, "Keeping Pace with the Web, Windows, and What's Ahead," *Journal of Financial Planning* 9(3), June 1996: 44–46.

4. Nancy Opiela, "The Internet: Can It Reach Out and Touch Someone?" *Journal of Financial Planning* 12(7), August 1999: 64–71.

5. Nancy Opiela, "What Does the Future Hold for the Financial Planning Profession?" *Journal of Financial Planning Source Book 2001*,

December 2000: 14–24.

6. Ed McCarthy, "Tech Tools for Disaster Recovery," *Journal of Financial Planning* 20(2), February 2007: 28–34.

7. From Harold Markowitz's autobiographical statement on the Nobel Prize Web site: http://nobelprize.org/nobel_prizes/economics/laureates/1990/markowitz-autobio.html.

8. Ibbotson Associates, a registered investment advisory firm now wholly owned by Morningstar, Inc., holds annual conferences on topics of interest to financial professionals: www.ibbotson.com.

9. Lisa Holton, "Is Markowitz Wrong? Market Turmoil Fuels Nontraditional Approaches to Managing Investment Risk," *Journal of Financial Planning* 22(2), February 2009: 20–26.

10. Lynn Hopewell, "Decision Making Under Conditions of Uncertainty: A Wakeup Call for the Financial Planning Profession," *Journal of Financial Planning* 10(5), October 1997: 84–91.

11. Shelley A. Lee, "The Journal's Journey," *Journal of Financial Planning* 17(6), June 2004: 46–56.

12. 同上。

13. www.bankrate.com/brm/news/sav/20031230a1.asp, December30,2003.

14. Roger Gibson, "The Rewards of Multiple-Asset-Class Investing," *Journal of Financial Planning* 17(7), July 2004: 58–71.

15. William W. Jahnke, "The Asset Allocation Hoax," *Journal of Financial Planning* 10(1), February 1997: 109–113.

16. Yesim Tokat, Nelson Wicas, and Francis M. Kinniry, "The Asset Allocation Debate: A Review and Reconciliation," *Journal of Financial Planning* 19(10), October 2006: 52–63.

17. Shelley A. Lee, "10 Questions with Daniel Kahneman on Humans and Decision Making," *Journal of Financial Planning* 17(8), August 2004: 10–13.

18. http://nobelprize.org/nobel_prizes/economics/laureates/2002/kahneman-autobio.html.

19. Nancy Opiela, "Rational Investing Despite Irrational Behaviors," *Journal of Financial Planning* 18(1), January 2005: 34–42.

20. Michael M. Pompian, "Using Behavioral Investor Types to Build Better Relationships with Your Clients," *Journal of Financial Planning* 21(10), October 2008: 64–76.

21. Dick Wagner, "Integral Finance: A Framework for a 21st Century Profession," *Journal of Financial Planning* 15(7), July 2002: 62–71.

22. Richard B. Wagner and George D. Kinder, "Tales Will Tell," *Journal of Financial Planning* 9(2), April 1996: 30–31.

23. George D. Kinder, "The Seven States of Money Maturity," *Journal of Financial Planning* 9(6), December 1996: 36-37.

24. National Endowment for Financial Education, "Practical Applications of Life and Retirement Planning to Financial Planning," 2002, www.nefe.org/Portals/0/NEFE_Files/Research%20and%20Strategy/Personal%20Finance%20Papers%20white%20papers/09Practical%20Applications%20of%20Life%20and%20Retirement%20Planning%20to%20Financial%20Planning_Nov00.pdf.

25. Ken Rouse, *Putting Money in Its Place* (Dubuque, IA: Kendall/Hunt Publishing, 1994).

26. Lewis J. Walker, "The Meaning of Life (Planning)," *Journal of Financial Planning* 17(5), May 2004: 28–30.

27. Roy Diliberto and Mitch Anthony, "Financial Life Planning: Navigating Life Transitions," *Journal of Financial Planning* 16(10), October 2003: 26–29.

28. Carol Anderson and Deanna L. Sharpe, "The Efficacy of Life Planning Communication Tasks in Developing Successful Client-Planner Relationships," *Journal of Financial Planning* 21(6), June 2008: 66–77.

29. *The Age of Independent Advice: The Remarkable History of the Independent Registered Investment Adviser Industry* (Charles Schwab Corporation, 2007), Chap. 5, note 3, p. 146.

30. 同上，p. 146。

31. 同上，p. 5。

32. Catherine Newton, "Institute of Certified Financial Planners: 25 Years of Building a Profession," *A Look Back, A Look Ahead*, supplement to the *Journal of Financial Planning*, December 1998: 10–39.

33. Ed McCarthy, "Financial Planners Flock to Asset Management: Are We Losing Our Bearings?" *Journal of Financial Planning* 9(1), February 1996: 38–41.

34. M.P. Dunleavy, "Coaches for a Game of Money," *New York Times*, New York edition, December 12, 2008: B6.

35. Pride Planners, www.prideplanners.com.

第八章　对行业地位的追求

1. Catherine Newton, "CFP Civics: Nurturing a Profession," prepared for

the Financial Planning Association, 2000.

2. IBCFP *Information Update* newsletter, December 1987.

3. IBCFP annual report, 1991.

4. CFP Board annual report, 2008.

5. College for Financial Planning, *20 Years of Excellence: A Look Back*, Gail Quint, ed., June 1992: 10.

6. Charles G. Hughes, Jr., "Financial Planning Needs a Conscience," *Journal of Financial Planning* 1(2), October 1988: 104–107.

7. IBCFP annual report, 1991.

8. *CFP Board Report* newsletter, October 2008.

9. Catherine Newton, "Institute of Certified Financial Planners: 25 Years of Building a Profession," *A Look Back, A Look Ahead*, supplement to the *Journal of Financial Planning*, December 1998.

10. *IBCFP Manual*, 1987.

11. Catherine Newton, "Institute of Certified Financial Planners: 25 Years of Building a Profession," *A Look Back, A Look Ahead*, supplement to the *Journal of Financial Planning*, December 1998: 10–39.

12. Jeanne A. Robinson and Charles G. Hughes, Jr., "To Act ... Like a CFP," *Journal of Financial Planning* 33(4), April 2009: 67–70.

13. P. Kemp Fain, Jr., "Unifying and Professionalizing the Financial Planning Segments of the Financial Services Industry," whitepaper, 1987.

14. *CFP Digest*, February 21, 1979.

15. Catherine Newton, "Institute of Certified Financial Planners: 25 Years of Building a Profession," *A Look Back, A Look Ahead*, supplement to the *Journal of Financial Planning*, December 1998: 10–39.

16. IBCFP annual report, 1991.

17. FINRA Web site: www.finra.org/index.htm.

18. Richard B. Wagner, "To Think ... Like a CFP," *Journal of Financial Planning* 3(1), January 1990: 36–41.

19. Catherine Newton, "Institute of Certified Financial Planners: 25 Years of Building a Profession," *A Look Back, A Look Ahead*, supplement to the *Journal of Financial Planning*, December 1998: 10–39.

20. Duane R. Thompson, "Living in a Glass House: New Disclosure Standards for CFP Stakeholders," *Journal of Financial Planning* 13(10), October 2000: 24–26.

21. Jonathan R. Macey, "Options for Future Regulation of Financial Planners, Part I," *Journal of Financial Planning* 15(6), June 2002: 92–99.

22. *IBCFP Manual*, 1987.

23. CFP Board annual report, 1993.

24. Shelley A. Lee, "What Is Financial Planning Anyway?" *Journal of Financial Planning* 14(12), December 2001: 36–46.

25. Shelley A. Lee, "'Making of the Profession' Roundtable: The Public's Memory, the Public Benefit, a Profession's Foundation—and Where You Go from Here," *Journal of Financial Planning* 20(2), February 2007: 22–27.

26. Jonathan R. Macey, "Options for Future Regulation of Financial Planners, Part I," *Journal of Financial Planning* 15(6), June 2002: 92–99.

27. Norman M. Boone, "My Plumber Is a Financial Planner?" *Journal of Financial Planning* 13(1), January 2000: 30–33.

28. Tom Warschauer, "The Role of Universities in the Development of the Personal Financial Planning Profession," *Financial Services Review* 1.1, 2002: 209.

29. 同上，p. 205–206。

30. Jonathan Clements, "Due Diligence: The Five Key Rules to Heed When Choosing a Financial Adviser," *Wall Street Journal*, May 31, 2006.

31. Jane Bryant Quinn, "Planners Wanted ASAP," *Newsweek*, March 3, 2008.

32. Financial Planning Association, "Consumer Attitudes and Awareness of Financial Planning: A Telephone Survey of the American Public," conducted by Opinion Research Corporation, February 2006.

33. "Investor and Industry Perspectives on Investment Advisers and Broker-Dealers," LRN-RAND Center for Corporate Ethics, Law, and Governance within the RAND Institute for Civil Justice, 2008.

第九章　今后 40 年

1. Bloomberg, February 2009, www.bloomberg.com/apps/news? pid=new-sarchive&sid=a60APVwmz01g.

2. Bureau of Economic Analysis.

3. "Workshops Raise Consciousness About Money," *San Francisco Chronicle*, March 2, 2009, www.sfgate.com.

4. Deena Katz, "Financial Imagineers," *Financial Planning*, December 2008.

5. www.longtail.typepad.com, January 9, 2005.

6. U.S. Bureau of the Census.

7. U.S. Bureau of Labor Statistics, "Spotlight on Statistics," July 2008.

8. Alicia H. Munnell, Anthony Webb, Francesca Golub-Sass, and Dan Muldoon, "Long Term Care Costs and the National Retirement Risk Index," Center for Retirement Research, March 2009, www.crr.bc.edu/briefs/long-term_care_costs_and_the_national_retirement_risk_index_4.html.

9. Center for Retirement Research, www.crr.bc.edu.

10. Employee Benefit Research Institute, as reported in *U.S. News & World Report*, August 2007.

11. Center for Retirement Research, www.crr.bc.edu.

12. Yankelovich, "Monitor Minute," Generation Ageless study, 2007.

13. *Investment News*, March 26, 2009.

14. Moss Adams LLP, "Uncharted Waters: Navigating the Forces Shaping the Advisory Industry," 2007, www.mossadams.com/publications/financialservices/uncharted.aspx.

15. 同此章注释 8。

16. Rick Adkins, "Facing Our Profession's Transition," *Journal of Financial Planning* 20(7), July 2007: 30–33.

17. "Suddenly, Life Insurance Is Cheap," *SmartMoney*, April 30, 2007.

18. "Rethinking Retirement," www.agewave.com/research/SchwabAgeWaveRethinkingRetirement071508.pdf.

19. "Americans Take Stock and Reinvent Themselves and Their Careers in Retirement," *Business Wire*, August 27, 2008, www.allbusiness.com/population-demographics/demographic-trends-aging/11495902-1.html.

20. www.agewave.com.

21. Ken Dychtwald and Joe Flower, *Age Wave: How the Most Important Trend of Our Time Can Change Your Future* (New York: Bantam Books, 1990).

22. Ken Dychtwald and Daniel Kadlec, *With Purpose: Going from Success to Significance in Work and Life* (New York: William Morrow, 2009).

23. "The Future of Age Never Looked Better," *Orange County Register*, March 9, 2009, www.ocregister.com/articles/dychtwald-work-says-2327303-boomers-success.

24. Mitch Anthony, *The New Retirementality: Planning Your Life and Living Your Dreams ... at Any Age*, 2nd ed. (New York: Kaplan Business, 2006).

25. Mitch Anthony, "Maslow Meets Retirement," *Financial Advisor*, January 2008.

26. Cynthia Wagner, Aaron Cohen, and Rick Docksai, "See the Future Through New Eyes," *The Futurist*, November/December 2008.

27. "When Nest Eggs Change Colors," *New York Times*, April 4, 2009.

28. Moss Adams LLP, "Uncharted Waters: Navigating the Forces Shaping the Advisory Industry," 2007, www.mossadams.com/publications/financialservices/uncharted.aspx.

29. "Alumni Statistics," www.cffpalum.org.

30. William E. Thompson and Joseph V. Hickey, *Society in Focus: An Introduction to Sociology* (Needham Heights, MA: Allyn & Bacon, 2005).

31. Population as of 2004, U.S. Census Bureau.

32. Shelley A. Lee, "10 Questions with Sheryl Garrett on Why 400,000 Planners Are Needed ... and Where They'll Come From," *Journal of*

Financial Planning 21(3), March 2008: 16–19.

33. John Rogers, Jr., Charles Schwab, and Mellody Hobson, "The ArielSchwab Black Paper: A Decade of Research on African-American Wealth Building and Retirement Planning," October 2007, www.ariel. com.

34. The Ariel/Schwab Black Investor Survey: Saving and Investing Among Higher Income African-American and White Americans, www.ariel. com.

35. National Council of La Raza, *2009 Policy Agenda: A Public Policy Briefing Book*, www. nclr. org.

36. Ke Bin Wu and Laurel Beedon, "Hispanics 65 and Older: Sources of Retirement Income," *AARP*, November 2004.

37. Shelley A. Lee, "10 Questions with Louis Barajas on Returning to the Barrio, Changing Cultural Beliefs, and Helping with *El Camino a la Grandeza Financiera*," *Journal of Financial Planning* 19(6), June 2006: 18–22.

38. Shelley A. Lee, "Be Careful What You Wish For: Large-Firm Financial Planning in the Wake of Court Ruling," *Journal of Financial Planning* 20(10), October 2007: 28–35.

39. Financial Services Institute, www.financialservices.org.

40. "Calling for Financial Advice ... and Reassurance," *New York Times*, April 2, 2009.

41. Ayco Financial Network, www.aycofinancialnetwork.com.

42. Jim Pavia, "For Advisers, Technology Is Not an Elective," *Investment News*, April 2009, www.investmentnews.com/apps/pbcs.dll/article?AI-D=/20090419/REG/304199991/1008.

43. Bill Winterberg, http://fppad.com/2009/03/15/adviser-use-of-linkedin-may-violate-sec-rules/.

44. Generational Advisory, www.generationaladvisor.com.

45. Angela Herbers, "The Great Divide," *Investment Advisor*, February 2005, www.investmentadvisor.com/Issues/2005/February%202005/Pages/The-Great-Divide.aspx.

46. "Young Advisers Face Longer, Rockier Road to Ownership," *Investment News*, January 4, 2009.

47. www.aycofinancialnetwork.com.

48. "Experts Urge Greater Regulation of Financial Markets," *Voice of America News*, October 22, 2008, www.voanews.com.

49. "Fiduciary Issue Attracts SEC Interest," *Investment News*, February 22, 2009.

50. Letter to the *Wall Street Journal* from CFP Board, FPA, and NAPFA, April 2009.

51. "Hope, Greed and Fear: The Psychology Behind the Financial Crisis," *Knowledge@Wharton*, April 15, 2009.

52. Robert Shiller, "How About a Stimulus for Financial Advice?" *New York Times*, January 18, 2009: BU5.